Ashley Wood, Ben Wood

# Akasha-Chronik – The Line

AF721577

GOLDMANN

## Buch

In jedem Moment empfängst du göttliche Botschaften, die dir helfen, dich auf den Weg deiner Seele auszurichten: einen Weg der spirituellen Evolution, der seelischen Entfaltung und der universellen Liebe. Diese Botschaften stammen aus der riesigen metaphysischen Bibliothek unserer gesamten Seelenreise, die als Akasha-Chronik bekannt ist. Mit *The Line* zeigen Ashley und Ben Wood einen neuen und zeitgemäßen Weg, um auf die eigene Akasha-Chronik zuzugreifen. Während frühere Anleitungen für den Zugang zu der Akasha-Chronik oft mit vielschichtigen Vorbereitungen und Zeremonien verbunden waren, wurde Ashley durch ihr Channeling gezeigt, wie man sofortige Führung erhält, indem man sich auf die Frequenz der Linie ausrichtet – eine energetische Verbindung mit der Akasha-Chronik der Seele.
Lebe ein auf die Seele ausgerichtetes Leben und erhalte mit diesem modernen Leitfaden eine neue Art des Zugriffs auf die Weisheit der Akasha-Chronik!

## Autor*innen

Ashley Wood ist eine Akasha-Chronik-Leserin und Channelerin, die mit einer Gruppe hochentwickelter plejadischer Wesen namens The Pinnacle zusammenarbeitet. Als Gastgeberin des *The Line* Podcasts, einer wöchentlichen Sendung, vermittelt sie gechannelte Lehren und Werkzeuge für ein Leben im Einklang mit der eigenen Seele.

Ben Wood hat gemeinsam mit Ashley Wood »A Line Within« gegründet, eine Plattform, die andere dabei unterstützt, ihre Akasha-Chronik zu nutzen, um ihre Seelenreise zu verstehen.

auch als E-Book erhältlich

Ashley Wood, Ben Wood

# Akasha-Chronik
# The Line

## Deine Verbindung zu universeller Weisheit

Mit praktischen Übungen zu deinem wahren Selbst

*Aus dem Amerikanischen*
*von Marion Zerbst*

GOLDMANN

Die amerikanische Originalausgabe erschien 2022 unter dem Titel »The Line. A new way of living with the wisdom of your akashik records« bei Sounds True, Boulder, Colorado.

Alle Ratschläge in diesem Buch wurden vom Autor und vom Verlag sorgfältig erwogen und geprüft. Eine Garantie kann dennoch nicht übernommen werden. Eine Haftung des Autors beziehungsweise des Verlags und seiner Beauftragten für Personen-, Sach- und Vermögensschäden ist daher ausgeschlossen.

Der Verlag behält sich die Verwertung der urheberrechtlich geschützten Inhalte dieses Werkes für Zwecke des Text- und Data-Minings nach § 44b UrhG ausdrücklich vor. Jegliche unbefugte Nutzung ist hiermit ausgeschlossen.

MIX
Papier | Fördert gute Waldnutzung
FSC® C014496

Penguin Random House Verlagsgruppe FSC® N001967

2. Auflage
Deutsche Erstausgabe Dezember 2023
Copyright © 2022 der Originalausgabe: Ashley Wood and Ben Wood
Vorwort © 2022 LeAnn Rimes Cibrian
Copyright © 2023 der deutschsprachigen Ausgabe:
Wilhelm Goldmann Verlag, München,
in der Penguin Random House Verlagsgruppe GmbH,
Neumarkter Str. 28, 81673 München
Dieses Buch wurde vermittelt von Christian Schweiger
Umschlag: Uno Werbeagentur, München
Umschlagmotiv: © Gold Moon: istock/LiuSol, Galaxy: Creative market
Redaktion: Tamara Fromme
Satz: Buch-Werkstatt GmbH, Bad Aibling
Druck und Bindung: GGP Media GmbH, Pößneck
Printed in Germany
SC · AnG
ISBN 978-3-442-22376-3

Dieses Buch ist meiner Tochter Baboo gewidmet,
dem Samen, der in mich hineingepflanzt wurde und
aus dem der Prozess meines inneren Erwachens
emporgekeimt ist.

# Inhalt

*In diesem Buch geht es um eine neue Lebensweise, eine neue Lebensordnung, eine neue Art, in dieser irdischen Dimension zu existieren und dabei gleichzeitig auch noch andere Dimensionen zu erleben. In diesem Buch geht es darum, zu erforschen, was es bedeutet, in einem multidimensionalen Universum zu leben.*

Die Pinnacle

# Vorwort

Ich weiß nicht mehr genau, wie ich Ashley kennengelernt habe, wer sich zuerst bei wem gemeldet hat oder wann wir uns das erste Mal miteinander unterhalten haben. Die einzige wirkliche Erinnerung, die ich an unseren ersten Kontakt habe, ist, dass der Funke der schwesterlichen Verbindung zwischen uns über Instagram entfacht wurde.

Wie auch immer: Irgendwie bin ich auf ihre Arbeit gestoßen und war von ihren Botschaften zutiefst beeindruckt. Ich glaube, dieser schwesterliche Funke, der zwischen uns beiden sofort übergesprungen ist, war eine Seelenverwandtschaft. Und obwohl wir uns bisher noch nie persönlich begegnet sind, haben Ashley und ich per SMS und Sprachmitteilungen schon viele tiefgründige Gespräche miteinander geführt. Ich hatte immer das Gefühl, offen und ehrlich mit ihr reden zu können. Ich fühle mich von ihr gehört und gehalten. Ich bin dankbar dafür, sie als meine Freundin bezeichnen zu dürfen.

Ich glaube nicht, dass dies das erste Mal ist, dass Ashley und ich einander begegnet sind. Ich bin sicher, dass unsere Seelen sich auch schon in vielen früheren Leben gekannt haben.

Bisher habe ich zwar noch nie mit ihr darüber gesprochen; aber irgendeine innere Stimme sagt mir, dass wir vom selben Ort kommen. Unsere Seelen wurden von irgendwo da draußen aus dem Jenseits geholt und auf die Erde gebracht, um der Menschheit in diesen schwierigen Zeiten eine Botschaft der Liebe zu überbringen. Bevor ich Ashleys Lehren hörte und meine »Linie« entdeckte, hätte ich dieses tiefe Wissen – die Geschichte unserer beider Seelen, die in der heutigen Zeit mit einer ganz bestimmten Mission auf die Erde gekommen sind – für reine Erfindung gehalten. Aber es ist keine, da bin ich mir sicher.

Ashleys Lehren über Energie und Schwingungen haben mich zutiefst inspiriert. So sehr, dass ich sogar eine Zeile über die Plejaden in einen meiner Songs namens »Spaceship« aufgenommen habe. Ashley hat eine wunderbare Gabe und ein noch wunderbareres Herz. Sie ist eine großartige Lehrerin. Und vor allem lebt sie das, was sie lehrt. Sie ist ungeheuer authentisch. Ich bin so froh darüber, dass sie uns in diesem Buch an ihrer besonderen Gabe teilhaben lässt. Und nun bereite dich darauf vor, dich selbst und deine Seele auf eine ganz neue Art und Weise kennenzulernen!

– LeAnn Rimes Cibrian

# Einführung

In deinen Handflächen liegt ein Energiepunkt, der mit deinem Herzen in Verbindung steht. Dieser Punkt wird in der uralten Wissenschaft des Ayurveda als »Herz der Hand« oder Tala Hridaya-Marmapunkt bezeichnet. Wenn du deine Hand ausstreckst und dich darauf konzentrierst, jemandem Liebe zu senden, kann es sein, dass deine Handfläche auf diese Energie, die du aussendest, reagiert und sich heiß und prickelnd anfühlt.

In diesem Augenblick sende ich dir Liebe. Meine Handflächen sind offen und pulsieren wie ein Herz – voller Liebe und Dankbarkeit dafür, dass du die Energie empfängst, die ich in diese Worte hineingelegt habe.

In diesem Buch wirst du auch noch ein anderes Energiefeld im Körper kennenlernen. Es heißt »die Linie« und verläuft vom Scheitelpunkt deines Kopfes an der Mittellinie deines Körpers entlang bis zu den Fußsohlen hinunter. Wenn du dich auf die Energie dieser Linie ausrichtest, wirst du spüren, wie göttliche Liebe durch dich hindurchfließt. Das ist die Liebe, die wir brauchen, um unsere Wunden zu heilen und uns als das zu erkennen, was wir sind: Sternenstaub aus dem Universum, Samen der Erde, Seelen, die verschiedene Existenzdimensionen überspannen, und Wesen mit einer angeborenen Verbindung zur Spiritualität.

Durch deine Linie erhältst du konkrete Anweisungen dazu, wie du dir diese Liebe zeigen kannst. Diese Anweisungen werden Botschaften genannt, und sie laufen in jeder Sekunde eines jeden Tages durch deine Linie hindurch. Sie werden aus einem nicht-physischen Bereich, der Akasha-Chronik, gesendet. Diese Chronik enthält die energetischen Abdrücke von allem, was deine Seele in diesem Leben und all ihren früheren Existenzen erlebt hat.

Deine Linie ist deine direkte Verbindung zu dieser Chronik. Wenn du Führung durch deine Linie empfängst, kannst du auf die Geschichte deiner Seele zugreifen und erfährst, wie du mit dem authentischsten, mitfühlendsten und am besten verkörperten Ausdruck deiner Energie im Einklang leben kannst. Diesen Ausdruck deiner Energie bezeichnet man als dein Höchstes Selbst.

Wenn du mit deiner Linie arbeitest, ist das so, als würdest du mit deinem Höchsten Selbst darüber kommunizieren, wie du diesen göttlichen Ausdruck in deinem Leben widerspiegeln kannst.

Deine Linie hilft dir, dich Sekunde für Sekunde im Einklang mit deinem Höchsten Selbst durch dein Alltagsleben hindurchzunavigieren, und führt dich zu den Geschenken, Zielen und Lektionen hin, die deine Seele in dieses Leben mitgebracht hat. Das ist die Medizin, die deine Seele für ihre Heilung, ihr Wachstum und ihre Weiterentwicklung braucht. Nutze sie, um dich und die Welt zu heilen. Die Botschaften, die du empfängst, sind von der Energie der göttlichen Liebe erfüllt, und wenn du danach handelst, wirst du dich von dieser Liebe gestützt und gehalten fühlen: emporgehoben, geführt und gestärkt von deinem Höchsten Selbst. Diese Liebe ist wie ein Leuchtturm: Sie zeigt dir den Weg zurück zu dem Menschen, der du in diesem Leben sein sollst.

Die Akasha-Chronik ist kein neues Konzept. Es gibt sie schon, seitdem energetische Seelen begonnen haben, physische Gestalt anzunehmen, und sie wurde im Lauf der Geschichte von Menschen weltweit auf unterschiedlichste Weise genutzt. Ich werde dir in diesem Buch einen neuen Zugang zu dieser Chronik zeigen, der der Energie unserer heutigen Zeit besser entspricht: eine neue Art, Botschaften zu empfangen und zu erkennen, wie deine Seele dich durch dieses Leben führt.

Heute leben wir in einer Zeit, die uns auf dieser Reise unterstützt. Als Kollektiv erkennen jetzt sehr viele Menschen, dass die alten Lebens- und Seinsweisen nicht mehr unserem höchsten Wohl entsprechen. Denn man hat uns so lange gesagt, wer wir sein, was wir denken und wie wir uns fühlen sollen, dass wir uns selbst nicht mehr kennen. Deshalb ist es heute wichtiger denn je, zu dir selbst zurückzufinden – zu dem Menschen, der deine Seele in diesem Leben sein möchte. Du bist ein individueller, wunderschöner Ausdruck göttlicher Liebe, und mithilfe deiner Linie kannst du erkennen, dass diese Liebe in deinem Inneren wohnt.

Die Pinnacle – eine Gruppe von Energien, die ich channele – haben gesagt: »Wenn es sich so anfühlt, als ob du im Dunkeln tappst, dann musst du an diesen Ort der Liebe zurückkehren, um die leisen Worte dieser inneren Stimme noch deutlicher wahrnehmen zu können. Diese Botschaften – ein kaum wahrnehmbares Flüstern in deinem Inneren – sind das Licht, das dich nach Hause führt, zu deinem Selbst zurück. Fühlst du dich ungeerdet? Instabil? Unsicher? Das liegt daran, dass du nicht zu Hause bist. Schaff dir ein Zuhause in dir selbst. Das ist der Ort, an dem du sein solltest. Erde dich in deinem Zuhause in dir selbst. Das ist der Ort, an dem du sein solltest.«

Ich verspreche dir, dass du durch die Lektüre dieses Buches lernen wirst, dich selbst so sehr zu lieben und dir so sehr zu vertrauen, dass du zu deinem wahren Ich nach Hause zurückkehren kannst. Es ist eine Reise, aber gleichzeitig erst der Anfang; denn diese Reise endet nicht, wenn du mein Buch zuschlägst. Wenn du in der Linie lebst, beginnst du jeden Tag in dem Bewusstsein, mit allem, was du sagst, tust und denkst, deiner Verbindung zu deinem Höchsten Selbst gerecht werden zu können sowie der Liebe, die durch dich hindurchfließt. Außerdem spürst du auf diese Weise deine Gefühle, lernst deine Trigger kennen, heilst deine Verletzungen und engagierst dich mit einer klaren Intention, mit Ehrfurcht und mit Integrität für dein Seelenwachstum, deinen Lernprozess und deine Weiterentwicklung.

Auf dieser Reise wirst du in deine innere Welt eintauchen und erkennen, dass all deine Gefühle eine Einladung deiner Seele sind, dich selbst besser kennenzulernen. Jede Sekunde deines Lebens ist eine Chance, auf die Botschaften zu achten, die du durch deine Linie empfängst, um nähere Informationen zu erhalten, einen Sinn oder Zusammenhang zu entdecken oder herauszufinden, was du als Nächstes tun sollst. Du schälst die Schichten deiner Emotionen von dir ab, lernst die Verbindungen deiner Seele zu anderen Orten, Zeiten und Menschen kennen und erfährst, warum du gerade jetzt auf der Erde bist und wie deine Seele sich durch diese Erfahrung weiterentwickeln möchte. Auf dieser Reise wirst du dich selbst auf einer viel tieferen Ebene kennenlernen als je zuvor. Du wirst erfahren, wie du durch schwierige Erfahrungen hindurchgehen und ein wunderbares Leben voll bedingungsloser Liebe führen kannst, das mit deinem Höchsten Selbst im Einklang steht und deiner Seele Erfüllung schenkt.

Ich bin hier, um dich in eine neue Art zu leben einzuführen – in ein Leben mit der Weisheit deiner Akasha-Chronik. Ich werde dich bei dieser Reise an die Hand nehmen; doch an irgendeinem Punkt dieses Buches sollst du deine Hand auf dein Herz legen, damit du die Liebe spüren kannst, die durch dich hindurchfließt. Wenn du dir selbst diese Liebe zeigen kannst, dann kannst du auch lernen, auf alle Botschaften zu vertrauen, die du empfängst, und mit tiefer Überzeugung daran glauben, dass du jetzt in diesem Augenblick alles hast, was du brauchst, um deinen Weg auch ohne meine Hilfe weiterzugehen.

## Wie ich gelernt habe, mich selbst zu lieben

Ich wusste schon immer, dass ich anders bin als andere Menschen; aber ich habe die Eigenschaften, die mich zu etwas anderem machen, nicht immer akzeptiert. Soweit ich zurückdenken kann, fühle ich mich eher wie ein energetisches als ein körperliches Wesen. Schon seit meiner Kindheit fühlten sich die Träume, in denen ich andere Welten und Planeten besuchte, geliebten verstorbenen Menschen begegnete und durch die Zeit und durch verschiedene Existenzdimensionen reiste, für mich genauso real an wie mein Leben im Wachzustand. Ich spürte die Energie und die Liebe der Tiere schon immer auf andere Weise als meine Mitmenschen. Daher wurde ich bereits im Alter von acht Jahren zur einzigen (und vielleicht ersten) Vegetarierin in meiner kleinen, konservativen, ländlich geprägten Heimatstadt. Ich spürte auch den Wind und den Puls der Erde auf eine andere Art. Ich konnte die Emotionen meiner Mitmenschen wahrnehmen und körperlich nachempfinden, auch wenn sie sie gar nicht äußerten.

All diese Empfindungen und Erfahrungen konnte ich zwar nicht immer erklären; aber wenn ich doch versuchte, andere Menschen daran teilhaben zu lassen, bekam ich eine Gänsehaut, mein Herz fing an zu rasen, und mir stiegen Tränen in die Augen. Es fühlte sich so an, als würde ich eine Tür in meinem Inneren öffnen – nur einen kleinen Spalt breit, durch den ein großes, helles Licht hindurchschimmerte. Meine Mitmenschen reagierten darauf alle sehr ähnlich: »Das ist aber seltsam«, sagten sie. Jahrelang verbarg ich das alles tief in meinem Inneren, während ich mich nach Kräften bemühte, nach außen hin »normal« zu erscheinen.

Ich wuchs in einer kleinen Stadt in der Provinz Manitoba mitten in Kanada auf. Die meisten, die in dieser Stadt lebten, waren christlich und gingen treu und brav in die Kirche – so auch meine Familie. Ich hatte von klein auf eine enge Beziehung zu meiner Großmutter. Sie war eine gläubige Christin, die sich stark in der Kirche engagierte und nie einen Sonntagsgottesdienst versäumte; außerdem besaß sie unglaublich starke energetische Fähigkeiten. Großmutter zeigte mir ihre Kristalle, las meine Zukunft aus dem Teesatz und gab mir immer genau die richtigen Ratschläge. Wir sprachen über Engel und Träume, und sie erzählte mir, dass der Geist ihrer verstorbenen Mutter sie nachts besuchte. Meine Großmutter war meine erste spirituelle Lehrerin und der erste Mensch, der alles, was mich meiner Meinung nach anders und »seltsam« machte, akzeptierte und schön fand.

Als sie starb, war ich 24 Jahre alt. Ich weiß noch, dass ich damals ziemlich traurig war; doch zu jenem Zeitpunkt verstand ich den Tod auch als Transformation von Energie – als Wiedergeburt – und vertraute darauf, dass meine Großmutter immer bei mir sein würde. Sie hatte mir ein neues Verständnis von Spiritualität gezeigt – etwas ganz anderes als das, was ich in der Kirche gelernt hatte. Das half mir, mich selbst nicht mit Schuld, Scham oder Angst, sondern mit Liebe zu betrachten. Obwohl sie ihre Gaben nicht öffentlich demonstrierte – schon gar nicht in ihrer Kirchengemeinde –, erklärte sie mir: »So wirkt Gott durch mich, Ashley. So teile ich Gottes Liebe mit anderen Menschen.« Diese Lehre ist mir immer im Gedächtnis geblieben, und ich trage sie seitdem stets in meinem Herzen. Großmutter hat mir geholfen, meine Fähigkeiten als göttliche Gaben zu betrachten. Auch nachdem sie diese physische Ebene verlassen hatte, führte sie mich weiterhin und verhalf mir sogar zu der Entdeckung, dass die Akasha-Chronik ein wichtiger Teil meiner Aufgaben in diesem Leben ist.

Als ich anfing, auf die Botschaften zu achten, die ich empfing, lernte ich, mir selbst Liebe zu schenken. Damals wusste ich noch gar nicht, was Botschaften sind oder was es mit der Linie auf sich hat. Diese Botschaften kamen mir als Ideen in den Sinn, die mich dazu aufforderten, irgendetwas zu tun (dies zu lesen, jenem Menschen eine SMS zu schreiben usw.), oder als Bestätigung, dass ich auf dem richtigen Weg war und mit mir im Einklang stand – zum Beispiel, wenn ich auf Zahlen stieß, die sich wiederholten (1:11, 4:44, 222 usw.), oder wenn ich ein Klingeln in meinem Ohr hörte. Damals war mir noch nicht klar, dass das Botschaften waren, die von meinem Höchsten Selbst kamen und mich durch meine Linie erreichten.

Eines Abends beim Geschirrspülen erhielt ich zwei lebensverändernde Botschaften. In der ersten Botschaft wurde mir geraten, einen Podcast zu starten. In der zweiten hieß es, ich solle die ganze Welt an meinen spirituellen Gaben und Erlebnissen teilhaben lassen. So etwas hatte ich noch nie zuvor gemacht und wusste auch nicht, wie oder warum ich es tun sollte, wie das aussehen oder was dabei herauskommen würde. Die Botschaften, die wir empfangen, holen uns aus unserer Komfortzone heraus, doch gerade an diesem inneren Unbehagen wachsen wir und verändern uns.

Innerhalb weniger Wochen startete ich den Podcast und begann über meine spirituellen Erfahrungen zu sprechen. Ein paar Monate nach Beginn des Podcasts interviewte ich einen

Gast – eine Frau, die mich dazu aufforderte, etwas über die Akasha-Chronik in Erfahrung zu bringen.

Als sie die Worte »Akasha-Chronik« aussprach, spürte ich, wie eine starke Energie meinen Körper durchströmte. Es war, als ob irgendetwas in mir erwachte, das bis dahin geschlummert hatte.

»Akasha-Chronik – was ist denn das?«, fragte ich. »Davon habe ich noch nie etwas gehört.«

»Sie wird dein Leben verändern«, antwortete die Frau.

Daraufhin kaufte ich mir sofort ein Buch über diese Chronik, und nachdem ich die ersten Kapitel gelesen hatte, hörte ich die nächste Botschaft in meinem Inneren: »Leg das Buch weg, hör auf zu lesen. Du hast alles in dir, was du brauchst, um auf diese Reise zu gehen.«

Die Akasha-Chronik ist eine Art metaphysische Bibliothek: Sie enthält alles, was deine Seele von dem Augenblick an erlebt hat, in dem sie erschaffen wurde. Jede Handlung, jeder Gedanke und jede Emotion, die deine Seele – bewusst oder unbewusst – in all ihren bisherigen Existenzen erlebt hat, ist in dieser Chronik aufgezeichnet. Der Zugang zur Akasha-Chronik bietet dir eine unendliche Weisheit und unterstützt dich auf deiner ganzen Seelenreise.

Das erste Mal gewann ich Zugang zu meiner Akasha-Chronik, indem ich die Augen schloss, eine kurze Meditation durchführte, um meine Energie zu zentrieren, und ein Gebet zum Öffnen der Chronik aufsagte, das ich aus dem oben erwähnten Buch gelernt hatte. Sobald ich in den Bereich der Chronik eingetreten war, wusste ich, dass es kein Zurück mehr gab: Die Energie, die ich dort spürte, hatte mich für immer verändert. Von diesem Augenblick an befand ich mich auf einem neuen Weg, der mit meinem Höchsten Selbst im Einklang stand.

Mir wurde schnell klar, dass ich mit einer anderen Energie in Verbindung stand, als ich erwartet hatte. In dem Buch über die Akasha-Chronik hatte ich nämlich gelesen, dass mir eine ganz spezielle Gruppe von Energien begegnen würde, deren Aufgabe darin bestand, mich zu führen und zu unterstützen. Aber die Energie, mit der ich arbeitete, fühlte sich anders – irgendwie himmlisch – an. Ich erlebte verschiedene Reiche, Galaxien und Energien, die sich über mehrere Dimensionen erstreckten. Ich konnte das alles zwar nicht so genau beschreiben, wusste aber, dass diese Erfahrungen nicht »normal« waren.

Ich übte ein paar Tage lang, die Akasha-Chronik zu öffnen, hörte dann aber wieder damit auf; denn ich brauchte Raum, um diese neue Energie zu verarbeiten und in mein Leben zu integrieren. Mit der Chronik zu arbeiten, war ein wunderschönes, aber gleichzeitig auch überwältigendes Gefühl. Eines Tages erhielt ich plötzlich wie aus heiterem Himmel eine Botschaft, sofort in die Akasha-Chronik einzutreten. Als ich das tat, sah ich meine Großmutter. Sie stand mit einer Gruppe himmlischer Energien zusammen, die ich nicht erkannte. Diese Energien teilten mir mit, dass meine Seelenaufgabe darin bestand, die Akasha-Chronik zu modernisieren – sie weniger esoterisch und leichter zugänglich und verständlich zu gestalten.

Von diesem Zeitpunkt an begann ich, der Akasha-Chronik mein ganzes Leben zu widmen. Ich griff jeden Tag darauf zu, um mehr über diese Chronik und über mich selbst zu erfahren; und schon innerhalb von zwei Wochen begann ich, Klienten auf der ganzen Welt Akasha-Chronik-Readings zu geben. Außerdem veröffentlichte ich jede Woche Podcast-Episoden, in denen ich über meine Erfahrungen berichtete, und ich informierte die Menschen auch in meinen sozialen Medienkanälen über dieses Thema. Später erfuhr ich, dass die Energien, die ich in der Akasha-Chronik channele, sich »die Pinnacle« nennen und von einem Sternhaufen namens Plejaden stammen. Die Pinnacle gehören zum Rat des Lichts, einem Band der höchsten Dimension kosmischer Energien, das viele Punkte im Universum umfasst.

Durch die Pinnacle erfuhr ich von der Linie und lernte, wie man sie nutzen kann, um ohne Gebet oder erdende Meditation auf die Akasha-Chronik zuzugreifen. Das geht sehr rasch und passt zu der schnelllebigen Energie unserer heutigen Zeit. Deine Linie gibt dir den Seelenkontext, den du brauchst, um jede Situation, in der du dich befindest, genau in dem Augenblick zu verstehen und zu bewältigen, in dem es notwendig ist. In den nächsten Kapiteln werde ich dir zeigen, wie du mithilfe deiner Linie auf die Informationen in deiner Akasha-Chronik zugreifen kannst. Sobald du mit diesem Prozess und der Energie, auf die du dich dabei einstimmst, vertraut bist, kann das Empfangen deiner Botschaften der Liebe, Unterstützung und Führung für dich genauso einfach werden wie das Atmen. Diese Informationen fließen durch dich hindurch, und ich hoffe, dass du sie nutzt, um zu dir selbst zurückzufinden, damit du souverän, mit innerer Kraft und Seelenbewusstsein durchs Leben gehen kannst.

Von dem Moment an, als ich verstand, wie die Linie funktioniert, veränderte sich mein Leben mehr als je zuvor. Ich lernte, auf mich selbst zu vertrauen, mich zu lieben und im Einklang mit meiner Seele zu leben. Ich lernte mehr über meine Gaben und meine Bestimmung. Ich erfuhr, was meine Seele alles in dieses Leben mitgebracht hat, damit ich mich weiterentwickeln kann. Außerdem habe ich gelernt, mit meinen Emotionen umzugehen, alle Situationen und Erfahrungen aus einer übergeordneten Perspektive zu betrachten und in der Schwingungsfrequenz der Linie zu leben, welche die Frequenz der Liebe ist.

Dank meiner Linie bin ich meine eigene Lehrerin, meine eigene Heilerin, mein eigener Guru und meine eigene Führerin. Ich führe ein Leben voll innerer Ruhe, Vertrauen, Harmonie und Liebe zu mir selbst und anderen Menschen. Viele Mitglieder unserer »A Line Within«-Gemeinschaft, die begonnen haben, mit ihrer Linie zu arbeiten, haben die gleiche innere Wandlung durchgemacht wie ich. In diesem Buch werde ich immer wieder Fallgeschichten von Mitgliedern unserer Gemeinschaft oder von Klient:innen erzählen, deren Akasha-Chronik ich gelesen habe – Geschichten, die zeigen, welche Einsicht, Liebe und Transformation die Linie ihnen gebracht hat. Das sind Menschen, die unsere Online-Workshops auf alnwithin.com absolviert haben, Hörer:innen unseres Podcasts *The Line* und unsere Follower:innen aus den sozialen Medien (@alnwithin).

Im Buch findest du Übungen, die dir dabei helfen werden, mit deiner Linie zu arbeiten. Mithilfe dieser Übungen kannst du deine Energie und deine Emotionen besser verstehen, lernst deine Botschaften zu entschlüsseln und übst dich darin, die Informationen, die du erhältst, in dein tägliches Leben zu integrieren. Die Gabe, deine Botschaften zu empfangen, wurde dir in die Wiege gelegt; doch immer genau zu dem gottbestimmten Zeitpunkt, an dem du diese Botschaften erhältst, danach zu handeln, ist eine erlernte Fähigkeit. Die meisten dieser Übungen enthalten Anregungen zum Journalführen. In diesen Journaleinträgen kannst du beschreiben, wie deine Energie, deine Botschaften und der Einklang mit deinem Höchsten Selbst sich für dich anfühlen. Die Arbeit mit deiner Linie ist etwas ganz Persönliches. Daher ist es wichtig, über deine individuellen Erfahrungen mit deiner Linie und deinen Botschaften nachzudenken, damit du deinen Lernprozess vertiefen und dein inneres Wachstum fördern kannst.

Du hast schon jetzt alles, was du brauchst, um dich selbst auf diesem Weg zu führen. Du hast deine Linie, durch die du ständig Botschaften empfängst, die dich zu dir selbst zurückbringen; aber die Arbeit musst du selber leisten. Deine Botschaften sagen dir, was du von Augenblick zu Augenblick tun musst, um in harmonischem Einklang mit der Energie zu stehen. Du empfängst nicht alle großen Offenbarungen auf einmal, und deine innere Wandlung vollzieht sich auch nicht von einer Sekunde zur anderen. Deine Seelenreise ist ein lebenslanger, verschlungener Weg, und die Botschaften, die du empfängst, sind deine Trittsteine auf diesem Weg. Sie verraten dir alles, was du wissen musst, um den nächsten Schritt zu tun, damit du immer weitergehen und innerlich wachsen kannst. Vielleicht hast du das Gefühl, mehr erfahren zu wollen; doch du musst darauf vertrauen, dass du in jedem Augenblick deines Lebens alles weißt, was du brauchst, um weiterzukommen.

Es ist an der Zeit, dass du dich selbst so kennenlernst wie noch nie zuvor. Deine Seele hat dich zu diesem Augenblick deines Lebens und zu diesem Buch hingeführt. Du bist nun bereit, dir selbst zu vertrauen, dich selbst zu führen, dich selbst zu lieben und im Einklang mit dem Menschen zu leben, der du in Wirklichkeit bist. Ich halte dich immer noch bei der Hand. Spüre die Wärme in deiner Handfläche; unsere Energien sind miteinander verbunden. Ich führe dich, aber was noch wichtiger ist: Du führst dich selbst.

## Kapitel 1

# Was ist die Linie?

*Wenn du einen Spiegel in die Sonne hältst, erzeugt er ein blendendes Licht. Ein sehr helles Licht. So stark wie dieses Licht bist du, wenn du mit dir selbst verbunden bist. Du hast diese Reise aus einem ganz bestimmten Grund angetreten. Ist es nicht schön, das zu entdecken? Jetzt ist es an der Zeit, dich selbst zu erkennen.*

Die Pinnacle

Du kommst von den Sternen und wurdest in die Erde gepflanzt, um zu wachsen. Während deines ganzen Lebens bleibst du durch eine energetische Frequenz namens »die Linie«, die durch dich hindurchläuft, mit dem Himmel über dir und der Erde unter dir verbunden. In jedem Augenblick eines jeden Tages empfängst du über diese Linie Botschaften der Führung, Liebe und Unterstützung. Diese Botschaften kommen aus einem energetischen Bereich des Universums namens Akasha-Chronik und werden durch die lebensspendende Energie von Mutter Erde aktiviert. Wenn du auf diese Botschaften hörst, wirst du erfahren, dass alles, was du in dieser physischen Welt erlebst, seine Wurzeln im energetischen

Teil deines Ichs hat – tief im Inneren deiner Seele. Du bestehst aus Energie, und deine Seele wird dir helfen zu verstehen, wie diese Energie dich zu dir selbst zurückführen kann, damit du in deinem Leben den Weg gehen kannst, der mit deinem Höchsten Selbst im Einklang steht.

Von den Pinnacle habe ich gelernt, dass es überall Energie gibt. Sie fließt durch alles hindurch und ist immer in Bewegung. Die Pinnacle haben mir erklärt, dass die Energie einen Herzschlag hat. Diesen Herzschlag messen wir, wenn wir Joule oder die Schumann-Resonanzen des elektromagnetischen Feldes der Erde berechnen. Energie ist überall um uns herum – und egal ob wir uns dessen bewusst sind oder nicht: Wir stehen unser Leben lang mit dieser Energie in Interaktion. Manche Menschen können die Energie sehen, andere können sie hören; doch wir alle können die Energie spüren.

Deine Seele ist Energie, und sie spricht zu dir durch Energiebewegungen, die ich als energetische Schwingungen bezeichne. Du kannst diese Schwingungen in deinem physischen Körper als Schmerzen, Kribbeln oder sogar als Veränderungen deiner Körpertemperatur spüren; doch in erster Linie wirst du sie als Emotionen empfinden. Genau das ist der Grund, warum die Seele ein physisches Leben hat: um Emotionen zu erleben und etwas daraus zu lernen, daran zu wachsen und sich weiterzuentwickeln – als Vorbereitung auf ihre nächste Erfahrung. Sobald der Körper seinen natürlichen biologischen Zyklus abgeschlossen hat, nimmt die Seele eine neue Form an: entweder als neues menschliches Leben oder als andere Ausdrucksform irgendwo in den unendlichen Dimensionen unseres Universums. Energie ist immer in Bewegung, und das Ende eines physischen Lebens ist nicht das Ende unserer Seele.

Was ich daran spannend finde, ist, dass deine Seele nicht an deinen Körper oder an die physische Welt gebunden ist. Dein Körper ist nur ein »Raum«, in dem deine Seele in diesem jetzigen Augenblick (und auch in allen anderen Augenblicken) existiert. Die Seele ist multidimensional und macht unendlich viele – auch nicht-menschliche – Erfahrungen auf vielen verschiedenen Existenzebenen *gleichzeitig*. Du kannst also jederzeit Informationen aus irgendeiner dieser Erfahrungen empfangen. Obwohl man diese Erfahrungen normalerweise als »frühere Leben« bezeichnet, weil das unserer menschlichen Vorstellung von linearer Zeit entspricht, finden sie alle zur selben *energetischen* Zeit statt.

Hier ein Beispiel, das die Pinnacle mir dazu gegeben haben: Angenommen, du hältst einen Porzellanteller in der Hand. Dieser Teller symbolisiert deine Energie. Und nun stell dir vor, du lässt diesen Teller fallen, und er zerbricht in viele kleine Stücke. Eines dieser Stücke ist deine Energie in deinem physischen Körper – in diesem physischen Leben. Die übrigen Stücke sind die anderen Erfahrungen, die deine Energie in verschiedenen Dimensionen macht. Alle Teile liegen gleichzeitig auf dem Boden, weil deine Energie diese Erfahrung in deinem physischen Körper zur selben Zeit macht wie alle anderen Erfahrungen in dieser Welt und in anderen Welten. Deine Seele existiert auf vielen verschiedenen Zeitlinien gleichzeitig. Daher werde ich die multidimensionalen Erfahrungen deiner Seele in diesem Buch als »die anderen Leben deiner Seele«

bezeichnen. In Kapitel 10 findest du eine ausführlichere Erklärung dazu.

Informationen aus diesen Seelenerfahrungen sind in deiner Akasha-Chronik gespeichert. Wenn es irgendetwas aus einem dieser Leben gibt, das dir weiterhelfen kann (und das gibt es immer), erhältst du diese Informationen in Form von Botschaften durch deine Linie. Du empfängst diese Botschaften tagtäglich – den ganzen Tag über, seit dem Augenblick, in dem du deinen ersten Atemzug getan hast –, und sie werden dir auch weiterhin zufließen, solange dein Herz schlägt und deine Lungen atmen. Ich nenne sie Botschaften, aber du kennst sie vielleicht unter einem anderen Namen: innere Stimme, Intuition, Bauchgefühl oder sechster Sinn. Diese Botschaften fördern das Wachstum und die Entwicklung deiner Seele und helfen dir dabei, zu lernen, wie du mit dem höchsten und authentischsten Ausdruck deines Selbst durchs Leben gehen kannst.

Du kannst dir deine Linie als eine Art Ablagesystem vorstellen, das alles enthält, was gebraucht wird, um dich in dieser Phase deiner Seelenreise zu leiten. Dazu gehört auch, dass du deine Ziele und Begabungen entdeckst und etwas über die Lektionen lernst, die deine Seele im Rahmen ihrer kontinuierlichen Weiterentwicklung durchmacht und aus denen sie etwas lernen möchte. Wenn du in deiner Linie lebst, werden deine Botschaften es dir ermöglichen, dein:e beste:r Lehrer:in, dein:e motivierendste:r Führer:in und dein:e eigene:r Heiler:in zu sein. Es liegt alles in dir. Das hier ist eine ganz neue Art zu leben.

## Wie funktioniert die Linie?

In diesem Leben bist du sowohl ein energetisches als auch ein physisches Wesen, und in den Botschaften, die du empfängst, spiegelt sich diese Dualität wider. Anfangs sind diese Botschaften energetische Sendungen aus dem Bereich, in dem deine Akasha-Chronik gespeichert ist. Sie treten durch den Scheitelpunkt deines Kopfes in deinen Körper ein. An diesem Punkt sind sie reine Energie, denn sie kommen aus einem rein energetischen Bereich. Nachdem die Botschaften durch die Mittellinie deines Körpers (deine Linie) hindurchgelaufen sind, verlassen sie deinen Körper am unteren Ende deines Beckens (das gleichzeitig auch das untere Ende deiner Linie ist). Von dort aus tritt die Energie in die Erde ein, und die lebensspendende Energie von Mutter Erde aktiviert deine Botschaften und bringt sie in die physische Welt hinein, damit du sie empfangen kannst.

Sobald deine Botschaften aktiviert wurden, enthalten sie die Weisheit deiner Seelengeschichte (deine energetische Essenz) und das geerdete Wissen, das dich in diesem irdischen Leben leitet (deine physische Essenz). Nachdem sie die Erde durchlaufen haben, steigen die Botschaften wieder nach oben und treten durch die Füße in deinen Körper ein. Dann laufen sie an deinen Beinen entlang nach oben und durch deine Linie hindurch, wo du auf sie zugreifen kannst. Das ist ein automatischer, kontinuierlicher Prozess, der so schnell abläuft, dass du zu jedem Tageszeitpunkt – sogar jetzt in diesem Augenblick, während du mein Buch liest – Botschaften empfängst.

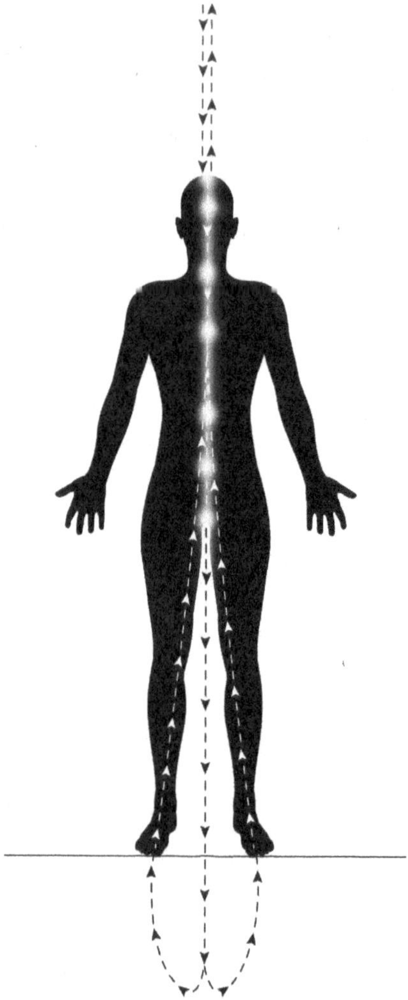

Der Weg der Linie

Falls das alles noch neu für dich ist, solltest du dir vor Augen halten, dass du stärker mit deiner Linie und ihren Botschaften verbunden bist, als du denkst. Diese Energie begleitet dich schon seit dem Zeitpunkt deiner Geburt. Du musst keine besondere Fähigkeit erlernen, um deine Botschaften zu empfangen, denn das geschieht bereits. Du musst dein Bewusstsein nur wieder auf dich selbst und auf die Magie des Lebens richten! Du hast alles in dir, was du brauchst, um mit deiner Linie zu leben. Nun ist es an der Zeit, nach Hause zurückzukehren – zu dir und deiner Energie.

## Woher kommen deine Botschaften?

Wie bereits erwähnt, kommen deine Botschaften aus deiner Akasha-Chronik. Diese Chronik wird von den Pinnacle verwaltet, die als Torhüter fungieren. Wenn jemand den Bereich dieser Chronik betritt, entscheiden die Pinnacle, welche Informationen weitergegeben werden und welche Erfahrung die betreffende Person damit machen soll.

Die Pinnacle haben mir mitgeteilt, dass die Akasha-Chronik in einem Sternhaufen in unserem physischen Universum – den Plejaden – gespeichert ist (auf die wir im nächsten Kapitel noch näher eingehen werden) und dass sie selbst – die Pinnacle – die höchste Form der plejadischen Energie sind. Die Plejaden und die Pinnacle gehören zum Höchsten Reich, das auch viele andere Punkte im Universum umfasst. Die Pinnacle bezeichnen dieses Reich auch als Rat des Lichts.

Stell dir dieses Reich als eine Stufe unter Gott stehend vor – dem Universellen Einen, dem Schöpfer, dem Göttlichen oder wie auch immer du diese allerhöchste Instanz nennen möchtest. In diesem Reich befinden sich Energien und kosmische Wesen mit den höchsten Schwingungen reiner Liebe von unendlich vielen Punkten im Universum und Multiversum – von den wichtigsten Sternen und Galaxien, die wir in unserem Sonnensystem kennen (Sirius, Orion, Andromeda usw.), bis hin zu den Energien bekannter aufgestiegener Meister wie Jesus und Ganesha (das sind zwei Beispiele für erleuchtete Wesen, die mir in Zusammenarbeit mit den Pinnacle durch meine Linie Botschaften geschickt haben). Sie alle gehören zum Rat des Lichts. Wenn diese Energien zu mir durchkommen, trete ich nicht mit einer bestimmten Person oder religiösen Gestalt in Verbindung, sondern mit einem energetischen Ausdruck der göttlichen Liebe – derselben Energie, mit der auch du durch deine Linie verbunden bist. Die Botschaften, die du empfängst, sind von der Liebesenergie des Höchsten Reichs erfüllt.

## Wer sendet dir deine Botschaften?

In jeder Botschaft wird dir genau das übermittelt, was du in diesem Augenblick wissen musst, um als die harmonischste, liebevollste und göttlichste Version deiner selbst – als dein Höchstes Selbst – zu handeln. In gewisser Weise wirst du also vom höchsten Ausdruck deiner selbst geleitet.

Dein Höchstes Selbst ist dein wichtigster Führer – die reinste Form deiner Energie. Obwohl es menschliche Emotionen versteht, hält es nicht an Schmerz, Traumata oder Verletzungen aus deinen verschiedenen menschlichen Existenzen fest. Dein Höchstes Selbst ist die Energie der reinen Liebe. Deshalb holt sich deine Seele von deinem Höchsten Selbst Rat und Führung. Obwohl deine Seele ebenfalls eine Energie ist, empfindet sie menschliche Emotionen, weil sie lernen möchte, sie zu verarbeiten. Deine Seele trägt Freude und Schmerz, Heilung und Verletzungen, Triumphe und Traumata aus diesem und anderen Leben in sich. Wenn du der Führung deines Höchsten Selbst folgst, wirst du verstehen, wie du auf deine Emotionen und Erlebnisse reagieren sollst, damit deine Seele etwas daraus lernt und sich weiterentwickelt. Deshalb bezeichne ich diese Arbeit als »Seelenwachstum«.

Zusätzlich zu deinem Höchsten Selbst umfasst dein kosmisches Unterstützungsteam auch noch sämtliche energetischen Führer, die dir in dieser Phase deiner Seelenreise zur Seite stehen. Dazu gehören zum Beispiel andere Energien aus dem Rat des Lichts, himmlische Wesen und Sternenenergien, Vorfahren, verstorbene Angehörige oder Freunde, Geisttiere und natürlich die Höchste Macht – Gott, der Schöpfer, das Göttliche, das Universum oder wie auch immer du es nennen willst. Einige dieser Geistführer werden dein ganzes Leben lang bei dir sein, andere nur in bestimmten Lebensabschnitten.

Stell dir deine Linie als Geflecht aus verschiedenen Energiesträngen vor. Es gibt einen Strang für dein Höchstes Selbst, einen anderen für dein kosmisches Unterstützungsteam und einen letzten für deinen menschlichen Geist. Dein Höchstes Selbst sendet dir Botschaften, dein menschlicher Geist interpretiert sie, und auf dein kosmisches Unterstützungsteam kannst du über deine Linie zugreifen, wenn du zusätzliche Führung oder Unterstützung brauchst, um deinen Botschaften zu folgen und in dieser physischen Welt zu leben. Jeder Strang dieses Geflechts spielt eine wichtige Rolle.

Ich habe bei Akasha-Chronik-Readings schon oft erlebt, dass der wichtigste Führer meiner Klient:innen das Höchste Selbst war. Das kosmische Unterstützungsteam war zwar auch da, beobachtete aber nur aus dem Hintergrund, während das Höchste Selbst die Führung übernahm. Das war eine bahnbrechende Erkenntnis für mich und meine Klient:innen: Man führt sich tatsächlich selbst. Genauso ist es auch mit deiner Linie: Dein kosmisches Unterstützungsteam assistiert dir und deinem Höchsten Selbst lediglich. Die eigentliche Leistung hast du dir selbst zuzuschreiben. Also denke auch daran, dich bei dir selber zu bedanken: für die Botschaften, die durch deine Linie kommen, für die Schritte, die du daraufhin ergreifst, und für die Erkenntnisse und das innere Wachstum, die sich daraus ergeben. Das kommt alles von dir.

## Sind deine Linie und deine Akasha-Chronik dasselbe?

Deine Linie verbindet dich mit dem Bereich, in dem deine Akasha-Chronik energetisch gespeichert ist, und du erhältst in jeder Sekunde eines jeden Tages Führung aus diesem Bereich. Aber das bedeutet nicht, dass du ständig deine Akasha-Chronik »liest« oder dich »darin« aufhältst. Ich habe schon Tausenden von Menschen weltweit beigebracht, wie man die Akasha-Chronik liest, und obwohl die Botschaften stets vom selben Ort kommen, ist der Prozess der Arbeit mit dieser Chronik doch etwas ganz anderes als die Arbeit mit der Linie. Für den offiziellen Zutritt zur Akasha-Chronik praktiziere (und lehre) ich einen eher rituellen Prozess. Dieser Prozess beginnt mit dem Aufsagen des Gebets der Neuen Welt; außerdem muss man dabei eine ganze Reihe von Vorgaben befolgen und in einer Haltung der Andacht und Hingabe verharren, um mit der Zeit die Fähigkeit zu entwickeln, die Botschaften empfangen zu können.

Ich habe das Gebet der Neuen Welt am 30. April 2020 gechannelt, als wir Menschen als Kollektiv eine epochale Veränderung durchmachten. Es ist ein Gebet des Mitgefühls, das uns eine sehr tiefgehende Selbstbeobachtung und Selbstheilung ermöglicht und uns von den Pinnacle genau zum richtigen Zeitpunkt übermittelt wurde – ein Gebet aus kosmischer und irdischer Energie, das uns in einen völlig neuen Bereich der Akasha-Chronik hineinführt. Dieses Gebet wurde zwar durch mich gechannelt, gehört aber nicht mir, sondern uns allen. Ich benutze es, um auf meine Akasha-Chronik zuzugreifen, bringe es aber auch unseren Mitgliedern bei, die lernen, diese Chronik zu lesen; und auch du selbst kannst es benutzen. Du findest es im Anhang am Ende dieses Buches. Inspiriert? Dann probiere es aus!

Die Pinnacle haben mich zur Linie geführt, damit ich dir

eine schnelle und einfache Methode beibringen kann, wie du auf die Informationen in deiner Akasha-Chronik zugreifen kannst, ohne dass du irgendeine offizielle Praxis, ein Gebet oder ein Ritual dafür brauchst. Die Energie bewegt sich rasch, die Botschaften kommen schnell durch, und die Linie entspricht dem Tempo unserer heutigen Zeit – sie bietet Führung, genau in dem Moment, in dem man sie braucht. Sie kann dir aber auch eine kurze Pause oder Auszeit ermöglichen, sodass du Präsenz und Stille in dir selbst finden und jede Situation mit innerer Klarheit verstehen und durchschauen kannst.

Es ist ein Unterschied, ob du die Informationen aus deiner Akasha-Chronik über deine Linie erhältst oder ob du offiziell in den Bereich dieser Chronik eintrittst. Das kannst du dir ungefähr folgendermaßen vorstellen: Deine Akasha-Chronik ist ein Haus, und deine Linie ist der Garten. Beide Teile dieses Grundstücks sind wichtig, und beide dienen einem anderen Zweck. Sie ergänzen sich gegenseitig. Wenn du im Garten stehst, kannst du viele Informationen über das gesamte Grundstück erhalten: Du spürst das Gras unter deinen Füßen, siehst Blumen, Gemüsebeete, Bäume und Sträucher, kannst den Bürgersteig oder die Einfahrt entlanggehen. Du erkennst die Form und Farbe des Hauses und die Hausnummer. Wenn du durch die Fenster hineinschaust, siehst du alles, was sich in dem Haus befindet: sämtliche Gegenstände, die die Lebensenergie des Hauses in sich tragen – von gerahmten Fotos bis hin zu Möbelstücken. Du bekommst einen Eindruck von der architektonischen Gestaltung und siehst, ob sich Menschen darin aufhalten oder ob Haustiere darin leben.

Und nun stell dir vor, du könntest die Tür aufschließen und das Haus betreten. Dadurch gewinnt die Erfahrung eine neue Dimension: Jetzt kannst du den Geruch der verschiedenen Zimmer einatmen, die Stoffe berühren und die Schränke und Schubladen öffnen. Die Informationen, die du in dem Haus erhältst, ergänzen und bereichern das, was du vom Garten aus darüber erfahren hast.

Einer der Hauptunterschiede zwischen der Linie und der Akasha-Chronik besteht darin, dass die Informationen, die du durch die Linie erhältst, nur für dich selbst bestimmt sind. Denn bei deiner Linie handelt es sich um eine Frequenz, die nur mit deiner eigenen Akasha-Chronik in Verbindung steht und nicht mit den Chroniken anderer Menschen. Vielleicht erhältst du durch deine Linie auch Anleitungen und Empfehlungen zu einer Situation, die andere Menschen oder Beziehungen betrifft, welche in deinem Leben eine Rolle spielen; doch diese Anleitungen dienen stets *deiner* Seelenentwicklung und *deinem* inneren Wachstum. Wenn du dagegen in die Akasha-Chronik eintrittst, kannst du nicht nur auf deine eigene Chronik zugreifen, sondern (mit deren Zustimmung) auch auf die Chroniken anderer Menschen; und du kannst auch die Akasha-Chroniken von Tieren, Gebäuden oder einem Grundstück lesen.

Diese beiden Praktiken gehen Hand in Hand, und es hat den Mitgliedern unserer spirituellen Gemeinschaft sehr geholfen, ihre Linie als Hauptinformationsquelle zu nutzen und dann bei Bedarf auch noch die Akasha-Chronik hinzuzuziehen. Die Linie ist wirklich leicht zugänglich, und die Arbeit damit ist praktisch und bequem! Deine Linie ist immer »eingeschaltet«, du brauchst dazu keinen besonderen Bereich zu betreten und auch kein Gebet zu sprechen. Die Informationen deiner Linie fließen ständig durch dich hindurch. Du kannst sie empfangen und sofort danach handeln.

### Leben im Einklang mit deinem Höchsten Selbst

Die Pinnacle ermutigen jeden Menschen dazu, »ein aktives Lichtteilchen in der Anatomie dieser kollektiven Erfahrung zu sein«. Um als die Wesen, die wir sind, in hellem Glanz erstrahlen zu können, müssen wir mit dem Menschen im Einklang leben, zu dem unsere Botschaften uns hinführen. Stell dir vor, dass jeder Mensch auf diesem Planeten ein Farbpixel ist. Jeder hat einen etwas anderen Farbton, der die Essenz seiner Seele darstellt: Dieser Farbton ist ein Ausdruck seiner ganz besonderen Bestimmung, seiner persönlichen Gaben und Verletzungen, seines inneren Wachstums und seiner Liebe – eine individuelle Komposition, die jeder Mensch in dieses Leben mitbringt.

Wenn du vorhast, mit deinem Höchsten Selbst im Einklang zu leben, und dir der Schönheit dieser physischen Erfahrung auf der Erde bewusst bist – der göttlichen Liebe, die alles durchströmt, und der Tatsache, dass du aus einem bestimmten Grund hier bist –, wird dein Farbpixel erleuchtet. Wenn jeder Mensch in der Absicht lebt, mit seinem Höchsten Selbst im Einklang zu stehen, leuchten die einzelnen Pixel auf und bilden zusammen ein wunderschönes Gemälde. Um dem Kollektiv zu dienen – um ein Teil des »Wir« zu werden –, musst du in der Lage sein, mit deinem »Ich« in Kontakt zu treten; denn das Kollektiv kann nicht so hell erstrahlen, wenn du selbst nicht erleuchtet bist. Du bist wichtig, und du bist aus einem ganz bestimmten Grund in unserer heutigen Zeit auf der Erde.

Mit deinem Höchsten Selbst im Einklang zu stehen, ist kein dauerhafter Seinszustand und sieht bei jedem Menschen anders aus. Es ist ein Gefühl, das dir in jeder Sekunde deines Lebens zur Verfügung steht; und ob du dieses Gefühl erlebst oder nicht, hängt davon ab, was du tust, sagst und denkst. Deine Botschaften verraten dir, was du tun musst, um im Einklang zu sein; doch das ändert sich von Sekunde zu Sekunde. Um mit deinem Höchsten Selbst im Einklang leben zu können, musst du lernen, deine Botschaften wahrzunehmen und auf ihre Anleitungen zu reagieren.

Du besitzt eine energetische Frequenz, genau wie deine Linie. Doch während die Frequenz deiner Linie unverändert bleibt, ändert sich deine eigene Frequenz je nach deiner allgemeinen emotionalen Verfassung. Wir erleben Energie in unserem Körper in Form von Emotionen. Wenn du deine Frequenz an die Frequenz deiner Linie anpasst, wird sich auch dein emotionaler Zustand verändern.

Das bedeutet nicht, dass du deinen Emotionen aus dem Weg gehst. Du bist dazu bestimmt, das ganze Spektrum menschlicher Emotionen zu empfinden – von Freude bis hin zu Wut, von innerem Frieden bis hin zu Trauer. Deine Linie hält dich nicht davon ab, etwas zu fühlen, sondern öffnet dich dafür zu verstehen, was deine Gefühle dich lehren wollen. Wenn du die Gründe für deine Emotionen kennst, kannst du lernen, durch sie hindurchzugehen, ohne von ihnen beherrscht zu werden.

Die Frequenz deiner Linie ist deine energetische Konstante, dein Leuchtturm, dein Polarstern. Sie ist dir stets zugänglich, weil sie ständig durch dich hindurchfließt. Deine Linie gibt dir eine neue Perspektive – sie schenkt dir ein Gefühl der Ruhe, flößt dir Dankbarkeit für die Nöte und Schwierigkeiten in deinem Leben und Liebe zu dir selbst ein; und natürlich schickt sie dir auch Botschaften von deinem Höchsten Selbst. Folge diesen Botschaften, wenn du dir nicht sicher bist, welchen Weg du gehen sollst.

Deine Botschaften geben dir praktische Ratschläge dazu, wie du dein tägliches Leben als physisches Wesen (= lernen, deine Emotionen zu verstehen, zu bewältigen, zu verarbeiten und loszulassen) mit deinen Bedürfnissen als energetisches Wesen (= wie du deine Gaben nutzt, deine Bestimmung lebst und herausfindest, wie deine Seele an dieser Erfahrung wachsen möchte) in Einklang bringen kannst. Genau das bedeutet es, ein Leben in der Linie zu führen; und das sieht bei jedem Menschen anders aus. Doch der erste Schritt auf dieser Reise ist bei allen Menschen derselbe: Du musst lernen, deine Energie so zu verändern, dass sie mit der Frequenz der Linie übereinstimmt, damit du deine Botschaften empfangen kannst. Das kannst du mithilfe einer Übung namens Linienaktivierung bewirken, die ich im nächsten Kapitel noch genauer besprechen werde.

Deine Botschaften werden dir wie Wassertropfen geliefert: Langsam, fast unmerklich, sanft und beständig tropfen sie in dein Bewusstsein – eine nach der anderen. Die Pinnacle sagen, dass du in einem Ozean der Leichtigkeit schwimmen wirst, wenn du nach diesen Botschaften handelst. Wenn du sie dagegen ignorierst, wirst du immer Durst haben.

»Ozean der Leichtigkeit« ist kein trügerisches Versprechen eines leichten Lebens. Es bedeutet, dass du lernen wirst, die schwierigen und mühseligen Situationen in deinem Leben als Chancen für inneres Wachstum und Weiterentwicklung zu sehen. Du wirst all die schönen und schwierigen Emotionen deines Lebens trotzdem noch spüren, und du wirst auch nicht wissen, was in Zukunft auf dich zukommt; aber du wirst ein größeres Verständnis für die Erfahrung haben, die du gerade durchlebst, wirst sie bewusster wahrnehmen und dankbarer dafür sein.

Wenn du dich von deinen Erwartungen löst, wie dein Leben sein sollte oder was für ein Mensch du sein solltest, und dich stattdessen ganz der Führung deines Höchsten Selbst hingibst, kannst du darauf vertrauen, dass du jede Erfahrung auf die Art und Weise durchleben wirst, die am stärksten mit deiner Seele im Einklang steht. Das ist nicht unbedingt immer der einfachste Weg, aber es ist der Weg deiner Transformation.

Deine Seele wächst nicht durch »einfache« Dinge; und dadurch kannst du auch deine Beziehung zu dir selbst nicht vertiefen. Die Seele wächst durch Bewusstheit, Erfahrung und den Kontrast zwischen energetischen Höhen und Tiefen. Deine Botschaften geben dir die Einsicht, die du brauchst, um zu verstehen, was du aus jeder Situation lernen kannst und wie du durch jede Erfahrung hindurchgehen kannst, als würdest du in einem Ozean der Leichtigkeit schwimmen. »Du kannst vieles wissen«, sagen die Pinnacle, »aber du kannst nicht alles wissen.« Denn dem schönen, wunderbaren Geschenk dieses Lebens wird stets etwas Geheimnisvolles anhaften.

Wenn du deine Botschaften ignorierst, wirst du immer »Durst« nach Führung, Orientierung, Verständnis, Sinn, Verbundenheit und Liebe haben. Durst ist das Gefühl, das man hat, wenn man nicht mit seinem Höchsten Selbst im Einklang steht. Dann verspürst du vielleicht eine innere Unruhe, als wärst du nie zufrieden mit dem jetzigen Augenblick. Vielleicht orientierst du dich an anderen Menschen, um zu entscheiden, was du tun oder wer du sein sollst. Vielleicht verurteilst du deine Mitmenschen aber auch oder jagst irgendeinem Leben hinterher, das du bei anderen Leuten beobachtet hast, statt nach dem Leben zu streben, das mit deinem Höchsten Selbst im Einklang steht und dich auf Seelenebene erfüllt. Das ist ein unangenehmes Gefühl.

Deine Botschaften zeigen dir, dass du alles, was du brauchst, um mit deinem Höchsten Selbst im Einklang zu leben, bereits in dir trägst; aber niemand erwartet von dir, dass du das alles ganz alleine schaffst. Wir alle brauchen Liebe und Unterstützung; und wenn dir bewusst ist, was dein Körper, deine Energie, dein Verstand und deine Seele in einem bestimmten Augenblick brauchen, wirst du vielleicht manchmal zu Menschen hingeführt, die dir weiterhelfen können. Ich zum Beispiel arbeite mit verschiedenen intuitionsbegabten Heilern zusammen, die ich schätze und zu denen ich Vertrauen habe. Ich weiß genau, wann ich eine Sitzung bei einem von ihnen brauche; das spüre ich in meinem Körper, und ich empfange es auch als Botschaft durch meine Linie.

Du wirst genau zu den Menschen hingeführt, deren Unterstützung du gerade brauchst. Das können Ehe- oder Lebenspartner, Angehörige oder Freunde sein. Wenn du dich in diesen Beziehungen deinem Höchsten Selbst entsprechend verhältst, kannst du die Unterstützung dieser Menschen suchen, ohne sie unfairerweise mit der negativen Energie deines Problems zu belasten. Denn mithilfe deiner Botschaften kannst du auf gesunde Art und Weise mit deiner Energie umgehen und Ratschläge und Unterstützung von anderen Menschen in einer Haltung der Bewusstheit und Ausrichtung auf dein Höchstes Selbst empfangen.

Jeder Augenblick der Liebe, Führung und Unterstützung, den du durch deine Linie erhältst, bringt dich auf einen Weg, auf dem du mit deinem Höchsten Selbst im Einklang stehst. Jeder Schritt, den du gehst, hilft dir, ein bisschen heller zu leuchten und ein ganz besonderer, göttlicher energetischer Ausdruck deiner selbst zu werden. Du wurdest in einer ganz bestimmten Absicht und zu einem ganz bestimmten Zweck in die Welt hineingeboren, und ein Teil deiner Seelenreise in diesem Leben besteht darin, diesen Daseinszweck zu entdecken und zu leben. Die Botschaften, die du empfängst, können dich zu deiner Bestimmung hinführen. Außerdem können sie dir die einmaligen Gaben offenbaren, die deine Seele in dieses Leben mitgebracht hat, und dir zeigen, welche Lektionen sie in diesem Leben lernen soll. Deine Lebensziele, deine Gaben und deine Lektionen sind Dinge, die du in jeder Sekunde eines jeden Tages lebst und durcharbeitest.

Es gibt keine bestimmte Reihenfolge, in der du diese wichtigen Erkenntnisse über dich selbst gewinnst; doch je öfter du deine Linie nutzt, umso mehr wirst du über deine Lebensziele, Gaben und Lektionen erfahren. Deine Linie versorgt dich mit unendlich vielen Informationen, Anleitungen und praktischen Ratschlägen, die ganz speziell auf dich, deine Seelenreise und deine Lebensaufgabe zugeschnitten sind. Du musst einfach nur anfangen, die Botschaften zu empfangen, die rund um die Uhr durch deine Linie zu dir kommen. Sobald du dich auf die Frequenz deiner Linie einstimmst, transformiert sich die Energie in deinem Inneren. Deine energetische Kommunikation mit dem Universum verändert sich, und dadurch erhältst du eine Chance, dein ganzes Leben zu verändern.

Bist du bereit, mehr darüber zu erfahren? Nun ist es nämlich an der Zeit, deine Linie zu aktivieren und dir dieser Botschaften bewusst zu werden, die durch dich hindurchfließen! Ich halte dich immer noch an der Hand. Spüre meine Energie, während du diese Worte liest. Ich bin hier, um dich so lange zu führen und zu unterstützen, bis du darauf vertraust, dass deine Linie dir alles zugänglich macht, was du wissen musst.

## Kapitel 2

# Wie man seine Linie aktiviert

*Nimm dir Zeit, dich kennenzulernen.*
*Nimm dir Zeit, du selbst zu sein.*
*Nimm dir Zeit, dich selbst zu führen.*
*Nimm dir Zeit, dich selbst zu lieben.*

Die Pinnacle

Die Linienaktivierung ist eine einfache Übung, die aus tiefen Atemzügen und ein paar kurzen, sich wiederholenden Armbewegungen besteht. Der Zweck dieser Aktivierung ist es, dein Bewusstsein für die energetische Frequenz deiner Linie und für die Botschaften zu aktivieren, die durch dich hindurchfließen, damit du diese Botschaften auf möglichst schnelle, klare und effiziente Weise empfangen kannst. Die tiefe Atmung zentriert deine Energie, und die Armbewegungen ahmen den Fluss der Linie durch deinen Körper nach. Es ist, als würdest du dein Bewusstsein einschalten.

Die Aktivierung deiner Linie ist die Lichtgeschwindigkeitsversion des Zugriffs auf deine Akasha-Chronik, denn sie ermöglicht dir einen direkten, unmittelbaren Zugang zur Frequenz dieser Chronik. Durch deine Linie kannst du Informationen über alles Mögliche erhalten – von Ratschlägen zur

Bewältigung eines stressigen Tages bis hin zu den wunderbaren Gaben und Zielen, die deine Seele in dieses Leben mitgebracht hat.

Die Linienaktivierung ist die wichtigste Übung in diesem Buch. Sie ist ein integraler Bestandteil sämtlicher Übungen und Lehren, die ich dir vermitteln möchte; und um mein Buch möglichst gut nutzen zu können, solltest du diese Übung in deinen Tagesablauf einbauen. In der Linie zu leben, erfordert ständige Bewusstheit und Aufmerksamkeit; und wie bei jeder neuen Praxis, mit der man sich beschäftigt, wirst du dabei genau das zurückbekommen, was du einbringst.

Während du diese Praxis erlernst, solltest du deine Linie mindestens einmal pro Tag aktivieren – zusätzlich zu den Linienaktivierungen, die du im Rahmen der Übungen in diesem Buch durchführst. Meiner Erfahrung nach kann es sehr hilfreich sein, den Tag mit einer Linienaktivierung zu beginnen: So kannst du deine Absicht auf ein bestimmtes Ziel konzentrieren oder deine Energie neu ausrichten, bevor du mit deinem Tagewerk beginnst. Du kannst die Linienaktivierung aber auch vor dem Meditieren, in der Nachmittagspause oder am Ende des Tages durchführen.

Höre einfach auf deine innere Führung und sei spontan genug, um deine Linie genau in dem Augenblick zu aktivieren, in dem du den Drang danach verspürst. Zweifle nicht an dir selbst, sondern tu es einfach. Je öfter du dich darin übst, umso stärker wird deine Bewusstheit und umso offener wirst du für die Botschaften, die du empfängst. Bei dieser Praxis geht es um dich und deine Energie. Mach sie dir zu eigen, indem du einfach das tust, was sich für dich in diesem Augenblick richtig anfühlt.

## Übung Linienaktivierung

Nimm zunächst eine bequeme Position im Stehen oder Sitzen ein und komme im gegenwärtigen Moment an. Schließe die Augen und atme ein paarmal tief durch die Nase ein und aus. Wenn es dir dadurch besser gelingt, dich zu zentrieren und deine Gedanken zur Ruhe zu bringen, kannst du dir eine helle weiße Lichtlinie vorstellen, die von deinem Kopf bis zu deinen Zehen hinunter verläuft und deinen Körper mit göttlicher Energie erleuchtet. Ich mache das gerne, aber Ben, der dieses Buch mit mir während unserer Ehe geschrieben hat, nicht; also probiere einfach aus, was bei dir am besten funktioniert.

**1. Atme und bewege dich, um deine Linie zu aktivieren.**
Deine Augen sind immer noch geschlossen. Lege deine Handflächen ein paar Zentimeter vor deinem Körper aneinander, wie zum Gebet, und hebe sie dann über deinen Kopf. Atme vier bis sechs Sekunden lang tief durch die Nase ein und dann wieder vier bis sechs Sekunden lang durch den Mund aus, wobei du deine Handflächen die ganze Zeit über dem Kopf zusammenhältst.

Dann atmest du wieder durch die Nase ein und bewegst die Hände beim Ausatmen diesmal langsam an der Mittellinie deines Körpers entlang nach unten. Deine Hände sollten die ganze Zeit einige Zentimeter von deinem Körper entfernt sein.

Sobald du mit den Händen auf der Höhe deines Bauchs angelangt bist, werden sie sich automatisch voneinander lösen. Achte darauf, dass deine Mittelfinger sich weiterhin berühren, atme ein und drücke deine Hände wieder zusammen, während sie sich erneut nach oben bewegen und du in deine Anfangsposition zurückkehrst: mit den Händen über dem Kopf. Sobald du eine vollständige Auf- und Abwärtsbewegung ausgeführt hast, ist die erste Sequenz abgeschlossen.

Wenn es für dich angenehmer ist, kannst du gerne auch einatmen, während du deine Hände nach unten führst, und ausatmen, während sie sich wieder nach oben bewegen. Da jedes Ein- und jedes Ausatmen vier bis sechs Sekunden dauern sollte, bewege deine Hände bitte so langsam, dass sie erst am Ende des Atemzugs ihr endgültiges Ziel (über dem Kopf oder in der Körpermitte) erreichen.

Führe insgesamt vier Auf- und Abwärtssequenzen durch, um deine Linie zu aktivieren. Ein Anleitungsvideo dazu kannst du dir auf alnwithin.com anschauen.

**2. Bleibe im Zustand der Aktivierung sitzen.**
Nachdem du die Bewegungen ausgeführt hast, hältst du die Augen weiterhin geschlossen, lässt deine Hände seitlich herunterhängen oder lässt sie in Gebetshaltung vor der Brust – je nachdem, was für dich angenehmer ist – und atmest in normalem Tempo durch die Nase weiter. Diesen Teil der Übung bezeichnet man als »Dasitzen im Zustand der Aktivierung«. Dabei bist du in einer Haltung meditativer Stille präsent und erlaubst dir, einfach nur zu *sein* und zu empfangen.

Während du in diesem Zustand der Aktivierung dasitzt, fällt dir vielleicht eine Veränderung an deinen Emotionen, deinem Bewusstsein oder deiner Energie auf. Und vielleicht spürst du jetzt auch die Frequenz deiner Linie – sei es als ein Gefühl der Ruhe, eine tiefe Liebe zu dir selbst oder anderen Menschen oder die Fähigkeit, eine bestimmte Situation aus einer übergeordneten Perspektive zu betrachten. Während dieser Zeit kannst du auch dein Höchstes Selbst um Führung oder Klarheit bitten; doch darüber wollen wir im nächsten Kapitel sprechen.

## Fragen und Antworten zur Linienaktivierung

***Wann soll ich meine Linie aktivieren?***
Du kannst deine Linie jederzeit und überall aktivieren. Das ist eine Praxis, die du einfach in deinen Alltag einbauen kannst; du brauchst dein Leben nicht um diese Übung herum zu

planen. Mach diese Praxis ruhig zu einem festen Bestandteil deines Tagesablaufs! Abgesehen von deinen regelmäßigen Linienaktivierungsübungen kannst du deine Linie aber auch dann aktivieren, wenn du dich von dir selbst abgekoppelt fühlst, wenn du dich ruhig und zentriert fühlen möchtest, wenn du Liebe empfinden willst, wenn du das Bedürfnis hast, eine Situation aus einer ausgewogeneren Perspektive zu betrachten – oder wann auch immer ein innerer Impuls dich dazu antreibt.

Die Mitglieder unserer »A Line Within«-Gemeinschaft haben diese Praxis auf viele interessante Arten in ihr Leben integriert. Eine von ihnen hat einmal gesagt: »Meine allererste Linienaktivierung hat mein Leben verändert. Es hat mir ungeheuer viel Kraft gegeben, meine Energie zu spüren, den Botschaften, die ich empfing, hundertprozentig zu vertrauen und meiner Intuition zu folgen. Meine täglichen Linienaktivierungen waren der Hauptgrund dafür, dass meine spirituelle Reise sich dahin entwickelt hat, wo sie jetzt ist. Sie erden mich von einer Sekunde auf die andere. Jeder Mensch kann sie durchführen, und man kann das fast überall tun – das ist das Schöne daran. Diese Aktivierungen waren ein großes Geschenk für mich und haben einen wichtigen Beitrag zu meinem allgemeinen Wohlbefinden geleistet. Ich bin so dankbar für diese Übung.«

Viele Yogalehrer:innen in unserer Gemeinschaft führen ihre Schüler:innen zunächst durch eine Linienaktivierung, um ihre Energie zu zentrieren und sie in die Gegenwart zurückzuholen, bevor sie mit dem Unterricht beginnen. Als die

Krankenschwestern und -pfleger aus unserer Gemeinschaft im Jahr 2020 anfingen, ihre Schichten mit einer Linienaktivierung zu beginnen, erhielten sie oft die Botschaft, sich in dieser körperlich und emotional schwierigen Zeit gut um sich selbst zu kümmern. Auch einige Künstler:innen aus unserer Gemeinschaft führen gern Linienaktivierungen durch, bevor sie malen, schreiben oder irgendetwas anderes Kreatives schaffen. Und Eltern (wie beispielsweise ich) praktizieren Linienaktivierungen mit ihren Kindern, um angespannte Situationen zu entschärfen oder ihnen beizubringen, wie man mit seiner Energie umgeht und mit seinem Inneren in Kontakt tritt.

Ein Elternteil aus unserer Gemeinschaft hat mir erklärt: »Durch tägliche Linienaktivierungen konnten wir den friedlichen Raum schaffen, den wir bei uns zu Hause so dringend brauchten. Ich habe meinem Mann und meiner Tochter deine Lehren vermittelt und ihnen beigebracht, wie sie sich mithilfe der Linienaktivierung in einen Zustand innerer Ruhe versetzen können. Meine Vierjährige weiß vielleicht noch nicht genau, was sie da tut, aber wenn sie bei mir sitzt, befinden wir uns während der paar Minuten, in denen wir unsere Linienaktivierungen durchführen, in völliger Harmonie miteinander. Kurz danach überkommt uns ein Gefühl der Ruhe und Ausgeglichenheit. Es vergeht kein Tag, ohne dass wir unsere Linienaktivierungen machen, und ich persönlich empfange seitdem mehr Botschaften als je zuvor, weil ich jetzt mit meinem wahren Ich im Einklang stehe!«

***Wie lange soll man im Zustand der Aktivierung sitzen bleiben?***

Wenn du mit dieser Praxis beginnst, empfehle ich dir, mindestens fünf Minuten lang ruhig in diesem Zustand dazusitzen, um ein Gespür dafür zu bekommen, wie sich diese Energie für dich anfühlt. Merke dir, wie du dich *vor* der Linienaktivierung gefühlt hast, und vergleiche das mit dem Gefühl, das du hast, während du im Zustand der Aktivierung dasitzt. Es ist sehr wichtig, dass du dir genügend Zeit dafür nimmst, die Frequenz deiner Linie in deinem physischen Körper zu spüren – sei es als Veränderung deiner emotionalen Verfassung, als klarer Durchblick in einer bestimmten Situation oder in Form einer Botschaft, die du empfängst.

Grundsätzlich hängt es von deiner Absicht ab, wie lange du im Zustand der Aktivierung sitzen bleiben solltest. Wenn du deine Linie aktivierst, um deine Energie mit deinem Höchsten Selbst in Einklang zu bringen, bleibst du einfach so lange sitzen, bis du diese Veränderung in deiner Energie und deinen Gefühlen spürst. (Das fühlt sich so an, als würdest du aus dem jetzigen Augenblick heraustreten, innerlich ganz ruhig und gelassen werden und alles aus einer anderen, übergeordneten Perspektive betrachten.) Und wenn du Botschaften empfangen möchtest, bleibst du so lange in der Aktivierung sitzen, bis diese Botschaften bei dir ankommen.

Im nächsten Kapitel werden wir noch näher auf die Frage eingehen, was das für Botschaften sind und wie es sich anfühlt, sie zu empfangen.

***Muss ich im Zustand der Aktivierung unbedingt sitzen?***

Du kannst entweder sitzen, stehen oder liegen. Suche dir eine bequeme Position aus, die dein Bewusstsein für deine Botschaften und für die Frequenz deiner Linie stärkt.

***Wie werde ich mich während und/oder nach meiner Linienaktivierung fühlen?***

Die Linienaktivierung wird dir Frieden, innere Ruhe und eine ausgewogenere Perspektive bringen; und manchmal kann sie auch dazu beitragen, dich von bestimmten Emotionen zu befreien. Vielleicht spürst du das als Kribbeln in deinem Körper – als würden deine Sinne erwachen und aktiviert werden. Und vielleicht spürst du auch ein Gefühl der Leichtigkeit in deinem Kopf, eine Erweiterung deines Herzraums oder eine Verlängerung deiner Wirbelsäule. Deine Hände und Füße können dabei kribbeln oder sogar leicht brennen. All das sind Anzeichen dafür, dass sich die Energie in deinem Inneren aktiviert. Dabei handelt es sich um völlig ungefährliche körperliche Reaktionen.

Je nachdem, wie offen oder verschlossen du gerade für deinen Energiekörper bist, spürst du vielleicht einen Druck im Kopf und Nackenbereich, während du deine Linienaktivierung machst oder im Zustand der Aktivierung dasitzt. Einige Mitglieder unserer spirituellen Gemeinschaft fühlen sich durch diese Empfindungen verunsichert, bekommen Angst und verschließen sich deshalb vor der Energie. Falls es dir genauso ergehen sollte, möchte ich dich beruhigen: Diese Wahrnehmungen gehören zu dem ganz natürlichen Prozess der Öffnung und Freisetzung blockierter Energie dazu. Je öfter du die Linienaktivierung praktizierst, desto größer wird das Gefühl der Leichtigkeit, das sie dir einflößt.

Stell dir vor, du öffnest die Tür zu einem Zimmer, das jahrelang verschlossen war. Die Luft in dem Zimmer fühlt sich dick und stickig an, und du musst das Fenster mit Gewalt öffnen, weil es klemmt. Doch sobald du das Zimmer lüftest, wird die Atmosphäre innerhalb weniger Minuten leicht und klar. Die Linienaktivierung erzeugt sehr viel Energiefluss und -bewegung in deinem Körper, und diesen Prozess musst du zulassen. Bei dieser Übung arbeitest du mit deiner Energie; und diese Energie bist du selbst. Also gib dich dir selber hin!

### *Kann ich meine Linie auch dann aktivieren, wenn ich deprimiert bin?*

Von einem Mitglied unserer »A Line Within«-Gemeinschaft habe ich einmal gehört, dass man keine Linienaktivierung machen solle, wenn man sich in schlechter emotionaler Verfassung befindet. Doch das stimmt nicht. Deine Emotionen sind deine Energie, die zu dir spricht. Akzeptiere diese Gefühle, statt Angst davor zu haben, und praktiziere die Linienaktivierung, um den tieferen Grund für diese Emotionen zu finden.

Selbst wenn du so niedergeschlagen bist, dass du dich beim besten Willen nicht zu dieser Übung aufraffen kannst, empfehle ich dir trotzdem, sie zu machen, denn schon allein durch die Armbewegungen und die Atmung kommt Energie in deinem Körper in Bewegung. Dadurch verschiebt sich deine Frequenz, was du wiederum als Veränderung deiner Emotionen spüren wirst – wenn auch vielleicht nur für einen kurzen Augenblick –, woraufhin du eine andere Frequenz in deinem Inneren wirst wahrnehmen können. Für diese Übung musst du also nicht unbedingt in der besten Verfassung sein, aber sie kann dir helfen, deine Energie so zu verändern, dass du das *Gefühl* hast, in der besten Verfassung zu sein.

***Kann ich auch mehr oder weniger als die vier vorgeschriebenen Armbewegungssequenzen machen?***

Die Pinnacle haben mir gesagt, dass die große Transformation sich in einer Viererserie vollzieht und dass sich darin der Vier-Jahreszeiten-Zyklus widerspiegelt, der in vielen Gegenden unserer Welt in der Natur herrscht. Du solltest die vier Sequenzen also auf jeden Fall vollenden; du kannst aber auch mehr Sequenzen machen, wenn du mehr Zeit brauchst, um dich auf die Frequenz deiner Linie einzustimmen. Ich empfehle dir, jedes Mal, wenn du eine Linienaktivierung durchführst, innerlich offen für deine Bedürfnisse zu bleiben und diesen Prozess bewusst wahrzunehmen. Manchmal wirst du dabei vielleicht einfach nur die vier Sequenzen durchführen; doch beim nächsten Mal musst du vielleicht acht oder zehn Sequenzen absolvieren, bevor dir eine Veränderung in deiner Energie auffällt. Jedes Mitglied unserer Gemeinschaft praktiziert die Linienaktivierung ein bisschen anders – je nachdem, wie es auf die Energie reagiert, die es gerade spürt.

***Muss man die Armbewegungen überhaupt machen?***

Es kann sein, dass du dich gerade in einem öffentlichen Umfeld aufhältst, wenn du das Gefühl hast, an deiner Energie arbeiten zu müssen; und vielleicht ist dir nicht ganz wohl dabei, diese Armbewegungen auszuführen, wenn andere Leute zuschauen. In solchen Fällen kannst du dich einfach nur auf deine Atmung und deine Absicht konzentrieren, zur Frequenz deiner Linie zurückzukehren. Wenn es dir hilft, kannst du dabei die Augen schließen und dir vorstellen, wie die Energie in deiner Linie auf und ab fließt. Deine Absicht ist bei dieser Übung stets das Wichtigste.

***Und was ist, wenn ich nicht visualisieren kann?***

Im Lauf der Jahre haben mir mehrere Mitglieder unserer Gemeinschaft erklärt, dass sie nicht visualisieren können. Wenn das bei dir auch der Fall ist, möchte ich dir versichern, dass du diese Arbeit trotzdem machen kannst. Dabei geht es darum, deinen physischen Körper zu erwecken und ihn mit der energetischen Frequenz deiner Linie zu synchronisieren. Falls das Wort *visualisieren* sich für dich verwirrend oder entmutigend anhören sollte, dann ersetze es einfach durch *tagträumen* oder *dir etwas vorstellen* (als würdest du an deinen Lieblingsort auf der Erde denken oder dir eine lieb gewonnene Erinnerung ins Gedächtnis zurückrufen).

Es ist auch wichtig zu erwähnen, dass es Konzentration, Übung und Entschlossenheit erfordert, eine Vision vor seinem inneren Auge zu sehen. Wenn das Visualisieren noch neu für dich ist, wird dein brillanter und viel beschäftigter Verstand wahrscheinlich alles tun, um dich davon abzulenken. Dein Ego, deine Ängste oder sonstige Gedanken können deine Vision trüben oder verändern. Arbeite daran, so wie an jeder anderen Fähigkeit auch. Auf dieses Thema werde ich an späterer Stelle noch näher eingehen.

***Wann fange ich an, meine Botschaften zu empfangen?***

Anfangs wirst du vielleicht nur ein Gefühl der Ruhe und des Wohlbefindens verspüren, ohne dass irgendwelche Botschaften zu dir durchkommen; und das ist auch ganz in Ordnung so. Es ist sogar mehr als in Ordnung. Freue dich an deiner Erfahrung – wie auch immer sie aussehen mag – und vertraue einfach auf diesen Prozess: Wenn du die Linienaktivierung weiterhin praktizierst, wird deine Verbindung zur Frequenz deiner Linie mit der Zeit immer stärker werden und sich verändern.

Es ist wichtig, die Linienaktivierung ohne jede Erwartung zu praktizieren. Zerbrich dir nicht den Kopf darüber, wann Botschaften zu dir durchkommen werden oder worum es dabei gehen könnte. Achte stattdessen lieber auf die Energie, auf die du dich einstimmst, wenn du deine Linie aktivierst. Wie fühlt sich diese Energie für dich an? Wie hast du dich gefühlt, bevor du deine Linie aktiviert hast? Und wie fühlst du dich danach? Die Pinnacle sagen, dass du »deine Emotionen als Kompass benutzen sollst«. Also achte darauf, wie du dich vor, während und nach jeder Linienaktivierung fühlst!

Im nächsten Kapitel werde ich noch ausführlicher auf das Thema Botschaften eingehen. Vorläufig solltest du einfach innerlich offen, empfänglich und präsent für alles sein, was während und nach deiner Linienaktivierung zu dir durchkommt. Diese Übung hilft dir dabei, dein Bewusstsein für die Frequenz zu öffnen, die ständig durch dich hindurchfließt – nicht nur, wenn du deine Linie aktivierst, sondern jeden Tag und den *ganzen* Tag über.

Ich habe folgende Erfahrung gemacht: Je länger ich nach dieser Übung ruhig im Zustand der Aktivierung sitzen bleibe, umso klarere Botschaften fließen mir den ganzen Tag über zu. Manchmal empfange ich meine Botschaften sogar erst dann, wenn ich einige Zeit in diesem Zustand verbracht habe; oder sie kommen eine Stunde später oder erst nachts im Traum zu mir durch. Diese Übung dient dazu, dein Bewusstsein für deine Linie zu aktivieren – also gewissermaßen den Schalter umzulegen, damit du in den Empfangsmodus kommst.

### *Was ist, wenn ich nicht sofort Botschaften erhalte?*

Immer wenn mir jemand diese Frage stellt, frage ich zurück: »Angenommen, du beschließt heute, eine neue Sprache zu lernen; würdest du dann erwarten, dass du sie morgen schon fließend beherrschst?« Du erlernst jetzt eine neue Sprache in deinem Inneren – deine Seelensprache –, und wenn du bisher noch nie auf diese Sprache geachtet hast, wird es vielleicht ein bisschen dauern, bis du sie richtig empfangen und daran glauben kannst. Also habe Geduld und lass dir den nötigen Freiraum, um diese Praxis weiterzuentwickeln. Deine Botschaften werden schon kommen, das verspreche ich dir, denn *das bist du*. Es ist alles bereits in dir.

***Was ist, wenn mir Gedanken durch den Kopf gehen, während ich meine Linie aktiviere?***
Heiße diese Gedanken willkommen, beobachte und akzeptiere sie. Bei der Praxis der Linienaktivierung geht es nicht darum, einen ganz stillen, schweigsamen, ruhigen Geist zu haben, sondern darum, alles zu empfangen, was zu dir durchkommt – einschließlich deiner Gedanken, denn deine Botschaften liegen oft in deinen Gedanken. Dein Verstand spielt bei der Übersetzung deiner Botschaften eine sehr große Rolle; deshalb ist es wichtig, deine Gedanken (sowohl die bewussten als auch die unbewussten) während dieser Praxis genau zu beobachten. Alles, was du während deiner Linienaktivierung empfängst, hat eine tiefere Bedeutung – sogar deine Gedanken. Lass einfach alles zu dir durchkommen.

## Deine Aktivierungspunkte

An deinem Körper gibt es zwei energetische Aktivierungspunkte, an denen deine Linie und deine Botschaften in deinen Körper ein- und wieder aus ihm heraustreten: den Universumsaktivierungspunkt am Scheitelpunkt deines Kopfes, wo die Energie des Universums in deinen Körper eintritt, und den Erdaktivierungspunkt unten an deinen Fußsohlen, wo du mit der Energie der Erde in Verbindung trittst.

Die Armbewegungssequenz, die du während der Linienaktivierung ausführst, spiegelt den Fluss der Botschaften wider, die aus dem Bereich der Akasha-Chronik hinabsteigen und durch den Scheitelpunkt deines Kopfes in dich eintreten, deinen Körper durchlaufen und unten an deinem Becken wieder austreten, bevor sie in die Erde hinein- und anschließend durch deine Fußsohlen wieder in deinem Körper emporfließen.

Die Praxis der Linienaktivierung verändert deine Energie so, dass sie der Frequenz deiner Linie entspricht. Du kannst aber auch eine Verbindung zu den beiden Aktivierungspunkten aufbauen, um dein Bewusstsein für die Frequenz deiner Linie zu stärken. Bei dieser Universums- und Erdaktivierung geht es um die Energie und die Emotionen, die du von diesen beiden Punkten empfängst und die dich zu der göttlichen Liebe zurückbringen, die dich durchströmt.

## Der Universumsaktivierungspunkt

Der Universumsaktivierungspunkt ist dein Verbindungspunkt zum Bereich der Akasha-Chronik, aus dem diese Energie und deine Botschaften kommen. Die Akasha-Chronik ist ein energetischer Bereich, das heißt, du kannst ihn nicht mit deinen physischen Augen sehen; aber du kannst die Punkte des physischen Universums sehen, die um diesen Bereich herum liegen.

Die Pinnacle haben gesagt, dass unsere Akasha-Chronik in einem Sternhaufen namens Plejaden gespeichert ist. Außerdem haben sie mir mitgeteilt, dass die Plejaden ihre energetische Heimat sind; deshalb channele ich die Pinnacle in der Akasha-Chronik. Sie kommunizieren gerne über die Zahl 4;

es ist also kein Zufall, dass die Plejaden 444,2 Lichtjahre von der Erde entfernt sind. Du kannst diesen Sternhaufen von jedem Punkt der Erde aus am Nachthimmel erkennen. Halte Ausschau nach dem Sternbild Orion und ziehe dann in Gedanken eine Linie vom Oriongürtel an einem großen roten Stern namens Aldebaran vorbei, bis du einen kleinen Sternhaufen siehst. Das sind die Plejaden. Obwohl dieser Sternhaufen wirklich sehr klein ist und die Plejaden selbst in klaren Nächten nicht die am hellsten leuchtenden Sterne am Himmel sind, handelt es sich dabei doch um einen wichtigen Fixpunkt im Universum, zu dem wir Menschen uns schon seit Langem hingezogen fühlen.

Die Plejaden sind nicht das ganze Jahr über sichtbar, und ihr Erscheinen am Himmel (ungefähr von November bis April) war während der Menschheitsgeschichte im Kalender vieler verschiedener Kulturen ein wichtiges Datum: Es zeigte jahreszeitliche Veränderungen, Zeitverschiebungen oder wichtige religiöse Feiertage an und erinnerte die Menschen daran, wann sie mit bestimmten landwirtschaftlichen Arbeiten wie beispielsweise dem Pflanzen oder Ernten beginnen sollten.

Bei manchen Völkern auf den Gesellschaftsinseln im Südpazifik ist der Kalender in zwei Jahreszeiten unterteilt, die dem Aufgang der Plejaden am östlichen Horizont und ihrem Untergang am westlichen Horizont entsprechen. Die Irokesen in Nordamerika teilen das Jahr in eine männliche und eine weibliche Hälfte ein, wobei das Erscheinen der Plejaden am Himmel den Beginn der weiblichen Jahreshälfte anzeigt.[1] Der antike griechische Dichter Hesiod schrieb in seinem Gedicht

*Werke und Tage*, das oft als einer der ersten Almanache für Landwirte bezeichnet wird, dass die Plejaden, wenn sie am Nachthimmel erscheinen, uns daran erinnern möchten, das Land zu bestellen; und wenn sie Ende Oktober oder Anfang November wieder untergehen, sind sie eine Erinnerung daran, »zur rechten Zeit zu pflügen; und so wird das vollendete Jahr passenderweise unter die Erde gehen«.[2] Auch viele andere Völker, zum Beispiel die Guaraní in Paraguay und die Blackfoot in Nordamerika, orientierten sich bei ihren landwirtschaftlichen Praktiken an den Plejaden.[3]

Die Plejaden spielten auch eine wichtige Rolle in den Geschichten, Mythologien und Volksbräuchen verschiedener Kulturen auf fast allen Kontinenten. Zu diesen Kulturen gehörten viele Stämme amerikanischer und australischer Ureinwohner, aber auch alte europäische Zivilisationen, die bis in die Bronzezeit zurückreichen. Im Jahr 1999 wurde ein uraltes Kunstwerk aus dem Jahr 1600 vor Christus entdeckt: die Himmelsscheibe von Nebra. Auf dieser Bronzescheibe sind Symbole appliziert, die eine zunehmende Mondsichel, die Sonne und den Sternhaufen der Plejaden darstellen. Somit ist diese Himmelsscheibe die älteste bisher entdeckte Sternkarte.[4]

Die Plejaden waren im Lauf der Menschheitsgeschichte eine wichtige Quelle der Weisheit und Führung und bedeutender Erkenntnisse; ich glaube, das liegt daran, dass dort die Akasha-Chronik beheimatet ist. Alles, was unsere Seelen je erlebt haben, ist in dieser Chronik gespeichert, und zu dieser Energie fühlen wir uns hingezogen. Wenn wir zu den Plejaden hinaufschauen, sehen wir einen Teil unserer selbst.

Wenn du das nächste Mal zum Nachthimmel emporschaust, sieh dich selber inmitten der Sterne, als ob du zum Universum und zu dir selbst sagen würdest: »Ich weiß, dass meine Seele mich dorthin zieht; meine Linie verbindet mich mit den Sternen, und ich empfange reine göttliche Liebe und Führung aus dieser Welt.« Spüre die Energie, die dir zufließt, und empfange sie in Form von Liebe, Freude, Erstaunen und einem Gefühl der Verbundenheit in deinem Körper. So fühlt es sich an, wenn man eine Aktivierung der Universumsenergie erlebt.

Die Energie und die Emotion, die du dabei empfängst, lenken dein Bewusstsein zu deiner innigen, angeborenen Verbindung mit den Sternen hin. Wenn du die Plejaden noch nie am Himmel gesehen hast, dann achte auf deine Emotionen, sobald du sie zum ersten Mal siehst. Und wenn du sie schon einmal gesehen hast, solltest du beim *nächsten Mal*, wenn du sie siehst, auf deine Emotionen achten. Diese Gefühle sind wichtig, auch wenn sie noch so subtil sind. Du kommst aus dem Universum und trägst ein Stück des Universums in dir. Daran erinnern dich diese Aktivierungen der Universumsenergie.

Hast du schon einmal Schmetterlinge im Bauch gehabt oder ein Herzflattern gespürt, als du einen Sonnenaufgang beobachtet hast, dessen leuchtende Rot-, Rosa-, Orange- und Gelbtöne sich über die dunkle Erde legten und das Licht eines neuen Tages ankündigten? Spürst du, wie ein Energieschub in dir aufwallt, wenn du eine Sternschnuppe siehst oder dir ein neuer Planet am Nachthimmel auffällt? Hast du schon mal gespürt, welche Magie die herrlichen Nordlichter an den

Himmel zeichnen? Wie helle Lichtbänder durch die Wolken brechen, wenn die Sonne am Horizont untergeht? Diese Sonnenstrahlen werden manchmal auch als Dämmerungsstrahlen oder »Gottesstrahlen« bezeichnet, und ihr Anblick hat tatsächlich etwas Wunderbares. All das sind Augenblicke der Universumsaktivierung und Chancen für dich, die Schönheit des Universums in deinem physischen Körper zu spüren.

Manche Sterne und Planeten treten in verschiedene Aspekte zueinander – beispielsweise Konjunktionen oder Oppositionen. Dadurch verändert sich etwas an deiner Energie, deinen Emotionen und deiner Fähigkeit, mit deinen Botschaften in Kontakt zu treten. Obwohl wir die Auswirkungen sämtlicher Planeten auf unsere Energie spüren können, wäre es eine gute Idee für dich, einmal damit zu experimentieren, wie unser Mond sich auf dich auswirkt. Achte beim nächsten Vollmond, Neumond, einer Sonnenfinsternis oder Teilsonnenfinsternis doch einmal auf deine Emotionen und deine Energie! Solche Zeiten eignen sich besonders gut dazu, Universumsaktivierungen durch deine Linie zu empfangen.

### Der Erdaktivierungspunkt

Wir haben eine heilige, seelische Verbindung zur Natur und zu unserer Mutter Erde. Obwohl du ein energetisches Wesen mit einer immanenten spirituellen Verbindung zum Universum bist, hat deine Seele beschlossen, diese Erfahrung als Mensch hier auf der Erde zu machen, und die Energie der Erde unterstützt dich dabei. Sie spielt nämlich eine besondere Rolle dafür, dass du deine Botschaften empfangen kannst.

Wenn deine Botschaften aus dem Universum zu dir hinabsteigen, sind sie noch reine Energie. Sie müssen erst in die Erde eintreten, damit du sie empfangen kannst. Während dieses Prozesses übersetzt die Erde diese energetischen Sendungen in verständliche Botschaften, die du in der physischen Welt empfangen kannst. Da die Energie der Erde sämtliche Botschaften aktiviert, die aus der Akasha-Chronik kommen, ist die Geschichte deiner Seele (und auch die Geschichte aller anderen Seelen) nicht nur im Bereich dieser Chronik gespeichert, sondern auch in der Erde unter unseren Füßen. Mit der Erde in Kontakt zu treten, verankert dich in deinem physischen Körper – auf dieser physischen Ebene – und verbindet dich gleichzeitig mit deinem energetischen Ich.

Du kannst Erdaktivierungen empfangen, indem du eine bewusste Verbindung zur Erde herstellst und dir vor Augen hältst, dass deine Energie in der Erde gespeichert ist. Die Aktivierung dieses Kontakts zur Erde erdet und heilt dich; sie bringt dich zu dir selbst und deinen Botschaften zurück.

Hat es dir schon einmal den Atem verschlagen, einfach nur in der Natur zu sein? Hast du schon mal dieses Gefühl innerer Ruhe gespürt, als du auf eine endlose, flache Prärie schautest, oder hast du die Kraft der Erde empfunden, wenn du am Fuß einer riesigen, majestätischen Bergkette standest? Hast du schon einmal innegehalten und dem Rauschen der Wellen gelauscht, die gegen Felsen schlagen, oder die himmlische Stille eines Teichs auf dich wirken lassen? Hast du jemals das Gefühl von frischem Morgentau an deinen Füßen genossen, dem Gesang eines großen Gewässers gelauscht, das gerade gefriert, oder dem Pfeifen des Windes zugehört, wenn er durch Bäume weht, die sich sanft hin- und herwiegen?

Der beste Weg, mit der Energie der Erde in Kontakt zu treten, besteht darin, in die Natur hinauszugehen – egal zu welcher Jahreszeit – und tief durchzuatmen. Spüre die Temperatur der Luft, die in deine Lungen hineinfließt und deinen Körper durchströmt. Genieße die Wärme der Sonne, die auf dein Gesicht scheint. Empfange die Regentropfen oder Schneeflocken, die deine Haut berühren. Zieh die Schuhe aus und lass deine Füße in den Boden hineinsinken. Fahre mit deinen Händen durch Gras, Sand oder Erde und stelle eine körperliche Verbindung zu Mutter Erde her. Das hilft dir, den Kopf freizubekommen und Spannungen in deinem Körper zu lösen.

Egal ob du in einem Wald weit weg von den Menschen oder in einer Großstadt lebst – kommuniziere mit der Natur. Du kannst zum Beispiel in einem Park spazieren gehen oder einfach nur einen Baum berühren, der neben dem Bürgersteig gepflanzt wurde. Sprich mit den Bäumen, Tieren und Blumen, dem Wind und dem Himmel – entweder laut (mit deiner Stimme) oder stumm (mit deiner Energie). Allem wohnt ein Bewusstsein inne, und wenn du dich der Natur gegenüber öffnest, wirst du Mitteilungen von ihr empfangen. Wenn du nicht in die Natur hinausgehen kannst, schließe die Augen und stell dir vor, wie deine Füße sich in der Erde verwurzeln. Spüre, wie dicke, starke Baumwurzeln von deinen Fußsohlen in den Boden hineinwachsen.

Man kann zu jeder Jahreszeit mit der Erde in Kontakt treten. Ich zum Beispiel lebe in einer der kältesten Gegenden Kanadas; manchmal haben wir bis zu sechs Monate im Jahr winterliche Temperaturen. Land und Wasser gefrieren und sind mit Schnee bedeckt, und die Temperatur kann bis auf minus 40 Grad Celsius absinken; manchmal wird es sogar noch kälter. Wenn du dich den Unannehmlichkeiten der Elemente hingibst – wie auch immer diese Unannehmlichkeiten für dich aussehen mögen – und die Führung deines Höchsten Selbst durch dich hindurchfließen lässt, kannst du eine unvorstellbare Schönheit und ein beglückendes Gefühl der Befreiung erleben. Das wird dich daran erinnern, dass du alles überwinden kannst, womit das Leben dich konfrontiert. Wenn die Erde gefrieren und ein paar Monate später wiederauferstehen kann – wenn ein Wald durch ein Feuer abgebrannt werden und kurz darauf wieder neues Leben daraus hervorsprießen kann –, dann können auch wir durch die Jahreszeiten unseres Lebens hindurchgehen.

Du kannst dir auch Pflanzen ins Haus holen und sie liebevoll pflegen. Gieße deine Pflanzen, schneide sie zurück, berühre ihre Erde – du kannst sogar mit ihnen sprechen. Dadurch kannst du deine Erdaktivierung das ganze Jahr hindurch stärken.

Eine weitere Möglichkeit, Erdaktivierungen zu empfangen, besteht in deiner Nahrung. Durch eine »erdverbundene« Ernährung – wie die Pinnacle es ausgedrückt haben – nährst du deinen physischen und gleichzeitig auch deinen energetischen Körper. Erdverbundene Ernährung bedeutet, Lebensmittel zu dir zu nehmen, die von der Erde stammen, wie beispielsweise Obst, Gemüse, Nüsse und Kerne. Der Verzehr dieser Lebensmittel in ihrer natürlichen, unverarbeiteten Form (oder jedenfalls so unverarbeitet wie möglich) verankert deinen Körper in der Energie der Erde, weil diese Produkte ihr Leben von der Erde empfangen haben. Auch der Verzehr saisonaler Lebensmittel – welche auch immer das in deiner Heimat sein mögen – stärkt deine Verbindung zur Erde.

Dadurch, dass du die kunstvoll gestalteten, göttlichen Lebensformen von Mutter Natur auf jede erdenkliche Weise wahrnimmst, empfängst du Erdaktivierungen. So einfach ist das. Du erinnerst dich daran, wer du an deiner physischen Wurzel und im energetischen Kern deines Wesens bist. Sobald du anfängst, die unendliche, allumfassende Liebe von Mutter Natur zu erkunden, verstärkt sich dein Bewusstsein für die Energie deiner Linie, und dann wird es dir auch leichter fallen, dich in diese Frequenz hineinzuversetzen, sodass du alle Botschaften empfangen kannst, die durch dich hindurchfließen.

Kapitel 3

# Wie kann man seine Botschaften empfangen und darauf vertrauen?

*Du gehst mit Größe; du gehst mit Wissen;*
*du gehst mit allem, was sich dir jetzt offenbart.*
*Halte dich nicht zurück, versteck dich nicht.*
*Nimm den Schlüssel und öffne dich.*
*Jetzt ist die Zeit – heute ist der Tag.*

Die Pinnacle

Als ich Ende 20 war, arbeitete ich in einer Bank. Ich gehörte zum Wellnesskomitee meines Arbeitgebers und suchte ständig nach Möglichkeiten, den Arbeitsalltag meiner Teammitglieder durch kleine Veränderungen ein bisschen angenehmer zu gestalten. Besonders gut ist mir aus dieser Zeit eine Teambesprechung in Erinnerung geblieben, bei der ich alle anhand einer Tonaufnahme durch eine Meditation führte. Ich schloss die Augen und schwebte in eine andere Dimension hinein, und am Ende der Meditation hatte ich das Gefühl, eine optimale mittägliche Neuausrichtung meiner Energie bewirkt zu haben. Doch als ich meine Teammitglieder nach ihren Erfahrungen fragte, antworteten die meisten, dass sie während der Meditation fast immer ein Auge offen gehabt und sich umgeschaut hätten, um sicherzugehen, dass sie es auch »richtig machten«. Sie waren also gar nicht offen dafür gewesen, die Entspannung oder die kleine Auszeit, die eine geführte Meditation einem bringen kann, selbst zu erleben. Dabei waren die Anleitungen ganz einfach gewesen: Setze dich so auf deinen Stuhl, dass deine Füße den Boden berühren, schließe die Augen und atme tief durch. Vielen fiel das jedoch sehr schwer.

Es waren nicht die Anweisungen, die die Menschen als schwierig empfanden, sondern das Vertrauen darauf, dass das, wonach die Meditation für sie aussah und wie sie sich anfühlte, auch wirklich »richtig« war. Wie oft warst du schon in einer Situation, in der du – statt an dich selbst zu glauben – bei anderen Menschen nach Bestätigung dafür gesucht hast, dass das, was du tust, denkst oder sagst, richtig ist? Doch wenn wir auf andere Menschen schauen, lenken wir uns von unseren eigenen Wahrheiten ab. Wenn wir an unseren Fähigkeiten und unserem Bewusstsein zweifeln, machen wir uns Dinge schwer, die eigentlich ganz einfach sind. Eines der Hauptziele dieses Buches besteht darin, dir beizubringen, wie du es schaffen kannst, dir selbst zu vertrauen. Der erste Schritt dazu ist, dass du aufhörst, außerhalb deiner selbst nach der Wahrheit zu suchen. Wenn es darum geht, auf dich selbst zu vertrauen und deine Botschaften zu empfangen, gibt es keinen Maßstab – nichts »Normales«, womit du dich vergleichen müsstest. Deine Erfahrung wird auf wunderbare Weise einmalig sein, und um alles zu lernen, was ich dir in diesem Buch vermitteln möchte, musst du zunächst einmal mit dir selbst in Kontakt treten – mit deinen Gefühlen, Gedanken und Erfahrungen – und darauf vertrauen, dass dir das dabei helfen kann, dich mit der Person in Einklang zu bringen, die deine Seele in diesem Leben sein möchte.

Die häufigste Frage, die mir von Menschen gestellt wird, lautet, wie lange man Linienaktivierungen durchführen muss, bevor man anfängt, Botschaften zu empfangen. Die kurze Antwort auf diese Frage lautet, dass *immer* Botschaften durch deine Linie hindurchfließen. Wenn du das Gefühl hast, sie nicht zu erhalten, kann das daran liegen, dass du nicht auf deine Energie achtest und es gar nicht merkst, wenn du Botschaften empfängst oder vielleicht sogar darauf reagierst. Du brauchst nicht zu lernen, wie man Botschaften empfängt. Du musst nur lernen, die Botschaften zu *erkennen*, die bereits zu dir durchkommen.

## Was ist eine Botschaft?

Eine Botschaft ist eine Anleitung von deinem Höchsten Selbst – eine energetische Sendung, die nur für dich bestimmt ist und dir in göttlicher Liebe genau in dem Augenblick übermittelt wird, in dem du sie brauchst. Diese Anleitung oder Unterstützung sieht bei jedem Menschen anders aus, weil jeder sich auf einer speziell für seine Seele bestimmten Reise befindet. Sogar deine eigenen Botschaften werden sich verändern, je nachdem, an welchem Punkt deiner Reise du dich befindest oder ob du gerade einen guten oder schlechten Tag hast. Das Einzige, woran sich nichts ändert, ist die Energie einer Botschaft. Diese Energie ist göttliche Liebe. Sie ist die Schwingung deines Höchsten Selbst – die Energie, die durch deine Linie hindurchfließt, und gleichzeitig auch die Energie der Akasha-Chronik. Du stehst ständig mit dieser Energie in Verbindung, und mit jeder Entscheidung, die du triffst, reagierst du entweder auf diese Energie (= deine Botschaften) oder nicht. Deine Botschaften kommen nicht mit einem lauten Signal – *eingehende Nachricht!* – herein, das ihre Ankunft ankündigt. Gerade deshalb ist es so wichtig zu lernen, wie sich die Energie einer Botschaft für dich anfühlt.

Normalerweise hat jede Botschaft zwei verschiedene Aspekte: die Mitteilung, die du erhältst, und das energetische Gefühl, das du dabei hast. Die konkrete Mitteilung, die du empfängst, ist der »Inhalt« deiner Botschaft – ihre Bedeutung für dich und dein Leben – und kann sich auf alles Mögliche beziehen. Du kannst zum Beispiel einen Ratschlag dazu erhalten, wie du eine Veränderung in deinem Leben vornehmen, dir selbst oberste Priorität einräumen, eine schwierige Situation überwinden oder eine angespannte Situation entschärfen kannst. Deine Botschaft kann aber auch Informationen über irgendjemanden enthalten, mit dem du erstmals oder *wieder* in Verbindung treten könntest; sie kann dir den Grund für eine schwierige Erfahrung in deinem Leben verraten; dir bestätigen, dass du genau dort bist, wo du sein musst; oder dir irgendeine andere Erkenntnis vermitteln, die deutlich macht, wer du auf der Seelenebene bist, und die dir hilft, im Einklang mit deinem Höchsten Selbst zu handeln. Diese Botschaften sind klar, oft recht einfach und leicht umsetzbar. Selbst eine Botschaft wie »Sei still« verlangt von dir, etwas zu tun – nämlich dein Tempo zu verlangsamen, Dinge genauer wahrzunehmen, zu beobachten, achtsam zu sein und – wie deine Botschaft ja auch explizit sagt – Stille zu praktizieren.

Deine Botschaften sollen dich näher zu dir selbst bringen, damit du in Vertrauen, innerer Ruhe, Zuversicht und Ehrfurcht den Weg gehen kannst, der mit deinem Höchsten Selbst im Einklang steht. Sie können ein ganz leises, kaum hörbares Flüstern sein, das dich beruhigt oder aufbaut. Sie können aber auch sehr konkret sein, zum Beispiel: »Schick dieser Person eine SMS«, »Sende diese DM«, »Geh in dieses Geschäft« oder »Teile diese Information«. Sie können sich auf alles Mögliche in deinem Leben beziehen, zum Beispiel auf eine Idee für ein neues kreatives Projekt; vielleicht wirst du durch deine Botschaft aber auch an irgendetwas erinnert, das du aufgeschoben hattest, oder erhältst Klarheit darüber, warum du dich körperlich unwohl fühlst, müde bist oder Angst hast. Ich könnte eine Liste aufstellen, die genauso lang ist wie dieses Buch, und hätte trotzdem immer noch nicht alle Botschaften und das, was sie dir in diesem Augenblick sagen könnten, aufgezählt – denn das weißt nur du allein. Genau deshalb empfehle ich dir, die Übungen in diesem Buch zu machen: damit du selbst erfährst, was für Botschaften du empfängst.

Es wird Situationen geben, in denen du nicht gleich weißt, wie eine Botschaft mit dir, deiner Seele oder deinem Leben zusammenhängt. Es kann ein paar Stunden, Tage, Wochen oder sogar Monate dauern, bis du die Zusammenhänge erkennst und die einzelnen Teile zusammensetzen kannst wie ein großes Puzzle. Das liegt daran, dass du deine Botschaften schrittweise oder in Form kleiner Puzzleteile erhältst. Diese Botschaften können sich auf alles Mögliche beziehen, was deine Seele auf anderen Existenzebenen erlebt hat und immer noch erlebt, und es kann schon einige Zeit dauern, bis dein physischer Körper diese Informationen verarbeitet und auf dein Leben anwendet. Die Pinnacle haben mich gelehrt, dass wir immer genau das empfangen, was wir im jeweiligen Augenblick wissen müssen – kein Gramm Information mehr oder weniger. Normalerweise haben die Mitglieder unserer spirituellen Gemeinschaft erst dann ein »Aha!«-Erlebnis im Hinblick auf eine Botschaft (was sie bedeutet und warum sie sie erhalten haben), wenn sie die Situation durchlebt haben, für die diese Anleitung bestimmt war, oder wenn es ihnen gelingt, einen Zusammenhang zwischen ihrer Botschaft und irgendeiner Erfahrung aus ihrer Vergangenheit herzustellen – mit anderen Worten: wenn sie die Puzzleteile zusammensetzen.

Deine Botschaften sind voller Weisheit; aber zu verstehen, wie sie in dem Augenblick, in dem du sie empfängst, mit deinem Leben zusammenhängen – diese Arbeit musst du selber leisten. Das erfordert Selbstbeobachtung, Bewusstheit und das Wissen, dass alles mit allem zusammenhängt. Deine Vergangenheit hängt mit deiner Gegenwart zusammen, deine Gegenwart hängt mit deiner Zukunft zusammen, und deine Zukunft hängt mit deiner Vergangenheit zusammen. Das ist eine wirklich schöne Selbsterkenntnis oder – wie ich es gerne nenne – Seelenerkenntnis, denn es hilft dir, dort göttliche Bestimmung zu erkennen, wo du vorher vielleicht nur blinden Zufall gesehen hast.

## Wie fühlt sich eine Botschaft an?

Ich beschreibe das Gefühl, das man hat, wenn man eine Botschaft empfängt, gern als inneres Wissen. Es ist ein Augenblick, in dem man wieder mit seinem Seelen-Ich in Verbindung tritt, ein Moment, in dem etwas beleuchtet wird, das schon immer da war – eine Erinnerung an etwas, das man bereits wusste, das einem bis jetzt aber noch nicht richtig klar gewesen ist. Manchmal fühlen Botschaften sich so an, als würde etwas so in dein Bewusstsein gehoben, dass du es nicht sofort in Worte fassen kannst. Manchmal kommen sie auch völlig überraschend. Doch in jedem Fall ist eine Botschaft ein Gefühl der Bestätigung des Menschen, der du auf Seelenebene bist, der Verbindung, die du zu dir selber hast, und der Klarheit über den nächsten Schritt, den du tun musst.

Du kannst die Energie deiner Botschaften auch in deinem Körper spüren, und zwar auf vielfältige Weise – zum Beispiel, indem du dich leicht oder verjüngt fühlst oder aufgeregt bist. Und du kannst deine Botschaften auch in deinem Herzen spüren, das dich mit Liebe erfüllt oder in deinem Bauch (als eine Art Bauchgefühl) oder in Form anderer auffallender Veränderungen in deiner Stimmung oder deinen Gefühlen. Und obwohl diese Botschaften mit Liebe übermittelt werden, können sie sich manchmal auch schmerzhaft anfühlen, wie beispielsweise Kopfschmerzen oder Kieferverspannungen – ein Hinweis auf Energie, die freigesetzt wird, und emotionale Heilung, die stattfinden muss, um Raum in deinem Energiekörper zu schaffen.

Zum Gefühl für eine Botschaft gehört auch die Art und Weise, wie deine Botschaften zu dir kommen. Es gibt viele Möglichkeiten, eine Botschaft zu empfangen: Du kannst sie hören, sehen, die damit zusammenhängende Emotion spüren, oder eine Erinnerung aus diesem oder einem anderen Leben kann dabei in dir aufsteigen. Botschaften können klar und deutlich sein (so wie eine konkrete Anleitung in Form eines Gedankens, der dir durch den Kopf geht) oder subtil – so wie eine Zahl, die dir irgendetwas bestätigt, woran du gerade gedacht hast. Hast du schon mal um 1:11 auf die Uhr geschaut oder irgendetwas bezahlt, das genau 4,44 Euro gekostet hat? Vielleicht wachst du ja auch immer wieder um 3:33 Uhr morgens auf oder fährst dauernd hinter Nummernschildern mit sich wiederholenden Zahlen wie 111 oder 555 her. Solche Zahlenmuster werden normalerweise als »Engelszahlen« bezeichnet, und man geht davon aus, dass jedes dieser Muster eine bestimmte Bedeutung hat. Aber nicht nur die Zahl selbst überbringt dir eine Botschaft, sondern auch der Gedanke, der dir in dem Augenblick durch den Kopf gegangen ist, als du die Zahl gesehen hast, und das, was hinterher passiert ist. Wenn du das nächste Mal so ein Zahlenmuster siehst, dann achte auf deine Gefühle und Gedanken. Woran hast du gedacht, und wie hast du dich in dem Augenblick gefühlt, als du die Zahlen gesehen hast? Als Nächstes solltest du darauf achten, wie du dich fühlst, *nachdem* du die Zahl gesehen hast. Dein Höchstes Selbst zeigt dir diese Zahlen, um deinem Gehirn bei der Übersetzung einer Botschaft zu helfen, die in diesem Augenblick zu dir durchkommt. Die Zahlen helfen dir, die Botschaft zu »sehen« – sie heben ihre Bedeutung hervor, sodass du in Gedanken Zusammenhänge herstellen kannst, die dir zeigen, welchen Bezug diese Botschaft zu deinem Leben hat.

Ähnliche »Signale« oder »Zeichen« kann dein Höchstes Selbst dir durch Songtexte und sogar durch die Worte anderer Menschen senden. Diese Zeichen können sich auch auf Botschaften beziehen, die du über deine Linie empfängst: Vielleicht wollen sie ihre Bedeutung unterstreichen, ihre Richtigkeit bestätigen oder dich auf sie aufmerksam machen. Es gibt unendlich viele Möglichkeiten, Botschaften zu empfangen; daher ist es wichtig, dein Augenmerk auf die verschiedenen Wege zu richten, auf denen sie dir zufließen. Denke daran: Alles steht energetisch miteinander in Verbindung. Es gibt keine Zufälle. Du stehst in ständiger Kommunikation mit deinem Höchsten Selbst und deinem kosmischen Unterstützungsteam.

Menschen, die gerade erst anfangen, mit ihrer Linie zu arbeiten, sagen oft, dass sie keine Botschaften erhalten, weil sie nun einmal nicht intuitiv, medial oder spirituell begabt sind. Doch in Wirklichkeit brauchst du dich gar nicht für medial oder intuitionsbegabt zu halten und du brauchst auch keine Erfahrung in spirituellen Praktiken, um deine Botschaften zu empfangen. Du musst nur deine eigene Energie kennen und für die vielen verschiedenen Wege offen sein, auf denen deine Botschaften zu dir kommen. Du wurdest dazu geboren, Botschaften zu empfangen. Deine Linie, dein Verstand und dein Höchstes Selbst (plus dein kosmisches Team) stehen aus einem ganz bestimmten Grund mit dir in Verbindung. Sei offen für alles, was zu dir durchkommt, und vertraue darauf, dass du es mit der Zeit schon merken wirst, wenn du eine Botschaft erhältst.

Wie du Botschaften empfängst, hängt von deiner Energie im jeweiligen Augenblick ab; und da deine Energie ständig in Bewegung ist, wird sich auch die Art und Weise verändern, wie deine Botschaften dir zufließen. Lass dich von diesem Prozess nicht ablenken oder überwältigen; erlaube dir, ihn auf ganz natürliche Art zu verstehen, indem du regelmäßig im Zustand der Aktivierung dasitzt und dich mit dieser Energie vertraut machst. Immer wenn du deine Linie aktivierst, solltest du dich auf die Energie konzentrieren, die durch dich hindurchfließt, und dein Bewusstsein für alles öffnen, was deine Sinne wahrnehmen. Tue nichts von dem, was zu dir durchkommt, als unwichtig ab – egal wie klein oder unbedeutend es dir erscheinen mag. Keine Botschaft ist größer oder bedeutender als eine andere. Egal wie groß oder klein sie dir vielleicht erscheint – jede Botschaft, die du empfängst, hat das gleiche energetische Gewicht wie alle anderen, und du erhältst sie genau zum richtigen Zeitpunkt.

Ein weiterer Grund, warum Menschen nicht daran glauben, Botschaften empfangen zu können, besteht darin, dass sie in

Wirklichkeit nicht auf ihre Botschaften, sondern auf ihr Ego hören. Die Pinnacle haben gesagt, dass das Ego unsere Urenergie ist, die alles tut, um uns zu schützen; und manchmal kann das eben auch bedeuten, dass dein Ego dich vor neuen, dir unbekannten Erfahrungen – mit anderen Worten: vor innerem Wachstum – abzuschirmen versucht. Oder vielleicht möchte dein Ego, dass du altbekannte Muster beibehältst, selbst wenn diese Muster dich aus dem harmonischen Einklang mit deinem Höchsten Selbst herausziehen. Das versucht dein Ego zu erreichen, indem es dir einredet, dass du deine Botschaften nur erfunden hast – dass du gar nicht in der Lage oder bereit bist, etwas anders zu machen als bisher, oder dass du der Führung, die du erhältst, nicht würdig bist. Nichts von alldem ist wahr. Deine Botschaften werden nur dir allein geschickt, und zwar genau zum richtigen, gottgewollten Zeitpunkt – genau in dem Augenblick, in dem du sie brauchst und bereit bist, ihnen zu folgen.

Viele Menschen tun ihre Botschaften als bloße Zufälle in einem zufällig entstandenen, chaotischen Universum ab. Doch wenn du darauf vertraust, dass du deine Botschaften immer genau dann empfängst, wenn du sie brauchst, und dass du ein aktiver Teil des Universums bist – dass du nicht nur von den Sternen kommst, sondern auch aus Sternenstaub bestehst –, wirst du sehen, dass das alles kein Zufall ist. Jede Botschaft ist eine göttliche Führung; jeder Augenblick des Zufalls oder der Fügung ist beabsichtigt; und jeder Zusammenhang, den du entdeckst, bringt dich deiner Seele näher. Nichts ist Zufall; alles hat eine Bedeutung; alles ist miteinander verbunden.

## Ist das nun eine Botschaft oder einfach nur ein Gedanke, den mein Verstand mir eingibt?

Wenn du anfängst, auf deine Botschaften zu achten, fragst du dich vielleicht – wie so viele Menschen aus unserer »A Line Within«-Gemeinschaft –, worin der Unterschied zwischen der Aktivität deines Verstandes und den Botschaften besteht, die durch deine Linie zu dir kommen. Ich erhalte oft Fragen wie: »Woher weiß ich, ob das auch wirklich eine Botschaft ist oder ob mein Verstand es sich nur ausgedacht hat?« Ich verstehe deine Verwirrung und kann nachempfinden, woher diese Skepsis kommt; denn es passiert so leicht, dass wir an uns selbst zweifeln und unsere eigene Intuition infrage stellen. Deshalb möchte ich dir an dieser Stelle mit vier einfachen Worten weiterhelfen: *Vertraue auf deinen Verstand.* Vertraue auf deinen Verstand, wenn er dich ermutigt. Vertraue auf deinen Verstand, wenn du seine Einflüsterungen spannend findest. Vertraue auf deinen Verstand, denn er übersetzt deine Botschaften für dich.

Diese Botschaften sind deine Intuition – ein inneres Wissen. Aber in erster Linie sind sie energetische Sendungen, und dein Gehirn hilft dir, diese Energie in eine Sprache zu übersetzen, die du verstehst. Ursprünglich kommen diese Botschaften nämlich nicht in gesprochener Form zu dir. Dein Gehirn muss sie erst in deine Sprache übertragen, damit du sie als Kommunikation empfangen kannst. Dieser Übersetzungsprozess läuft so unvorstellbar schnell ab, dass du gar nichts davon bemerkst; doch dein Gehirn arbeitet ständig intensiv mit deinem Höchsten Selbst und deinem kosmischen Team zusammen, um dir diese Worte der Unterstützung und göttlichen Liebe zu übermitteln. Dein Unterbewusstsein und dein bewusster Verstand sind immer auf Empfang gestellt; und solange du dich dabei innerlich ermutigt und unterstützt fühlst, solltest du diese Botschaften zulassen. Denn dein Gehirn ist brillant und spielt bei diesem Prozess eine sehr wichtige Rolle. Tue deine Gedanken oder Erkenntnisse nicht einfach als unbedeutend ab, nur weil sie nicht glamourös genug sind und dir keinen Gänsehautmoment (oder »Wahrheitsmoment«) bescheren. Nicht alle Botschaften »fühlen« sich auf energetischer Ebene aufregend an. Die meisten davon sind sogar ausgesprochen subtil.

Genau wie dein Verstand eng mit deiner Seele verbunden ist, arbeitet er auch mit deinem Ego – deiner menschlichen Urenergie – zusammen. Dein Ego möchte, dass du dich in vertrauten Mustern, Gedanken, Reaktionen und Überzeugungen bewegst, weil du dann seiner Meinung nach »in Sicherheit« bist. Deshalb will dein Ego, dass du stets das Gleiche tust, sagst und denkst. Immer wenn du eine Botschaft empfängst, erstellt dein Geist zwei verschiedene Übersetzungen davon. Die erste Übersetzung ist die eigentliche Botschaft. Sie wird in einer energetisch neutralen, aber unterstützenden Sprache übermittelt – ohne die Energie von Ängsten oder Werturteilen und ohne Ausübung von Druck. Diese Botschaft wird dir eine geerdete, liebevolle Anleitung bieten und sich für dich »richtig« anfühlen. Trotzdem können deine Botschaften dich aus deiner Komfortzone herausdrängen, indem sie dir eine neue Perspektive oder Erkenntnis vermitteln oder dich zu einer neuen Reaktion inspirieren.

Als Zweites übersetzt dein Verstand deine Ego-Energie; und diese Energie wird dich davon abhalten wollen, die empfangene Botschaft in die Tat umzusetzen. Sie wird tun, was sie kann, um dich davon abzubringen, an deine Botschaft zu glauben, und dich in deiner Komfortzone festzuhalten versuchen. Es ist wichtig, den Unterschied zwischen diesen beiden Energien zu erkennen, denn dein Verstand arbeitet sowohl mit deiner Seele als auch mit deinem Ego zusammen. Du solltest dir beider Energien bewusst sein, damit du lernst, wie dein Ego dich aus dem Gleichgewicht bringt und was du tun kannst, um dich bei deinen Reaktionen auf deine Botschaften sicher und unterstützt zu fühlen. Auf das Ego werde ich im nächsten Kapitel noch näher eingehen.

### Übung: Deine Botschaften empfangen

Auch wenn es auf den ersten Blick widersinnig erscheinen mag: Die beste Strategie für den Empfang deiner Botschaften besteht darin, nicht darüber nachzudenken. Wenn du auf deine Energie achtest, um die *tatsächlichen* Botschaften zu erhalten, statt dich auf irgendeine Vorstellung davon zu fixieren, was für Botschaften du deiner Meinung nach empfangen *solltest*, wird es dir leichter fallen, zu erkennen, was bereits zu dir durchkommt. Du bist Energie, und Energie bewegt und verändert sich ständig; also sei offen für alle Botschaften, die zu dir kommen – *egal auf welche Weise*. Die nun folgende Übung wird dir helfen, dich auf deine Energie zu konzentrieren, damit du auf die Botschaften vertrauen kannst, die du zurzeit empfängst.

**1. Sprich dein Mantra laut vor dich hin.**

Stell dich vor einen Spiegel, schau dir in die Augen und sage laut: »Ich empfange meine Botschaften.« Sich selbst in die Augen zu sehen, ist wie ein Blick in die eigene Seele – es hat eine ungeheuer starke Wirkung und kann ein sehr emotionsgeladener Augenblick sein. Sprich diese Worte in dem Glauben, dass du *jetzt in diesem Augenblick* Botschaften empfängst. Sprich sie mit Liebe. Sprich sie so lange, bis du tief in deinem Herzen ein Gefühl der Ermutigung zu spüren beginnst.

**2. Aktiviere deine Linie.**

Führe nun eine Linienaktivierung durch, so wie in Kapitel 2 beschrieben. Während du die Atemzüge und Armbewegungen wiederholst, sprichst du in Gedanken wieder dein obiges Mantra vor dich hin.

**3. Bleibe im Zustand der Aktivierung sitzen.**

Während du im Zustand der Aktivierung dasitzt, spürst du, wie die Energie deiner Linie dich mit der Akasha-Chronik verbindet, aus der deine Botschaften kommen. Sobald du so weit bist, stelle folgende Frage: Was für eine Möglichkeit habe ich heute, mich der Welt als mein Höchstes Selbst zu zeigen?

**4. Schreibe in dein Journal.**

Deine Botschaft kann auf verschiedene Art und Weise zu dir durchkommen. Vielleicht hast du sie gehört, gefühlt, visualisiert oder einfach tief in deinem Inneren gewusst. Vielleicht hast du eine lange Antwort erhalten oder nur ein einziges Wort; und vielleicht hast du auch nur eine energetische Veränderung gespürt. Die Erfahrung kann manchmal so subtil sein wie ein leises Flüstern oder ein inneres Wissen, das du nur für den Bruchteil einer Sekunde wahrnimmst; und dein Ego wird es vielleicht schnell als zufälligen Gedanken oder irgendetwas abtun, das du dir einfach nur ausgedacht hast. Deine Botschaften können sich auch wie die Stimme deines eigenen Verstandes oder wie ein innerer Dialog anhören. Vertraue darauf, dass du alles empfangen hast, was du in diesem Augenblick gebraucht hast – auch wenn das, was du erhalten hast, zum betreffenden Zeitpunkt vielleicht noch keinen Sinn ergab. Überlege dir Antworten auf folgende Fragen, um zu verstehen, was du empfangen hast, und um auf diese Botschaft zu vertrauen:

Was für eine Botschaft hast du erhalten?

Wie ist die Botschaft zu dir durchgekommen? Beschreibe dieses Erlebnis.

Wahlweise: Wenn du das Gefühl hast, nichts empfangen zu haben, oder an deiner Botschaft zweifelst, weil sie sich zu unbedeutend anfühlt – oder auch, wenn du das Gefühl hast, keine Veränderung in deiner Energie bemerkt zu haben –, können die unten stehenden Anregungen dir deine Energie und deine Botschaften bewusster machen. Geh beim Nachdenken über diese Fragen behutsam und liebevoll mit dir selbst um und schreibe einfach alles nieder, was dir einfällt, ohne ein Urteil darüber zu fällen.

Hast du beim Dasitzen in der Aktivierung eine Veränderung deiner Gefühle oder deiner Energie gespürt?

Hast du dich dieser Energie hingegeben, oder hattest du Angst oder bist davor zurückgeschreckt, einfach loszulassen und Vertrauen zu haben?

Was für Gedanken sind dir beim Dasitzen im Zustand der Aktivierung durch den Kopf gegangen?

## Deine Emotionen sind dein energetischer Ausdruck

Botschaften sind Energie; wenn du eine Botschaft erhältst, kannst du die Energie spüren, die sie in sich trägt. Es ist dieselbe Energie, auf die du dich während der Linienaktivierung ausrichtest: die Energie deiner Akasha-Chronik, deiner Seele und deines Höchsten Selbst. Du solltest unbedingt regelmäßig deine Linie aktivieren und diese Praxis sehr ernst nehmen, damit du immer wieder Zeit in dieser Frequenz verbringen und lernen kannst, wie sie sich für dich anfühlt. Wenn du den Unterschied zwischen dem Gefühl dieser Energie und dem Gefühl deiner eigenen Energie erkennen kannst, wird es dir leichter fallen, deine Botschaften zu identifizieren.

Wir erleben Energie in unserem physischen Körper als Emotionen, und jede Emotion, die in uns aufsteigt, hat eine energetische Frequenz. Wenn du in deinem physischen Körper beispielsweise Angst empfindest, verändert sich die Frequenz deines Energiekörpers so, dass sie dem energetischen Ausdruck dieser Emotion entspricht. Deine Emotionen zeigen dir, was du wirklich von einer Entscheidung, die du triffst, einer Situation, in der du dich befindest, oder einem Dilemma hältst, in dem du vielleicht gerade mit Familie oder Freunden steckst.

Aber sie verraten dir noch viel mehr. Deine Emotionen weisen dich auf die Energie hin, die du in dir trägst; und diese Energie kann der Grund sein, warum es dir schwer fällt, den Botschaften zu vertrauen, die dir zufließen (Angst macht es zum Beispiel schwieriger, auf deine göttliche Führung zu vertrauen), oder warum du das Gefühl hast, nicht im Einklang mit dir selbst zu sein: Das liegt daran, dass die Energie deiner Emotionen dich aus dem harmonischen Einklang mit der Energie deiner Linie herausholen kann. Deine Seele hat sich in diesem irdischen Leben inkarniert, um sich weiterzuentwickeln, indem sie die ganze Bandbreite menschlicher Emotionen erlebt und etwas daraus lernt. Du wirst und sollst deine Emotionen spüren; aber du brauchst dich nicht von ihnen beherrschen zu lassen. Oder wie die Pinnacle sagen: »Beobachte deine Emotionen, aber hänge dich nicht an sie. Sie gehören dir nicht; du trägst sie nicht.« Mithilfe deiner Linie kannst du die Emotionen, die du in deinem physischen Körper spürst, beobachten und anschließend loslassen, damit du deine Frequenz auf die Energie deiner Linie ausrichten kannst und von deinem Höchsten Selbst Anleitungen dazu erhältst, wie du alle Situationen aus einer übergeordneten Perspektive betrachten und in einer Haltung innerer Klarheit überstehen kannst.

Bewusstes Annehmen deiner Emotionen ist der erste Schritt, den du tun musst, um sie loslassen und deine Frequenz verändern zu können. Das kann bedeuten, dass du unbewusste Muster oder uralte Gewohnheiten durchbrechen musst, die dich daran hindern, dich selbst kennenzulernen. Ein Problem, über das wir uns im Klaren sein sollten, ist, dass unsere elektronischen Geräte (Handys, I-Pads, Tablets usw.) uns davon abhalten können, unsere Emotionen und unsere Energie wahrzunehmen. Trotz all der Vorteile, die diese modernen Technologien uns bieten, nutzen wir sie doch oft nur, um uns von uns selbst und unserer jetzigen Situation abzulenken. Wenn du gestresst oder überfordert bist oder dich über irgendetwas aufregst – nimmst du dir dann Zeit, deine Gefühle zu verarbeiten, oder gehst du lieber ins Internet, um dich durch die sozialen Medien von den Ereignissen in deinem eigenen Leben abzulenken und stattdessen in die Erlebniswelt anderer Menschen einzutauchen?

Achtest du in deinem täglichen Leben auf die Gefühle, die du empfindest? Darauf, wie du dich bei dem, was du sagst, bei deinen Aktivitäten und bei den Menschen, mit denen du zusammen bist, fühlst? Merkst du es, wenn deine Stimmung umschlägt? Weißt du, wodurch diese Veränderung ausgelöst wird? Es ist einfach, deine Emotionen zu erkennen, wenn du sehr zornig oder ungeheuer glücklich bist; aber was ist mit all den subtilen emotionalen Veränderungen, die du im Lauf eines Tages erlebst? Jeder Gedanke, der dir durch den Kopf geht, geht mit einer Emotion einher. Wenn du dir überlegst, wie viele Gedanken dir an einem einzigen Tag kommen, kannst du leicht erkennen, wie viele verschiedene Gefühle du regelmäßig erlebst.

Nachdem du deine Emotionen wahrgenommen hast, besteht der nächste Schritt darin, nach dem Ursprung dieser Energie zu suchen. Manchmal scheint der Ursprung unserer Emotionen vor uns verborgen zu sein; aber das liegt oft daran, dass wir der Energie, die an unseren Gefühlen schuld ist, bewusst oder unbewusst sogar noch Nahrung geben, statt tiefer in uns hineinzuschauen. Was tust du zum Beispiel, wenn du wütend bist? Versuchst du dann zu verstehen, warum das so ist, oder suchst du nach irgendetwas, wodurch sich dieses Gefühl noch verstärkt? Vielleicht sogar ohne dir dessen bewusst zu sein – zum Beispiel, indem du durch Online-Inhalte scrollst, die voller Zorn stecken, dich in einen Kommentarbereich aus Beleidigungen vertiefst, oder indem du in deinen negativen Emotionen verharrst, ohne sie zu verarbeiten? Manchmal erscheint es einem einfacher (ja sogar gerechtfertigt), nach Möglichkeiten zu suchen, wie man den eigenen unangenehmen Emotionen noch mehr Nahrung geben kann, statt sich mit ihrer Ursache auseinanderzusetzen.

Du kannst Energie aber auch in Form physischer Empfindungen in deinem Körper spüren. Dein energetischer und dein physischer Körper arbeiten zusammen. Manchmal muss sich dein Körper mit einer physischen Empfindung bei dir »melden«, um dich auf deine Energie oder vielleicht sogar auf Botschaften hinzuweisen, die gerade zu dir durchkommen. Oft äußert sich das in einem schmerzenden Kiefer, Kopfschmerzen oder leichten Muskelverspannungen. Aber Schmerz ist nicht die einzige Empfindung, die dir eine Menge über dich selbst verrät. Du kannst zum Beispiel auch Liebe in Form von Wärme in deiner Brust spüren oder erleben, dass Verspannungen nachlassen und dich ein Gefühl der Ruhe überkommt, als sei schwere Energie buchstäblich von deinem Körper weggeschmolzen, nachdem du eine Linienaktivierung durchgeführt oder einen wichtigen Zusammenhang zwischen deinen Gefühlen und einer deiner Botschaften erkannt hast. Deine Emotionen und körperlichen Empfindungen sind Reaktionen auf die Energie, die durch dich hindurchfließt; und diese Energie versucht dir etwas mitzuteilen. Auch sie ist eine Botschaft. Nichts, was du fühlst, ist Zufall.

Du bist mit einer angeborenen Verbindung zu deinen Botschaften auf die Welt gekommen, und deine Linienaktivierungen werden dich an diese Verbindung erinnern. Mit wachsender Übung wirst du immer genauer spüren, wie sich diese Energie für dich anfühlt. Dadurch wird es dir leichter fallen, deine Botschaften von allem anderen zu unterscheiden, was in deinem täglichen Leben passiert. Mit der Zeit wirst du vielleicht sogar feststellen, dass du Botschaften empfängst, sobald du dein Augenmerk in der Absicht, Führung von deinem Höchsten Selbst zu erhalten, auf diese Energie richtest. Je genauer du auf deine Emotionen und körperlichen Empfindungen achtest, umso besser wird es dir gelingen, Zusammenhänge zwischen dem, was du gerade erlebst, und dem, was das für dich und deine jetzige Situation bedeutet, herzustellen. Vertraue auf deine Gefühle, vertraue auf deine Energie und darauf, was das alles deiner Meinung nach zu bedeuten hat. Vertrauen ist der einzige Weg zur Selbsterkenntnis.

In diesem Buch werde ich dich immer wieder dazu ermutigen, dir selbst genug Liebe entgegenzubringen, um dich, deine Gefühle, deine Energie und deine Seele kennenzulernen. Ich halte dich immer noch bei der Hand, und in den nächsten Kapiteln werde ich dich durch einen sehr behutsamen Prozess hindurchführen, bei dem es darum geht, wie du dein energetisches Ich erkennen kannst. Bevor wir mit der nächsten Übung beginnen, möchte ich, dass du laut vor dich hin sagst: »Ich liebe mich selbst genug, um mich kennenlernen zu wollen.« Versuche diese Worte zu fühlen, während du sie aussprichst – oder noch besser: Schau dabei in einen Spiegel und halte Blickkontakt mit dir selbst. Brauchst du noch mehr Hilfe, um herauszufinden, wie du dich im Augenblick fühlst? Dann empfehle ich dir, folgende Übung durchzuführen.

## Übung: Dein energetisches Du kennenlernen

Viele Menschen in unserer Gesellschaft nehmen sich meistens gar nicht die Zeit, ihre Gefühle zu verstehen. Wenn das auch auf dich zutrifft, dann liebe dich dafür, dass du an diesem Punkt angekommen bist – deine Botschaften haben dich hierhergeführt, egal ob du dir dessen bewusst warst oder nicht. Sei dir dankbar dafür, dass du dir nun fest vorgenommen hast, dich selbst besser kennenzulernen als je zuvor. Mithilfe dieser Übung kannst du dein Bewusstsein dafür öffnen, wie du Energie in deinem physischen Körper erlebst. Betrachte sie als einen energetischen Check-in, der dich auf die nächsten Kapitel vorbereitet.

**1. Tritt mit deinem Herzen in Verbindung.**
Suche dir eine bequeme Position – entweder auf einem Stuhl oder Sessel sitzend oder auf einem Bett liegend – und lass sämtliche Anspannungen in deinem Körper los. Lege die Hände auf dein Herz, schließe die Augen und nimm ein paar tiefe Atemzüge. Fühle, wie die Luft durch deinen Körper hindurchströmt. Spüre deinen Herzschlag unter deinen Händen. Lass deinen Körper in deinen Sessel oder dein Bett hineinsinken und entspanne Stirn, Kiefer- und Schulterbereich. Bleibe so lange in dieser Position, wie du möchtest. Sobald du so weit bist, machst du mit dem nächsten Übungsschritt weiter.

**2. Schreibe in dein Journal.**
Beschreibe anhand der unten stehenden Fragen und Anregungen die Beziehung zwischen deiner Energie, deinem Körper und deiner aktuellen Lebenssituation:

Schildere ein Erlebnis, das kürzlich einen großen emotionalen und energetischen Einfluss auf dich hatte.

Wie war dir bei diesem Erlebnis zumute? Beschreibe alles, was du dabei empfunden hast, wie beispielsweise Müdigkeit, Vitalität, Schmerzen, Kraft, innere Anspannung, Benommenheit, Aufregung oder Angst.

**3. Aktiviere deine Linie.**
Am Ende dieser Übung solltest du eine Linienaktivierung durchführen, und zwar in der Absicht, Botschaften darüber zu empfangen, was du in deiner jetzigen Situation tun kannst, um dein Körpergefühl zu verbessern. Falls du immer noch Angst verspürst: Was kannst du tun, um diese Energie loszulassen? Und falls dich das oben beschriebene Erlebnis begeistert haben sollte: Was kannst du tun, um dich öfter so zu fühlen? Bleibe so lange im Zustand der Aktivierung sitzen, wie es nötig ist, und vertraue darauf, dass alle Antworten, die du brauchst, dir über deine Linie zufließen werden. Sobald du so weit bist, frage dein Höchstes Selbst: Was kann ich jetzt gleich tun, um etwas an meiner Energie zu verändern? Schreibe deine Botschaft in dein Journal und befolge die Anweisungen, die du erhältst.

Kapitel 4

# Wie soll man auf seine Botschaften reagieren?

*Um deine schönsten und eindrucksvollsten Erfahrungen machen zu können, musst du zunächst einmal etwas tun. Verstehst du? Du musst etwas tun. Du hast dich für ein Leben in diesem physischen Körper entschieden, um etwas zu tun.*

Die Pinnacle

Das wichtigste Geschenk, das du dir selbst machen kannst, ist die feste Entschlossenheit, dich kennenzulernen und zu erfahren, wie deine Seele in dieser Phase ihrer Reise wachsen und sich weiterentwickeln möchte. Deine Botschaften helfen dir bei dieser Erkundung deiner Seele. Du kannst dich von deiner Linie leiten lassen, um zu verstehen, warum deine Seele sich zum jetzigen Zeitpunkt dafür entschieden hat, gerade in *dieses* Leben einzutreten. Anhand deiner Botschaften kannst du herausfinden, mit welchen Zielen und Begabungen du auf die Welt gekommen bist und für welche Lernaufgaben deine Seele jetzt bereit ist. Das bedeutet zwar nicht, dass dein Leben von nun an frei von Herausforderungen sein wird; aber diese Erkenntnis gibt dir die Werkzeuge in die Hand, die du brauchst, um durch all deine Erfahrungen mit Verständnis und Liebe hindurchzugehen und sie aus einer übergeordneten Perspektive zu betrachten. Das hilft dir, als Mensch innerlich zu wachsen, und fördert die Entwicklung deiner Seele.

Deine Botschaften sind Chancen, mehr darüber zu erfahren, was deine Seele in diesem Leben will. Das ist die Arbeit, die deine Seele sich vorgenommen hat, bevor sie in diese physische Erfahrung eingetreten ist, aber es ist genau das – *deine* Arbeit. Es steht dir frei zu wählen, welche Botschaften du befolgen möchtest und wann. Es steht dir frei zu entscheiden, ob du bereit bist, auf eine Botschaft zu reagieren, ob du eine Linienaktivierung durchführen willst, um mehr darüber zu erfahren, oder ob du sie vielleicht gar nicht weiterverfolgen möchtest. Und natürlich entscheidest du in jeder Sekunde eines jeden Tages, wie du mit deiner Energie umgehst, wie du auf deine Emotionen reagierst und wie du dich und andere Menschen behandelst. Du hast in jedem Augenblick eine Wahl und erhältst Anleitungen dazu, wie du dich im Einklang mit deinem Höchsten Selbst weiterentwickeln kannst. Ich möchte dich dazu ermutigen, deine Botschaften bewusst entgegenzunehmen, sobald sie zu dir kommen – auch wenn du nicht darauf reagieren möchtest –, indem du dir sagst: *Das war eine Botschaft.* Das wird dir helfen, darauf zu vertrauen, dass du tatsächlich Botschaften empfängst. Außerdem lernst du auf diese Weise, wie deine Botschaften sich für dich anfühlen und auf wie viele verschiedene Arten sie dir zufließen.

Deine Botschaften kommen aus einem Reich bedingungsloser, ewiger göttlicher Liebe, und deshalb wirst du sie immer weiter empfangen, selbst wenn du nie auch nur auf eine einzige Botschaft reagierst. Gott oder das Universum werden dich nicht auf energetischem Weg bestrafen, wenn du sie ignorierst, und du musst deinen Wert auch nicht erst beweisen, um sie erhalten zu dürfen. Deine Botschaften werden immer durch deine Linie hindurchfließen und dich zu deinem Seelen-Ich zurückführen. Doch wenn du sie ignorierst, wirst du dich körperlich und energetisch nicht mit dir selbst im Einklang fühlen. Es ist eine heilige Praxis, dich selbst zu lieben und genügend Vertrauen zu dir zu haben, um dich von deiner Seele führen zu lassen. Sehr oft ist es leichter, einfach so weiterzumachen wie bisher. Aber deine Botschaften zeigen dir einen anderen Weg – eine andere, besser auf dein Höchstes Selbst ausgerichtete Version deiner selbst. »Komm zu dir nach Hause zurück«, sagen die Pinnacle. »Das ist der einzige Weg. Niemand kann dir sagen, was du tun sollst; niemand kann dir sagen, wohin du gehen sollst; niemand kann dir sagen, welchen Teil deines Inneren du ans Tageslicht fördern musst. Das liegt in deinen Träumen, das liegt in deinem Herzen, das liegt in deiner Energie; und jetzt ist es an der Zeit, damit anzufangen.«

Du erhältst Botschaften, die dein inneres Wachstum fördern; und um innerlich zu wachsen, musst du aus deiner Komfortzone herauskommen. Du wirst nicht immer das Gefühl haben, dass du alles hast, was du brauchst, um diesen Sprung zu wagen, oder dass du bereit bist, zu handeln, wenn du eine Botschaft erhältst. Deshalb ist es wichtig, dich für jeden noch so kleinen Schritt zu lieben, den du tust – selbst wenn du einfach nur die Informationen verarbeitest, die du empfängst. Es sind die kleinen Dinge – die kleinen, konsequenten Veränderungen, die du in deinem Leben vornimmst, die behutsamen Korrekturen deiner Sichtweise –, die zu tiefgreifendem Wachstum führen.

## Werde zu deinem wahren Ich

Vor ein paar Jahren entdeckte Ben, dass er eine Zyste im Hals hatte. Von den Pinnacle hatte ich gelernt, dass jede Krankheit eine energetische Ursache hat; und oft hängt diese Ursache mit einem Leben zusammen, das unsere Seele irgendwo anders führt. Warum manifestiert sich diese Erfahrung in unserer irdischen Existenz als körperliches Symptom, Krankheit oder Leiden? Damit wir etwas darüber lernen, daran wachsen, es heilen und loslassen. Das sagte ich Ben und erklärte ihm außerdem etwas, das die Pinnacle vielen meiner Klient:innen mit ähnlichen körperlichen Symptomen im Hals-Rachen-Bereich mit auf den Weg gegeben haben: Er müsse anfangen, seine Stimme zu gebrauchen und seine Wahrheit zu sagen.

Damals befand Ben sich gerade auf einer inneren Reise, auf der er wiederentdeckte, wer er war, und auf der er begann, sein Seelen-Ich freudig zu akzeptieren. Er hatte das Gefühl, in seinem Leben nicht weiterzukommen, und ihm wurde klar, dass er über vieles hinausgewachsen war: zum Beispiel über seinen Job, seine Vorstellungen davon, was für ein Mensch er sein könnte, und seine Ideen darüber, was er in seinem Leben erreichen könnte. Da Energie ständig in Bewegung ist, müssen Emotionen gefühlt, ausgedrückt und losgelassen (*nicht* ignoriert oder unterdrückt) werden, um den Energiefluss im Körper zu unterstützen. Das Gefühl, »festgefahren zu sein« oder »nicht weiterzukommen«, kann zu einem dauerhaften emotionalen Trauma führen; und wenn das nicht behandelt, geheilt und losgelassen wird, dann wird diese Energie verdrängt, im Körper gespeichert und manifestiert sich schließlich in Form körperlicher Symptome. Ein körperliches Symptom ist auch eine Botschaft; unser Körper arbeitet ständig mit der Linie zusammen, um uns mitzuteilen, was er braucht. Nach allem, was ich in der Akasha-Chronik, von den Pinnacle und aus Hunderten von Readings und Erfahrungen meiner Klient:innen gelernt hatte, war ich fest davon überzeugt: Wenn Ben anfangen würde, seine Wahrheit auszusprechen und die damit einhergehenden Veränderungen in seinem Leben vorzunehmen, würde die Energie in seinem Hals in Bewegung kommen, und die Zyste würde verschwinden.

Während ich mir ein Unternehmen aufbaute, indem ich Akasha-Chronik-Readings durchführte, begann Ben über seine eigene spirituelle Reise in seinem Leben nachzudenken. Er war in einem sehr religiösen Elternhaus aufgewachsen und regelmäßig in die Kirche gegangen, bis er Anfang 20 war; doch dann, als College-Student, kam er allmählich zu dem Schluss, dass seine rationale, intellektuelle Seite sich nicht mit seinen spirituellen Überzeugungen vereinbaren ließ. Er hatte das Gefühl, nicht gleichzeitig intelligent und spirituell sein zu können; also traf er eine Entscheidung und trat aus der Kirche aus. Die Informationen, die ich in seiner Akasha-Chronik channelte, ermöglichten ihm eine neue Sichtweise seines spirituellen Wegs. Er empfing Botschaften, die ihn dazu anspornten, seine Spiritualität anzunehmen; doch gleichzeitig fühlte er sich in seiner alten Denkweise festgefahren. Im Lauf des nächsten Jahres arbeitete er sich langsam durch diese Identitätskrise hindurch, indem er die tief verwurzelte und limitierende Vorstellung davon änderte, was für ein Mensch er sein könnte.

Während mein Geschäft wuchs und ich immer mehr von den Pinnacle lernte, konnte Ben mir dabei helfen, die Botschaften, die ich empfing, zu verstehen und meiner immer größer werdenden spirituellen Gemeinschaft nahezubringen. Das war seine Art, von seiner Stimme Gebrauch zu machen, und er fühlte sich auf energetischer Ebene tatsächlich anders, wenn er das tat. Außerdem erfuhr er dadurch mehr über sein Seelen-Ich und entdeckte seine Gabe, komplexe Informationen in verständliche Sprache zu »übersetzen«. Ungefähr ein Jahr nach der Entdeckung der Zyste gab Ben seinen Vollzeitjob auf, um unser Unternehmen »A Line Within« zu gründen. Er hatte schon seit vielen Monaten Botschaften erhalten, die ihm rieten, seinen Job an den Nagel zu hängen und mit mir zusammenzuarbeiten, doch bis dahin hatte ihm das aus verschiedenen Gründen widerstrebt: Zunächst einmal wusste er nicht, ob wir dann noch genügend Geld verdienen würden, um unsere Rechnungen zu bezahlen. Wenn er in seinem Job blieb, in dem er sich zwar wohlfühlte, aber nicht das Potenzial ausschöpfen konnte, das sein Höchstes Selbst ihm aufgezeigt hatte, bezogen wir zumindest alle zwei Wochen ein sicheres Gehalt. Außerdem wusste Ben nicht, wie es sein würde, zu Hause zu arbeiten, wenn unsere Tochter und ich ständig da waren. Darüber hinaus hatte er noch nie ein Unternehmen gegründet – ich übrigens auch nicht – und war sich nicht sicher, ob er überhaupt wusste, wie so etwas geht. Es war also ein großer Schritt für ihn und ein großer Vertrauensbeweis in die Botschaften, die er empfing, seinen Beruf aufzugeben und zusammen mit mir dieses Unternehmen zu gründen.

Als Mitbegründer hatte er viele Aufgaben, doch zunächst agierte er dabei stets hinter den Kulissen; ich war das Gesicht des Unternehmens. Ben half zwar bei der Erstellung der Inhalte mit, vermittelte sie aber nicht an unsere Klient:innen; das blieb mir überlassen. Anfangs hatte Ben das Gefühl, dass das ausreichte: Schließlich ließ er auf diese Weise seine Stimme hören und andere Menschen an seinen Gaben teilhaben. Trotzdem erhielt er immer wieder Botschaften, die ihn dazu anspornten, bei seiner Tätigkeit für unser Unternehmen mehr in die Öffentlichkeit zu gehen. Um diese Seite seiner selbst mit Tausenden von Menschen zu teilen, musste Ben sich weit aus seiner Komfortzone herauswagen. Er fühlte sich dabei sehr exponiert und verletzlich, und ihm war ausgesprochen unwohl zumute. Er hatte Angst davor, was andere Menschen – vor allem diejenigen, die er persönlich kannte – dazu sagen würden.

Damals kauften wir ein Haus in den Außenbezirken der Stadt und verbrachten den größten Teil des Sommers damit, das Grundstück von den Schlingpflanzen zu befreien, die es überwucherten. Beim Lesen der Akasha-Chronik erfuhr ich, dass dieses Haus auf einem geweihten Grundstück steht, das für den Schutz unserer Schöpfung eine wichtige Rolle spielt, und dass das Jäten des Unkrauts uns bei unserer eigenen energetischen Reinigung half. Deshalb empfing Ben seine Botschaften oft bei der Gartenarbeit oder beim Zurückschneiden von wucherndem Gestrüpp. Das Land – seine Erdaktivierung – sprach zu ihm: »Du weißt, wie du deine Wahrheit sagen kannst. Mach in der Firma von deiner Stimme Gebrauch, wirke an einem Podcast mit, engagiere dich mehr. Jetzt ist der richtige Zeitpunkt dafür gekommen.« Damals hatte Ben gerade begonnen, seine Akasha-Chronik zu lesen, und nutzte diese Informationen, um sich über die energetischen Wurzeln seiner Angst klar zu werden. Endlich erfuhr er, wie die Energie seiner Zyste mit einem anderen Leben seiner Seele in Zusammenhang stand: Er entdeckte, dass seine Angst davor, an die Öffentlichkeit zu treten, mit einer Existenz zusammenhing, die seine Seele im 18. Jahrhundert in Japan erlebte. Dort würde er in Gefahr geraten, wenn er seine Stimme erhob und sein wahres Wesen zeigte; also versteckte er sich. Die Energie dieser Erfahrung war in sein jetziges Leben eingedrungen, um geheilt und losgelassen zu werden.

Nachdem Ben diesen Zusammenhang erkannt hatte, begann er hin und wieder in unserem Podcast und in unseren sozialen Medienkanälen aufzutreten, und wir änderten vieles an unseren Arbeitsabläufen, damit er sich stärker in der Öffentlichkeit engagieren konnte – was schließlich auch dazu geführt hat, dass er zusammen mit mir dieses Buch schrieb.

Irgendwann in dieser Zeit heilte die Zyste in seinem Hals ab – allein dadurch, dass er auf seine Botschaft reagiert hatte, die ihm riet, seine Stimme hören zu lassen. Er hatte sich mit dem energetischen Ursprung seiner Zyste auseinandergesetzt, bevor sie zu einem ernsteren körperlichen Gesundheitsproblem werden konnte. Außerdem machte er auf seiner spirituellen Reise jetzt eine enorme persönliche Weiterentwicklung durch und konnte sich und seine Gaben auf ganz neue Art und Weise verwirklichen.

Alle Botschaften, die Ben erhielt, kamen genau zum richtigen, von Gott vorherbestimmten Zeitpunkt zu ihm; und obwohl seine Seele bereit war, sofort darauf zu reagieren, dauerte es ein bisschen länger, bis er sie befolgte.

Warum hat Ben nicht gleich auf seine Botschaften reagiert? Dahinter stecken die drei häufigsten Gründe, die ich bei den Mitgliedern unserer »A Line Within«-Gemeinschaft immer wieder beobachte: weil sie nicht auf ihre Botschaften, sondern auf ihr Ego hören; weil sie immer zuerst genau wissen wollen, was passieren wird, bevor sie den ersten Schritt tun; und weil sie außerhalb ihrer selbst nach Antworten suchen, dadurch aber in Wirklichkeit nur ihren Zweifeln, Unsicherheiten oder Ängsten Nahrung geben. Einer dieser drei Gründe kann dazu führen, dass du nicht auf eine Botschaft reagierst. Auf den nächsten Seiten werde ich dir erklären, wie du diese Hindernisse überwinden kannst, damit du lernst, mit dem göttlichen Timing deiner Botschaften mitzufließen.

## Höre nicht auf dein Ego, sondern auf deine Botschaften

Die Pinnacle sagen: »Das Ego lebt am Boden. Dort steigen die Botschaften aus der Erde auf, und dein allererster Impuls besteht darin, in Sicherheit zu bleiben und nichts zu verändern: Bleib in Sicherheit, bleib in Sicherheit, bleib in Sicherheit. Die Seele möchte wachsen, doch der Mensch will in Sicherheit bleiben. Sobald du diese Hürde überwindest – sobald es dir gelingt, dich davon zu befreien –, bewegst du dich nach oben zu deinem Herzen und schließlich auf die Freiheit zu. Und dieser Zustand der Freiheit, auf den du zusteuerst, befindet sich am Scheitelpunkt deines Kopfes, wo deine Botschaften ständig hindurchfließen.«

Deine Seele will wachsen. Auf dieses Wachstum ist sie ausgelegt, und deine Botschaften helfen ihr dabei, indem sie dich sanft aus deiner Komfortzone herausdrängen, damit du neue Situationen erleben, neue Erfahrungen machen und mit jedem Schritt ein bisschen mehr über dich selbst erfahren kannst. Man lernt nicht besonders viel, wenn immer alles beim Alten bleibt. Doch dein Ego will dich davon abhalten, irgendetwas anders zu machen als bisher (also zum Beispiel von alten Gewohnheiten oder Überzeugungen abzuweichen, ungewohnte Situationen zu erleben oder dich mit neuen Gefühlen und Perspektiven auseinanderzusetzen).

Wenn du deinem Ego die Führung überlässt, wird es dich davon überzeugen, dass deine Botschaften nur Erfindungen deines Verstandes sind – etwas, das du dir ausgedacht hast und lieber ignorieren solltest. Die Zeit zwischen dem Eintreffen deiner Botschaft und der Reaktion deines Egos darauf ist so kurz, dass du manchmal das Gefühl hast, beides nicht auseinanderhalten zu können. Aber du kannst diese beiden Dinge sehr wohl voneinander unterscheiden, indem du dir vor Augen hältst, dass deine Botschaften sanft und liebevoll sind und dir Unterstützung bieten. Sie sind ehrlich, aber nicht brutal; sie verurteilen weder dich noch andere Menschen und wollen dich auch nicht dazu bringen, an dir selbst, deinen Gaben oder deiner Bestimmung zu zweifeln. Und obwohl dein Ego versucht, dich in Sicherheit zu halten, bedeutet das noch lange nicht, dass deine Botschaften dich in Gefahr bringen. Sie leiten dich dazu an, etwas anders zu machen als bisher (ohne jedoch leichtsinnig zu sein), und werden dich stets liebevoll unterstützen: Das heißt, sie regen dich zu seelischem Wachstum an, ohne deine körperliche Sicherheit zu gefährden. Nach deinen Botschaften zu handeln, kann manchmal auch bedeuten, dass du gar nichts tust. Vielleicht bist du es gewohnt, immer irgendetwas zu »tun«, und deshalb fordern deine Botschaften dich jetzt auf, dein Tempo zu verlangsamen, still zu sein, zu beobachten und zu lernen. Dein Ego möchte, dass du weiterhin etwas »tust«; aber deine Seele sehnt sich nach Ruhe. In solchen Fällen ist Handeln gleichbedeutend mit Stille.

Wenn du auf deine Botschaften reagierst, musst du darauf vertrauen, dass es sich dabei um göttliche Führung für deine Seele handelt. Eine einfache Möglichkeit, zu erkennen, ob du auf eine Botschaft oder einfach nur auf dein Ego reagierst, besteht darin, deine Botschaften aufzuschreiben. Manchmal genügt es schon, eine Botschaft zu einem späteren Zeitpunkt des Tages noch einmal zu betrachten, um alles aus einer anderen Perspektive zu sehen, sodass du dein Ego beiseiteschieben und stattdessen auf dich selbst vertrauen kannst. Du kannst aber auch im Zustand der Aktivierung dasitzen und die liebevolle, unterstützende Energie deiner Linie spüren: Dann wirst du erkennen, ob du wieder in deine alten Denk- und Verhaltensmuster oder in die gewohnte Art und Weise verfällst, deine Pläne oder Ziele zu bewerten.

### Übung: Nicht auf dein Ego, sondern auf deine Linie hören

**1. Spiele ein Vertrauensspiel.**

Wir wollen nun anhand eines kleinen Spiels herausfinden, wie dein Ego auf deine Botschaften reagiert. Ich werde dir eine Frage stellen. Nachdem du die Frage gelesen hast, notiere dir bitte sofort das Erste, was dir dazu einfällt. Das ist deine Antwort.

Wo finden die anderen Leben deiner Seele auf der Erde statt?

**2. Schreibe in dein Journal.**

Welche Orte sind in dein Bewusstsein gedrungen, noch bevor dein Ego Gelegenheit hatte, an deiner Botschaft zu zweifeln oder sie infrage zu stellen? Das ist deine Antwort. Natürlich gibt es für dich keine Möglichkeit, ihre Richtigkeit zu überprüfen. Du musst darauf vertrauen, dass die richtige Antwort in deinem Inneren liegt.

Je tiefer du in deinen Prozess des Empfangens von Botschaften eintauchst, mit umso größerer Leichtigkeit und Selbstsicherheit kannst du dein Ego überwinden und darauf vertrauen, was du empfängst.

Denke nun anhand folgender Fragen darüber nach, wie du deine Botschaften, dein Ego und deine Emotionen während dieses kleinen Spiels erlebt hast:

Wie ist deine Botschaft zu dir durchgekommen? Hast du den Namen eines Landes gehört oder einen Ort »gesehen«?

Was hast du beim Empfang dieser Botschaft in deinem Körper gefühlt (zum Beispiel ein Frösteln, Nervosität, Aufregung, Angst usw.)?

Auf welche Weise hat dein Ego deine Botschaft in Zweifel gezogen? Was hat es »gesagt«? Wie hast du auf seine Einflüsterungen reagiert?

## Hab keine Angst vor der Dunkelheit!

Deine Botschaften sind Einladungen von deinem Höchsten Selbst, etwas zu tun. Jede dieser Einladungen sagt dir alles, was du in diesem Augenblick wissen musst; aber du weißt nicht, was als Nächstes passieren wird. Du weißt nicht, wohin deine Botschaften dich führen werden; du weißt nicht, was für Veränderungen sie dir bringen werden oder wie du dich anschließend fühlen wirst. Wenn du nach deinen Botschaften handelst, musst du dich damit abfinden, dass du nicht alles weißt, was du der Meinung deines Egos nach wissen solltest, bevor du etwas tust.

Betrachte deine Botschaften als Trittsteine auf der Reise deiner Seele. Du kannst nur weit genug sehen, um den nächsten Schritt zu tun; aber jeder Schritt bringt dich ein Stückchen weiter auf einem dunklen Weg. Du bist wie ein Samenkorn in der Erde: Dein Wachstum beginnt im Dunkeln. Oder wie die Pinnacle sagen: »Vor der Dunkelheit braucht man keine Angst zu haben. Die Dunkelheit ist ein Ort des Wissens; denn wenn es keine Ablenkung gibt, ist die Wahrheit für dich da: Sie offenbart sich und zeigt dir ihr Gesicht. Finde Trost in der Dunkelheit.« Um diesen Weg gehen zu können, musst du darauf vertrauen, dass du alles erfahren wirst, was du brauchst, um weiterzugehen, und dass du immer nur *das* erfährst, was du auch bewältigen kannst. Du wirst in jeder Phase dieser Reise von deinem Höchsten Selbst unterstützt und von der Weisheit geleitet, die deine Akasha-Chronik für dein Wachstum und deine Weiterentwicklung bereithält. Also lebe einfach im

Hier und Jetzt und vertraue darauf, dass du alles erfährst, was du wissen musst.

Oft stehen wir unserem natürlichen Fluss im Weg, indem wir uns Sorgen darüber machen, ob unsere Interpretation der Botschaften, die wir erhalten, richtig oder falsch ist; oder wir reden uns ein, lieber noch auf eine weitere Bestätigung – von einem Führer, Freund, einer Orakelkarte oder einer zweiten Botschaft – warten zu wollen, bevor wir danach handeln. Dabei hast du in diesem Augenblick alles, was du brauchst, um deine Botschaften zu befolgen. Natürlich kannst du auch nach äußerer Unterstützung suchen, indem du zum Beispiel mit Orakelkarten arbeitest, um deine Botschaften besser zu verstehen. Viele Mitglieder unserer Gemeinschaft tun das. Aber die Orakelkarte gibt dir nicht die Bestätigung, sondern du empfängst diese Energie bereits über deine Linie, und die Karte reagiert einfach nur darauf. Mit dem Pendeln ist es genauso: Das Pendel liest die Energie, die du bereits in dir trägst, und bestätigt sie mit seinen Bewegungen. Äußere Werkzeuge können dir dabei helfen, Vertrauen zu dir selbst und deinen Botschaften zu entwickeln; aber die Entscheidung darüber, was du glauben oder wie du diese Botschaften interpretieren möchtest, liegt stets bei dir. Auf deiner Reise gibt es viele Wege; und wenn du jede Erfahrung als Gelegenheit betrachtest, mehr über dich selbst, deine Botschaften und deine Seele zu erfahren, ist kein Weg richtig oder falsch.

Manche Mitglieder unserer Gemeinschaft sagen, dass sie viele Botschaften erhalten und nicht wissen, wo sie anfangen oder auf welche sie zuerst reagieren sollen. Wenn du deinen

Botschaften folgst, kannst du darauf vertrauen, dass die Entscheidung, die du triffst, oder die Botschaft, nach der du zuerst handelst, mit deinem Höchsten Selbst im Einklang steht. Doch innerhalb dieses Einklangs gibt es viele Möglichkeiten – das ist das wunderschöne Geschenk des Lebens! Letztendlich kann nicht einmal dein Höchstes Selbst diese Entscheidung für dich treffen. Du musst selbst entscheiden und die Verantwortung dafür übernehmen.

## Konzentriere dich auf dich selbst

Wenn du im Dunkeln tappst, ist es verlockend, außerhalb deiner selbst nach Antworten zu suchen – nachzuschauen, was andere Menschen tun, oder sie zu fragen, wie du ihrer Meinung nach auf deine Botschaften reagieren sollst. Aber es ist ein Irrtum, zu glauben, dass man durch den Vergleich seiner eigenen Situation mit der Situation anderer Menschen mehr Erkenntnisse darüber erhält, was man tun sollte. So verlockend es auch sein mag, die Erfahrungen deiner Mitmenschen für ein besseres Verständnis deiner eigenen Situation zu nutzen: es kann dich schnell aus der Bahn werfen und von deinen Botschaften wegführen. Inneres Wachstum findet im Dunkeln statt, weil man sich dann auf sich selbst und seine Botschaften konzentriert.

Die Mitglieder unserer Gemeinschaft fragen mich oft: »Aber wie kann ich auf mich selbst fokussiert bleiben, wenn die Befolgung meiner Botschaften dazu führt, dass ich ganz anders bin als meine Mitmenschen, oder wenn die Menschen in meinem Leben die Führung, die ich erhalte, anzweifeln?« Wenn du anfängst, deine Botschaften zu befolgen, legst du vielleicht alte Muster und Gewohnheiten ab, die deine Mitmenschen für deine wahren Charaktereigenschaften halten. Stattdessen können wiederum Seiten deiner Persönlichkeit zutage treten, die du bis dahin immer vor anderen Menschen verborgen gehalten hast; oder du nimmst Veränderungen in deinem Leben vor, die deine Mitmenschen als zu impulsiv empfinden. Wenn du deine Botschaften in die Tat umsetzt, wirst du dich verändern; das ist der Sinn dieser Arbeit. Das müssen nicht unbedingt drastische Veränderungen sein, und sie müssen auch nicht alle gleichzeitig stattfinden; doch wenn du dich der Führung deines Höchsten Selbst anvertraut hast, wirst du nicht der Mensch bleiben, der du vorher warst. Du bist ein energetisches Wesen, das in dieses Leben gekommen ist, um innerlich zu wachsen. Manchmal können diese Veränderungen bei deiner Familie und in deinem Freundeskreis Verwirrung oder Besorgnis hervorrufen, und das kann zu unangenehmen Gesprächen führen. Geh während dieses Prozesses liebevoll und mitfühlend mit dir selbst um, habe Verständnis für den Standpunkt anderer Menschen und zoome dich gleichzeitig aus deiner jetzigen Situation heraus, um die umfassenderen Auswirkungen zu erkennen, die deine Botschaften auf dein Leben haben. Halte dir vor Augen, dass Veränderung inneres Wachstum, Weiterentwicklung, Heilung und ein besseres Verständnis für deine Seelenreise in diesem Leben mit sich bringt.

Deine Botschaften werden dich dazu anleiten, Dinge in deinem Leben loszulassen, die sich nicht mehr positiv auf dein inneres Wachstum auswirken; und dazu gehört vielleicht auch alles, was dich von der Wahrnehmung dieser wunderschönen Erfahrung auf unserer physischen Welt abhält. Ich selbst habe früher gern Rotwein getrunken; erst als ich ein Kind erwartete, wurde mir klar, wie sehr Alkohol im Mittelpunkt meines gesellschaftlichen Lebens stand. Als ich nach der Geburt unserer Tochter weiterhin auf Alkohol verzichtete, merkte ich, wie sich diese kleine Veränderung auf mein ganzes soziales Umfeld auswirkte. Als junge Mutter erhielt ich über meine Linie viele Botschaften, die mich dazu ermahnten, nicht zu trinken. Aber ich bekam auch Bemerkungen von meinen Mitmenschen zu hören, die mir etwas ganz anderes sagten, zum Beispiel: »Jetzt, wo das Baby da ist, kannst du doch wieder Wein trinken!« Eigentlich hatte ich gedacht, ich könnte mein Leben jetzt wieder so weiterführen, wie es gewesen war, bevor ich Mutter wurde; doch das ging nicht. Ich hatte mich verändert, und viele meiner alten Gewohnheiten passten nicht mehr zu mir.

Wochen vergingen, dann Monate, dann Jahre, und ich trank immer noch nicht. Und so gingen diejenigen meiner Freundschaften, bei denen sich alles um Alkohol gedreht hatte, nacheinander auf natürliche Weise zu Ende. Die Gesellschaft dieser Menschen und die Gespräche mit ihnen passten nicht mehr zu dem spirituellen Wachstum, das ich jetzt erlebte, und zu der Richtung, in die mein Leben sich entwickelte. Ich sage das in einer Haltung großer Dankbarkeit für diese Beziehungen, die mir früher viel bedeutet haben, akzeptiere aber gleichzeitig auch, dass sie jetzt zu Ende gegangen sind. Oft fühlte ich mich einsam und war traurig darüber, dass meine Freund:innen und ich uns auseinandergelebt hatten; aber ich habe meine Entscheidung, mit dem Trinken aufzuhören, trotzdem nicht bereut. Ich musste diese Veränderungen zulassen, um meinen spirituellen Weg weitergehen zu können, auf dem ich letzten Endes die Akasha-Chronik entdeckt und meine Bestimmung in diesem Leben verwirklicht habe.

Auf Alkohol zu verzichten, war eine wichtige Botschaft, deren Sinn ich damals noch nicht richtig verstand. Diese Ermahnung hatte nichts damit zu tun, dass bestimmte Freundschaften jetzt nicht mehr zu mir zu passen schienen oder dass ich ohne Alkohol mehr Energie für die Anforderungen haben würde, die die ersten Monate mit einem kleinen Baby an mich stellten. Es gab einen ganz anderen Grund: Als ich anfing, die Akasha-Chronik zu lesen, besagte eine der Regeln, die die Pinnacle für den Zugang zu dieser Chronik aufgestellt hatten, dass man dabei einen klaren, nüchternen Geist haben muss. Das bedeutete, dass man 24 Stunden vor dem Eintritt in die Akasha-Chronik weder Alkohol trinken noch bewusstseinsverändernde Substanzen zu sich nehmen durfte. Da ich damals bereits keinen Alkohol mehr trank, konnte ich, als ich im Jahr 2018 die Akasha-Chronik entdeckte, sofort in die Praxis einsteigen und täglich (manchmal sogar mehrmals am Tag) in die Chronik eintreten, um so viel wie möglich darüber in Erfahrung zu bringen. Denn mein Geist war ungetrübt, und so konnte ich die Botschaften der Akasha-Chronik mit großer Klarheit channeln und empfangen. Auch du wirst die Erfahrung machen, dass du, wenn du deinen Botschaften folgst, vielleicht zunächst nicht weißt, wohin sie dich führen oder worauf sie dich vorbereiten wollen. Doch im Nachhinein wirst du erkennen, dass alle Botschaften einem göttlichen Plan folgen und dass jede Entscheidung, die du getroffen hast, und jede Botschaft, die du befolgt (oder vielleicht auch ignoriert) hast, eine Chance zu einem tiefergehenden Lern- und Wachstumsprozess war.

## Übung: Einen Tag lang nach deinen Botschaften handeln

Du bist mit der Gabe auf die Welt gekommen, Botschaften zu empfangen; aber darauf zu reagieren, ist eine Fähigkeit, die du erst entwickeln musst. Und wie bei allen Fähigkeiten gilt auch hier, dass man sich durch Training verbessert. In dieser Übung geht es darum, dass du einen ganzen Tag lang trainierst, auf deine Botschaften zu reagieren.

**1. Wähle einen Tag dafür aus.**

Schau in deinen Kalender und wähle einen Tag aus, an dem du dir fest vornehmen kannst, von morgens bis abends nach deinen Botschaften zu handeln. Aber mach es dir nicht allzu schwer: Entscheide dich für einen Tag, an dem du kaum andere Verpflichtungen hast und dir daher genügend Zeit für dich selbst nehmen kannst.

**2. Beginne deinen Tag mit einer Aktivierung.**
An diesem Tag solltest du zuallererst deine Linie aktivieren. Während du anschließend im Zustand der Aktivierung sitzen bleibst, bitte dein Höchstes Selbst um Hilfe dabei, für deine Botschaften offen zu bleiben und deine Zweifel zu überwinden, damit du einfach auf deinen Instinkt vertrauen kannst, wenn du eine Botschaft erhältst. Bleibe so lange im Zustand der Aktivierung sitzen, wie du möchtest, denke über den bevorstehenden Tag nach und halte dir alle möglichen Situationen vor Augen, in denen du deiner Meinung nach in den Sog einer falschen Energie geraten könntest, die dich von deinen Botschaften und der Ausrichtung auf dein Höchstes Selbst ablenkt.

Während du im Zustand der Aktivierung dasitzt, stelle deinem Höchsten Selbst folgende Fragen:

Was könnte ich heute an einer alten Gewohnheit, einem alten Muster oder einer alten Routine ändern?

Gibt es irgendetwas Neues, das ich heute tun kann?

Kann ich etwas bisher Aufgeschobenes heute tun?

Wie kann ich mir heute Liebe erweisen?

Auf welche Weise kann ich mir heute Vertrauen entgegenbringen?

**3. Schreibe deine Botschaften auf.**

Schreibe nach jeder Frage die Botschaften auf, die du empfangen hast, bevor du die nächste Frage stellst. Das können ganz einfache Botschaften sein, zum Beispiel: »Stell dir für morgen früh den Wecker«; sie können sich aber auch auf eine Veränderung beziehen, die du in deinem Leben vielleicht schon seit Längerem in Angriff nehmen möchtest. Wie auch immer deine Botschaft lautet – analysiere sie nicht und führe sie auch nicht näher aus; schreibe sie einfach so auf, wie du sie erhalten hast.

**4. Handle danach.**

Ich möchte, dass du an diesem Tag drei von den Botschaften umsetzt, die du empfängst. Das Gefühl, etwas geschafft zu haben, kann unglaublich motivierend sein; also wähle die Botschaften aus, nach denen zu handeln dir gerade am leichtesten fällt und am angenehmsten erscheint. Du sollst spüren, wie es ist, eine Botschaft zu empfangen und zu befolgen, und die Erfahrung machen, dass es dir leichter fällt, deine Zweifel zu überwinden, wenn du das konsequent praktizierst. Denn dadurch wirst du lernen, dein Augenmerk nicht auf andere Menschen, sondern auf dich selbst zu richten und zu akzeptieren, dass du nicht unbedingt wissen musst, warum du eine Botschaft erhältst oder wohin sie dich führt. Auch wenn dir diese Übung vielleicht ganz einfach vorkommt: Wenn du täglich übst, nach deinen Botschaften zu handeln, wird sich dein Leben dadurch verändern.

**5. Schreibe in dein Journal.**
Schreibe am Ende dieses Tages wieder in dein Journal. Lass dich dabei von folgenden Denkanstößen inspirieren:

Als ich meine Botschaften befolgt habe, fühlte ich mich ...

Eine Veränderung, die sich daraus ergeben hat, dass ich heute einer meiner Botschaften gefolgt bin, war ...

In Zukunft kann ich nach meinen Botschaften handeln, indem ich ...

Deine Botschaften zu befolgen bedeutet nicht, dass du in deinem Leben jeden Tag Berge versetzen musst. Normalerweise ist eher das Gegenteil der Fall: Deine Botschaften sind wie ein leises Flüstern, das dir zeigt, was für kleine Veränderungen du in deinem Leben vornehmen kannst, damit es dir leichter fällt, den ganzen Tag über mit deinem Höchsten Selbst im Einklang zu bleiben. Gerade diese subtilen, aber kontinuierlichen täglichen Veränderungen werden die größten Auswirkungen auf dein Leben haben. Inneres Wachstum ist ein allmählicher Prozess, und deine Botschaften werden dich auf jedem Schritt dieses Weges begleiten.

## Kapitel 5

# Liebe ist der Faden, der dich zusammenhält

*Willst du leuchten? Möchtest du die Liebe in deinem Inneren zum Erstrahlen bringen? Das ist ganz einfach, denn sie fließt direkt durch dich hindurch. Du musst dir nur erlauben, sie zu spüren, sie zu sehen, freizusetzen und zu empfangen. Dieser Regenbogen der Liebe ist in dir und überall um dich herum. Verschenke diese Liebe, verschenke sie, verschenke sie – so mühelos und großzügig, wie du sie jeden Tag aufs Neue von Mutter Natur empfängst.*

Die Pinnacle

Du bestehst aus Liebe. Die Energie im Bereich der Akasha-Chronik, die Energie deiner Botschaften und die Energie deiner Linie ist reine Liebe. Bedingungslose göttliche Liebe, die keine Werturteile fällt. Die Pinnacle sagen, dass Liebe die einzige Emotion ist, die jenseits unserer irdischen Erfahrung als Mensch existiert. Deshalb stecken deine Botschaften voller Liebe, und deshalb handelst du aus Liebe zu dir selbst, wenn du eine solche Botschaft befolgst. Die Pinnacle haben mir erklärt: Uns selbst bedingungslose Liebe zu zeigen, ist das Wichtigste, was wir in diesem physischen Leben lernen können. Bei jeder Erfahrung, die du machst, bei jeder Entscheidung, die du triffst, und bei jedem Gefühl, das du empfindest, gibt die Liebe, die du durch deine Linie empfängst, dir die Kraft und den Mut dazu, dich selbst zu akzeptieren – den Menschen, der du bist, deine geistige und emotionale Gesundheit, das Aussehen deines physischen Körpers und die Erfahrungen, die du in der jetzigen Phase deiner Seelenreise machst.

Liebe ist etwas, das wir alle geben und empfangen können. Und es ist auch etwas, wonach wir alle im Leben suchen – sei es von einem/einer Partner:in, Freund:in oder einem Elternteil. Aber die Liebe, die durch deine Linie hindurchfließt, ist anders als die Liebe, die wir in dieser physischen Welt kennen. Diese Liebe kommt von Gott, dem Universellen Einen, der Ursprungsenergie oder dem Schöpfer. Es ist eine göttliche Liebe, die dich ständig durchströmt, und nichts, was du tust, kann sie aufhalten. Genau wie bei deinen Botschaften liegt es auch bei dieser Liebe an dir, sie zu empfangen und zu verstehen, wie sie sich für dich anfühlt. Deine Linie wird dir Empfehlungen dazu geben, wie du dir diese Liebe jetzt in diesem Augenblick zeigen kannst. Befolge die Ratschläge!

Doch auch wenn diese Liebe ständig durch dich hindurchfließt, musst du in jedem Augenblick deines Lebens eine aktive Entscheidung treffen, um sie dir zu zeigen. Du empfängst gerade jetzt in diesem Augenblick Botschaften, in denen es um einfache, aber effektive Möglichkeiten geht, dich selbst zu lieben. Bist du offen dafür, die Botschaften entgegenzunehmen?

Das ist gar nicht immer so einfach. Jeder Mensch hat es in seinem Leben schon einmal versäumt, liebevoll mit sich selbst umzugehen. Und selbst wenn du dich inzwischen die meiste Zeit liebst, kannst du dich wahrscheinlich noch an eine Zeit erinnern, in der du das nicht getan hast. Vielleicht redet dein Ego dir ein, dass du keine Liebe verdient hast; oder vielleicht tust du in deinem Leben Dinge, in denen diese Liebe nicht zum Ausdruck kommt, und dein Ego will dich davon abbringen, etwas daran zu ändern. Vielleicht sagt es dir, dass es nicht echt ist und es dir dadurch nicht besser gehen wird.

Aber da irrt sich dein Ego. Diese Liebe kann dich innerlich aufbauen, wenn du niedergeschlagen bist. Sie kann dich wieder aufrichten, wenn du hingefallen bist. Sie kann dir neue Kraft geben, wenn du dich erschöpft und ausgelaugt fühlst. Diese Liebe wird immer für dich da sein. Gib dir die Erlaubnis, sie anzunehmen!

Oder wie die Pinnacle sagen: »Erlaube dir, diese Liebe zu fühlen, zu sehen, freizusetzen und zu empfangen – und verschenke sie so großzügig, wie du kannst.« Verschenke sie freigebig an dich und deine Familie, deine:n Partner:in, deine Kinder, Freund:innen, Kolleg:innen, Nachbar:innen, ja sogar an fremde Menschen.

Wie verschenkt man diese Liebe? Indem man zu verstehen versucht, statt zu urteilen; indem man eine gemeinsame Basis findet, statt Trennlinien zu ziehen; indem man sich seiner Trigger bewusst wird, bevor man auf irgendetwas wütend reagiert; und indem man zuhören lernt. Wenn du deine Botschaften nutzt, um dir diese Liebe zu erweisen, wird es dir leichter fallen, auch andere Menschen in deinem Umfeld mit Liebe, Verständnis und Mitgefühl zu behandeln.

## Dein Körper braucht diese Liebe

Dein physischer Körper braucht die Energie dieser Liebe. Wenn er sie nicht bekommt, spürst du das vielleicht in Form von Lethargie, Melancholie, Teilnahmslosigkeit, Depression oder einem Gefühl innerer Leere. Ben hat in seinem Leben als Erwachsener schon viele schwere depressive Phasen durchgemacht. Es gab verschiedene Lebensereignisse, die diese negative Energie ausgelöst haben; doch der rote Faden, der sich durch all die depressiven Episoden hindurchzog, war, dass er nicht wusste, wie er sich selbst lieben sollte. Äußerlich sah er gesund aus. Er achtete auf sein Erscheinungsbild und seine Hygiene, trieb Sport und pflegte soziale Kontakte. Doch in seinem Inneren herrschte eine große Leere.

Mit verschiedenen Kombinationen aus Antidepressiva, Therapie, Meditation, Gebeten und ruhigem Dasitzen im Zustand der Aktivierung lernte er, alles zu akzeptieren, was ihn selbst ausmachte – einschließlich der depressiven Energie, die er in sich spürte. Er lernte, sich sogar für diese Energie zu lieben, weil sie ihn dazu anspornte, mehr über sich selbst zu erfahren und dadurch ein stärkerer Mensch zu werden.

Manchmal brauchte er es, seiner Familie und seinen

Freund:innen sein wahres Ich zu zeigen. Dann wieder regten seine Botschaften ihn dazu an, Gewohnheiten abzulegen, die ihn aus dem Einklang mit seinem Höchsten Selbst herausholten, neue kreative Projekte zu starten oder wieder zu lernen, wie man achtsam im jetzigen Augenblick lebt. Seine Botschaften enthielten stets Tipps dafür, wie er die Liebe, die durch ihn hindurchfloss, in seinem Leben zum Ausdruck bringen konnte. Diese Liebe hat seine Depression zwar nicht »geheilt«, war aber der Katalysator, der Energieschub, den er brauchte, um sich wieder aufzurappeln und die negative Phase zu bewältigen, die er gerade durchmachte.

Wenn du deine Linie aktivierst, öffnest du dich für den Empfang einer stärkenden Energie, nach der dein physischer Körper sich sehnt. Diese Liebe kann dir helfen, dich energetisch mit deinem Höchsten Selbst im Einklang zu fühlen und die Botschaften wahrzunehmen, die dir sagen, wie du dich selbst wieder aufbauen kannst. Du bestehst aus Liebe, und diese Liebe fließt in jeder Sekunde eines jeden Tages durch deine Linie hindurch. Diese Liebe wird dich wiederbeleben, nähren und leiten.

Von den Pinnacle habe ich gelernt, dass »Liebe der Faden ist, der dich zusammenhält. Selbst wenn du das Gefühl hast auseinanderzufallen, hält die Liebe dich zusammen. Sie ist deine Linie und deine Lebenskraft.«

Bevor wir die Reise, die dich zu dir selbst zurückführt, gemeinsam fortsetzen, wirst du in unserer nächsten Übung lernen, jeden Teil deiner selbst zu lieben: deine Seele, deine multidimensionale Essenz; deine Vergangenheit und sämtliche

Entscheidungen, die du getroffen hast und die dich zum jetzigen Augenblick geführt haben; und deinen physischen Körper, das heilige Gefäß und Zuhause deiner Energie.

## Übung: Herzaktivierung

Nun ist es an der Zeit, dein Herz zu aktivieren. Die Pinnacle haben mir erklärt: Um dein Herz öffnen zu können, damit du dir selbst und anderen Menschen mehr Liebe entgegenbringen kannst, musst du zunächst einmal darum bitten. Diese einfache Übung wird zu einer tiefgreifenden Veränderung in deinem Inneren führen. Vielleicht spürst du das sofort, vielleicht aber auch nicht. Wenn nicht, dann lass dir ruhig Zeit, denn früher oder später *wirst* du es spüren.

Indem du deine Stimme erhebst und um diese Liebe bittest, aktivierst du eine neue Liebesfrequenz in deinem Inneren. Oft fühlt man sich ungeheuer verletzlich, wenn man etwas laut ausspricht, statt es einfach nur in Gedanken vor sich hin zu sagen – selbst wenn man ganz allein ist und niemand in der Nähe ist, der es hören kann. Wenn du das nicht gewöhnt bist, fühlst du dich dabei vielleicht unwohl oder sogar bloßgestellt. Ich kann dir versichern, dass es vielen Mitgliedern unserer »A Line Within«-Gemeinschaft so ergangen ist, als sie diese Übung machten. Sie haben aber auch gesagt, dass die Übung eine große innere Wandlung bewirkt.

Wenn du um mehr Liebe bittest, wirst du diese Liebe auch empfangen. Wenn du dein Herz für mehr Liebe öffnest, öffnest du dich gleichzeitig auch für die energetischen Gegensätze und die Lektionen, die in deinem Inneren darauf warten, entdeckt zu werden – lauter Möglichkeiten für deine Seele, zu wachsen und sich weiterzuentwickeln. Und wenn du dich selbst – dein ganzes Ich, dein Seelen-Ich – akzeptierst, kannst du auch andere Menschen so akzeptieren, wie sie sind, und ihnen mehr Freiraum geben. Doch am wichtigsten ist, dass du nach Wegen suchst, das Leben mit den Augen der Liebe zu betrachten. Du solltest die ganze Welt aus der Perspektive der Liebe sehen.

Strecke zunächst deine Arme so aus, dass die Handflächen nach oben zeigen. Dann sprich folgende Worte vor dich hin: »Ich aktiviere diese Liebe in meinem Inneren. Ich empfange diese Liebe, ich will diese Liebe, bringt mir diese Liebe. Ich bin bereit für diese Liebe.«

Es ist wichtig, diese Sätze laut auszusprechen, denn deiner Stimme wohnt eine große Macht inne. Jedes Wort, das du aussprichst, enthält Schallwellen, und die Schwingung dieser Worte kann große Entfernungen zurücklegen. Wenn du körperlich nicht zum Sprechen in der Lage bist, kannst du diese Liebe in deinem Inneren auch mit deiner bloßen Absicht heraufbeschwören. Aber denke daran, dass du diese Liebe nicht von einer äußeren Quelle erbittest! Diese Liebe lebt in *dir*. Indem du deine Stimme erhebst, um sie zu dir einzuladen, öffnest du dich für ihre Frequenz.

## Begeistere dich für deine Reise

Wir alle haben etwas an uns, das wir nur schwer akzeptieren können oder gerne ändern würden. Vielleicht hast du schon mal gedacht, dass du glücklicher wärst, wenn du die Persönlichkeit oder die Talente eines anderen Menschen hättest oder wenn du anders aufgewachsen wärst – oder dass es dir dann zumindest leichter fallen würde, deine Ziele zu erreichen. Wenn du die vielen verschiedenen Schichten deines Ichs entdeckst, dann denke daran, dass jede einzelne Schicht zur Essenz deiner Seele gehört. Ohne sie wärst du nicht du selbst. Du bestehst aus Sternenstaub, und jedes noch so kleine Detail an dir ist gewollt – es gibt keine Zufälle.

Du bist nicht hier, um das Leben eines anderen Menschen zu leben. Wenn du außerhalb deiner selbst nach Antworten suchst, bist du nicht in der Lage, die vielen Möglichkeiten zu sehen, wie du diese göttliche Liebe empfangen kannst, die wie eine unendliche Medizin ständig durch dich hindurchfließt. Dann kannst du die Gaben, die dich erleuchten und deine Schönheit in die Welt hineinstrahlen lassen, nicht erkennen, und die Lektionen, die deine Seele in dieses Leben mitgebracht hat, damit du geheilt wirst und dich weiterentwickelst, nicht lernen. Und auch den Menschen, der du bist, wenn dein Höchstes Selbst dir einen Spiegel vorhält, kannst du dann nicht sehen.

Dich selbst zu lieben, beginnt damit, dass du den Menschen akzeptierst, der du bist. Dieses Leben ist ein einmaliges Kapitel deiner Seelenreise. Es wurde speziell auf dich zugeschnitten. Trotzdem wird es dir vielleicht schwer fallen, alles zu akzeptieren, was dich so einzigartig macht – deine Gaben, dein Trauma, dein inneres Wachstum. Deine Botschaften können dir die Gründe für deine bisherigen Erfahrungen und deine emotionalen Reaktionen nennen; doch um sie richtig zu verstehen, musst du alles, was du gerade durchmachst, im Kontext dieser Existenz und deiner Seelenreise sehen und darfst es nicht mit der Reise von irgendjemand anderem vergleichen. Wenn du das kannst, akzeptierst du dich so, wie du bist, und erweist dir die Liebe, die du verdienst.

Wenn du dich dagegen mit anderen Menschen vergleichst oder versuchst, nach den Maßstäben von jemand anderem zu leben, wirst du aus diesem Zustand des harmonischen Einklangs mit deinem Höchsten Selbst herausgerissen, und dann wird es dir schwerer fallen, deine Botschaften zu empfangen. Du wirst an deiner inneren Führung zweifeln. Oder du wirst dich fragen, wie irgendjemand anderes in deiner Situation reagieren würde, statt zu begreifen, dass du geführt wirst. Du wirst dir ein anderes Leben wünschen, statt zu erkennen, dass deine Botschaften dich zu einem Leben führen, in dem du dich selbst bedingungslos lieben und der Welt dein wahres Ich zeigen kannst.

Wenn du schwierige Situationen durchmachst, ist es manchmal vielleicht verlockend, zu denken, dass alle anderen Menschen es viel einfacher haben als du, dass das Leben es nicht gut mit dir meint oder dass du von Gott oder vom Universum bestraft wirst. All diese Klagen habe ich von Mitgliedern unserer Gemeinschaft schon gehört. Ich erkläre ihnen dann immer: Statt dieser auf niedriger Frequenz schwingenden

Energie Nahrung zu geben, könntest du deine Energie auch in einen Zustand versetzen, in dem du stärker mit deinem Höchsten Selbst im Einklang stehst – das ist genauso einfach, kann dir aber schwierig vorkommen, wenn du nicht daran gewöhnt bist. Die Aktivierung deiner Linie ist der schnellste Weg, um aus dieser Energie von Neid, Missgunst oder Eifersucht herauszukommen, die durch Vergleiche genährt wird.

Du hast stets die Kontrolle über deine Energie, und es dauert nur ein paar Minuten, dich wieder mit deinem Höchsten Selbst in Einklang zu bringen. Aber du musst dich darauf trainieren, das zu deiner neuen Standardreaktion auf Situationen mit niedriger Schwingung zu machen. Durch die Linienaktivierung holst du dich nicht nur aus diesem niedrigen Schwingungszustand heraus, sondern öffnest dich gleichzeitig auch dafür, zu erfahren, *warum* du dich mit anderen Menschen vergleichst, und erhältst praktische Ratschläge dazu, was du tun musst, um damit aufzuhören. Eine Frau aus unserer Gemeinschaft hat mir erzählt, dass ihre tägliche Praxis der Linienaktivierung sie in einen Zustand innerer Stille versetzt, sodass sie in aller Ruhe bei sich selbst sein und sich »all den unangenehmen Dingen stellen« kann. Denn dann verschwinden sämtliche Ablenkungen, die dadurch entstehen, dass sie ihre äußere Welt wieder in Ordnung zu bringen versucht, und ihr Fokus ist ganz auf ihre innere Welt gerichtet. Diese organische Entfaltung des Stillseins lädt sie zu mehr Klarheit, Selbsterkenntnis und Liebe ein und hilft ihr dabei, ein stärkeres Selbstwertgefühl aufzubauen. »Man tritt mit seiner ganzen Energie in Kontakt, die aus Liebe besteht. Alles ist Liebe«, sagt sie.

Ein Leben in der Linie macht es dir nicht nur leichter, auf ungesunde Vergleiche zu verzichten, sondern hilft dir gleichzeitig auch dabei, deinen Fokus wieder auf dich und deine Energie zu richten, damit du dich selbst in deiner ganzen göttlichen Schönheit wahrnimmst. Dann wird es dir leichter fallen, dich an die Dinge zu erinnern, die du an dir selbst liebst. Denn die gibt es tatsächlich, auch wenn es sich dabei vielleicht nur um ganz kleine, kaum sichtbare Eigenschaften handelt! Manchmal muss man nur daran erinnert werden.

## Übung: Deine Liebesliste

Alles aufzulisten, was du an dir selbst liebst, ist eine einfache, aber sehr intime Übung, die dir helfen wird, die Liebe, die du dir selbst entgegenbringst, zu erkennen, dich an sie zu erinnern und sie zu vertiefen. Während dieses Prozesses werden vielleicht Erkenntnisse in dir aufsteigen, die dein Herz öffnen. Es kann aber auch sein, dass du dabei frustriert oder traurig bist, Dankbarkeit empfindest oder gar nichts fühlst. Akzeptiere alle Gefühle, die beim Aufschreiben dieser Liste in dir aufsteigen, denn jede einzelne Emotion bringt dich deiner Liebe näher.

**1. Aktiviere deine Linie.**

Führe zunächst eine Linienaktivierung durch. Stell dir vor, dass die Energie, die durch dich hindurchfließt, wie Wasser ist – sie reinigt dein Herz behutsam von allen Widerständen, die es dir schwer machen, deine eigene Liebe zu akzeptieren.

**2. Bleibe im Zustand der Aktivierung sitzen.**

Während du im Zustand der Aktivierung dasitzt, lädst du diese Liebe weiterhin in dein Bewusstsein ein. Fokussiere dich ganz auf dich selbst und deine Liebe. Wenn ablenkende Gedanken oder Gefühle in dir aufsteigen, nimm sie zur Kenntnis, lass sie los und konzentriere dich wieder auf deine Liebe zu dir selbst. Du kannst auch ein paarmal tief ausatmen, wenn du das Gefühl hast, dass dir das dabei hilft, blockierte Energie – beispielsweise Gefühle der Scham, Wertlosigkeit oder Angst – vollständig loszulassen.

Falls du Hilfe dabei brauchst, diese Liebe zu spüren, erinnere dich daran, dass deine Handflächen energetisch mit deinem Herzen in Verbindung stehen. Wenn du es als angenehm empfindest, kannst du deine Hände also auf dein Herz legen oder so nach oben strecken, dass die Handflächen nach außen zeigen, damit die Liebe durch dich hindurchfließen kann.

**3. Schreibe in dein Journal.**

Sobald du so weit bist, erstelle eine Liste mit mindestens fünf Dingen, die du an dir selbst liebst. Das können ganz kleine, einfache, aber auch große Dinge sein. Akzeptiere alles, was von deinem Höchsten Selbst kommt; denn das ist die göttliche Führung.

Deine Unsicherheit wird vielleicht versuchen, all die schönen Eigenschaften, die du an dir liebst, vor dir zu verstecken. Aber denke daran, dass das nur dein Ego ist, das versucht, dich in alten Mustern gefangen zu halten, indem es dich daran hindert, eine neue Art der Selbstliebe kennenzulernen! Wenn dir so etwas auffällt, nimm dieses Vorhaben deines Egos in neutraler Haltung zur Kenntnis und entlasse es dann, als würdest du einen Freund höflich zum Gehen auffordern, indem du laut sagst: »Es ist Zeit, dass du gehst.«

Wenn du die fünf Dinge, die du an dir selbst liebst, aufgelistet hast und dir anschließend noch mehr einfällt, dann führe deine Liste einfach so lange weiter, bis du das Gefühl hast, dass sie vollständig ist.

**4. Sprich die Dinge, die du an dir selbst liebst, laut aus.**

Wenn du mit deiner Liste fertig bist, stell dich vor einen Spiegel, schau dir in die Augen und beginne alles, was du an dir liebst, laut aufzuzählen. Gehe deine Liste Punkt für Punkt durch und bringe mit dieser Aufzählung deine ganze Selbstliebe zum Ausdruck. Es kann sein, dass du dich von dieser Erfahrung auf Anhieb emotional berührt fühlst; vielleicht musst du sie aber auch mehrmals wiederholen, um die Liebe, die du dir selbst entgegenbringst, empfangen zu können. Wiederhole die Übung so oft wie nötig, bis du die Worte der Liebe, die du sagst, tatsächlich tief in deinem Inneren fühlst.

Wahlweise: Wenn du meinst, dass es dir helfen könnte, jeden Tag an deine Liebe zu dir selbst erinnert zu werden, dann führe jeden Morgen eine Linienaktivierung durch und bitte dabei um ein Mantra der Selbstliebe für den bevorstehenden Tag. Immer wenn du das Gefühl hast, nicht liebevoll genug mit dir selbst umzugehen oder eine Erinnerung an die Liebe brauchst, die du in dir trägst, stell dich vor einen Spiegel und sage das Mantra auf. Schau dir dabei tief in die Augen, als würdest du in deine Seele hineinschauen, und halte diese Konzentration auch hinterher noch eine Zeit lang aufrecht. Spüre, wie diese Liebe durch deinen Körper hindurchfließt, wie sie dein Herz öffnet und du für ihre heilende Kraft empfänglich wirst.

## Liebe deine Vergangenheit

Jeder Mensch hat eine Vergangenheit; und in jedermanns Vergangenheit gibt es Augenblicke, in denen er oder sie gerne anders gehandelt hätte. Vielleicht haben wir irgendetwas gesagt oder *nicht* gesagt, getan oder *nicht* getan, was wir im Nachhinein bereuen. Früher habe ich viel Zeit und Energie darauf verwendet, über solche Situationen aus meiner Vergangenheit nachzugrübeln. Ich habe mich dafür geschämt, mich dadurch von der Liebe wegziehen lassen und mir Vorwürfe gemacht, weil ich dachte, ich hätte es doch eigentlich besser wissen müssen. Oft wünschte ich mir, eine Situation nochmals durchleben zu können, weil ich mir beweisen wollte, dass ich doch kein so schlechter Mensch war. Aber das ging natürlich nicht; und da ich wusste, dass ich die Vergangenheit nicht mehr ändern konnte, fühlte ich mich festgefahren, so wie jemand, der versucht, mit dem Fahrrad durch ein matschiges Feld zu fahren – mit durchdrehenden Reifen, aber ohne einen Zentimeter vorwärtszukommen.

Um dich selbst zu lieben, musst du erkennen, dass jeder Augenblick deines Lebens ein wichtiger, mit allem anderen zusammenhängender Bestandteil der Entwicklung deiner Seele ist. Viele Menschen versuchen aus früheren »Fehlern« zu lernen und spielen die betreffende Situation in Gedanken immer wieder durch; aber es ist ein Unterschied, ob man etwas aus seiner Vergangenheit lernt oder die Energie dieser Erfahrungen einfach nur immer wieder neu durchlebt. Wie erkennt man den Unterschied? Wenn du auf Anhieb die Emotion (Scham, Schuldgefühle, Bedauern oder Verlegenheit) der betreffenden Erfahrung spürst, dann weißt du, dass du diese Energie neu durchlebst. Und wenn du das tust, ohne etwas aus dieser Situation zu lernen, dann liebst du dich nicht selbst, sondern bestrafst dich. Die Pinnacle sagen: »Schuldgefühle bringen eine Situation nicht wieder in Ordnung; sie führen nicht dazu, dass es irgendjemandem besser geht. Schuldgefühle vergiften dich nur.«

Stell dir alles aus deiner Vergangenheit – vor allem Erinnerungen, die Gefühle wie Scham, Schuld oder Reue hervorrufen – als bereits getane Atemzüge vor. Atme aus und lass diese Atemzüge los, um in deinem physischen Körper mehr Raum für die Liebe zu schaffen, die durch dich hindurchfließt.

Warum empfinden wir eine so große Bandbreite an Emotionen? Das liegt daran, dass wir aus jeder Emotion etwas anderes lernen können. Wenn du das Gefühl hast, dass deine emotionalen Reaktionen auf eine frühere Situation dich innerlich zerfressen, hast du trotzdem immer noch die Wahl: Du kannst dich von diesen Gefühlen aus deiner Gegenwart reißen lassen und in der Vergangenheit festgefahren bleiben, an der nichts mehr zu ändern ist; oder du kannst in der Gegenwart bleiben und dir mithilfe deiner Linie und deiner Botschaften eine neue Geschichte über deine Vergangenheit erzählen.

### Übung: Eine neue Geschichte über dich erzählen

Wenn es dir oft passiert, dass du die mit früheren Erlebnissen einhergehenden Emotionen noch einmal durchlebst, statt etwas daraus zu lernen, kannst du dir anhand dieser Übung eine andere Geschichte – eine Geschichte voller Liebe – über deine Vergangenheit erzählen, damit du das, was du gelernt hast, annehmen kannst und siehst, wie du innerlich daran gewachsen bist.

**1. Aktiviere deine Linie.**
Führe zunächst eine Linienaktivierung durch. Während du anschließend im Zustand der Aktivierung dasitzt, stell dir vor, wie eine Welle liebevoller Energie durch deine Linie hindurchfließt. Du bestehst aus dieser Liebe. Du *bist* diese Liebe.

**2. Schreibe in dein Journal.**

Denke an ein Erlebnis aus deiner Vergangenheit, bei dem es dir schwer gefallen ist, dir selbst Liebe zu zeigen, und denke darüber nach, wie du innerlich an diesem Erlebnis gewachsen bist. Lass dich dabei von folgenden Denkanstößen inspirieren:

Beschreibe das Erlebnis. Schreibe auf, was passiert ist und mit wem, wo und wann es passiert ist.

Welche Gefühle steigen jetzt in dir auf, wenn du daran denkst?

Und nun überlege dir, was du aus diesem Erlebnis gelernt hast, und beschreibe, wie das zu deiner Weiterentwicklung beigetragen oder dich auf etwas Zukünftiges vorbereitet hat. Versuche den unten stehenden Satz zu vervollständigen:

Ich kann mir für diese Erfahrung Liebe entgegenbringen, weil …

Wenn du dir selbst keine Liebe entgegenbringst, kannst du nicht erkennen, wie dein Erlebnis zu deinem höheren Lern- und Wachstumsprozess beigetragen hat. Du kannst eine vollständige Geschichte deiner Vergangenheit verfassen, in der sich deine Liebe zu dem Menschen, der du bist, und zu allem widerspiegelt, was du durchgemacht hast; und diese Geschichte kannst du dir immer wieder erzählen.

## Liebe das Gefäß deiner Seele

Die Pinnacle sagen, dass sich mit der Veränderung deiner Energie auch dein Körper verändert. Als ich ein Kind erwartete, machte ich zweimal pro Woche Schwangerschaftsyoga. Einer meiner Yogalehrer bezeichnete unseren Körper als »Gefäß« für das Baby und sagte, dass sich dieses Gefäß während der Schwangerschaft verändert, damit neues Leben darin wachsen kann. Diese Veränderungen zu akzeptieren, würde uns helfen, in den Unannehmlichkeiten (Wehen) Trost (Ergebung) zu finden.

Das war eine sehr tiefgründige Lehre, die mir half, eine neue Beziehung zu meinem Körper aufzubauen und alle Veränderungen und Aktivitäten, die er jetzt brauchte, freudig anzunehmen, indem ich mich diesem Prozess vertrauensvoll hingab. In Gedanken ging ich mit dieser Analogie sogar noch einen Schritt weiter: Mein Körper war nicht nur ein Behältnis für mein Baby, sondern auch für meine Seele und – für diesen kurzen Augenblick – auch für die Seele meiner Tochter. Sobald ich anfing, meinen Körper als physisches Gefäß meiner Seele zu betrachten, konnte ich ihn für die Energie lieben, die er in sich trägt.

Dein Körper ist eine physische Verkörperung deiner Energie, und auf deinem Weg durchs Leben wird er sich immer dann verändern, wenn sich deine Energie verändert. Wenn du die Energie schwerer, belastender Emotionen in dir trägst, fühlst du dich auf physischer Ebene vielleicht ebenfalls schwer. Es kann aber auch sein, dass du dich dann schwach und lethargisch fühlst, unter Völlegefühl leidest (selbst wenn du gar nicht viel gegessen hast) oder dauernd müde und erschöpft bist. Vielleicht hast du Kopfschmerzen oder spürst irgendwo anders in deinem Körper Schmerzen oder Entzündungen. Nachdem du diese Energie losgelassen hast, wirst du dich möglicherweise sehr viel leichter, beweglicher oder sogar stärker fühlen. Dabei geht es nicht darum, wie dein Körper von außen aussieht, sondern darum, wie du ihn von innen heraus auf energetischer Ebene empfindest – wie es sich anfühlt, in deiner Haut zu stecken.

Wenn du deinen Körper als physisches Gefäß deiner Seele akzeptierst, wirst du das wunderbare Geschenk, in diesem Körper zu leben, besser zu würdigen wissen. Deine Seele hat ihn sich als ihr Zuhause ausgesucht, und es ist ein göttliches Geschenk, jeden Tag darin leben zu dürfen. Die Art, wie du über dich und deinen physischen Körper sprichst, hat Auswirkungen darauf, welche Gefühle du ihm entgegenbringst. Selbst wenn du dich zurzeit nicht mit deinem Körper verbunden fühlst oder dich vielleicht nicht einmal dazu aufraffen kannst, dich um ihn zu kümmern, solltest du trotzdem üben, Dankbarkeit für ihn zu empfinden. Das kann deine Energie verändern, und vielleicht fällt es dir dann leichter, diesen Körper als göttliche Heimat deiner Seele anzunehmen. Danke deinem körperlichen Gefäß und ehre es als den Tempel, der deine Energie durch die Erfahrung dieser menschlichen Existenz hindurchträgt.

Wie immer, wenn es darum geht, deine Liebe und deine Beziehung zu deinem physischen Körper zu vertiefen, können Erdaktivierungen dir weiterhelfen. Geh hinaus in die Natur, springe ins Meer, umarme einen Baum oder setze dich auf den Erdboden; nimm die Natur um dich herum ganz intensiv wahr und mache eine Linienaktivierung. Viele Mitglieder unserer Gemeinschaft verspüren eine sofortige Linderung ihrer körperlichen Beschwerden (beispielsweise angespannte Kiefermuskulatur, Übelkeit, Schmerzen oder Muskelverspannungen), wenn sie in der Nähe der Energie von Mutter Erde Linienaktivierungen durchführen. Jede Erdaktivierung, die du erlebst, kann dich somit auch daran erinnern, dein physisches Gefäß zu lieben, denn es gibt so viel mehr als das, was du siehst.

## Wachse in deine Liebe hinein

Die Pinnacle sagen: »Das Herz ist dazu bestimmt, sich auszudehnen und zu wachsen. Es soll aufgeblasen werden wie ein Luftballon, damit es dir bei deinem Aufstieg helfen kann. Was passiert, wenn man einen Heliumballon loslässt? Er schwebt nach oben. Das Herz in deinem Inneren ist genauso wie ein Heliumballon: Wenn es sich immer weiter ausdehnt, hebt es dich empor.«

Dich selbst zu lieben, ist eine Reise. Es wird Zeiten geben, in denen deine Selbstliebe dich durch die Höhen und Tiefen des Lebens hindurchträgt; doch es wird auch Lebensphasen geben, in denen du Energien nährst, die es dir erschweren, deine Liebe zu erkennen. Aber denke daran: Diese Liebe ist immer für dich da. Du brauchst nicht danach zu suchen; sie liegt in deinem Inneren. Mach es dir zur täglichen Gewohnheit, dich dafür zu öffnen. Öffne dein Herz und dein Bewusstsein für die transzendente Liebe, die in dir wohnt.

Ganz egal, an welchem Punkt deiner Seelenreise du dich gerade befindest: Selbstliebe beginnt damit, dich so zu akzeptieren, wie du im Augenblick bist – egal ob du nun gerade irgendwelche beglückenden Höhenflüge erlebst oder dich in deiner jetzigen Lebenssituation festgefahren oder gefangen fühlst. Akzeptiere alles, was dich an diesen Punkt deines Lebens gebracht hat, von ganzem Herzen und lass es dann los. Lass dir Raum und Zeit, um dich an die Energie dieser Liebe zu gewöhnen – vor allem, wenn sie noch neu für dich ist.

Deine Energie ist ständig im Fluss. Sie befindet sich stets in einem Zustand der Bewegung und Entwicklung; und mit dieser Energie wird sich auch die Art deiner Liebe zu dir selbst verändern. Sei offen dafür, nimm alle Botschaften an, die durch deine Linie kommen und dir zeigen, wie du dich selbst zurzeit am besten lieben kannst; und dann verarbeite diese Informationen und bringe dir dabei Güte und Mitgefühl entgegen. Es gibt keine Frist und auch keinen Zeitrahmen dafür, bis wann du das alles geschafft haben musst. Vertraue einfach auf deine Reise und gib dich diesem Prozess hin – denn genau das ist Selbstliebe.

Wenn du dir selbst Liebe entgegenbringst, wird diese Liebe in deine ganze Umgebung ausstrahlen und sich auf alles auswirken, was du tust. Sie wird alle Menschen, mit denen du in Kontakt kommst, positiv berühren und eure Beziehung zueinander bereichern. Die Pinnacle haben nicht ohne Grund gesagt, dass Selbstliebe eine deiner Hauptaufgaben ist: Denn du musst zunächst einmal lernen, dir selbst Liebe zu zeigen, bevor du sie anderen Menschen schenken kannst.

Es ist durchaus möglich, andere Menschen zu lieben, ohne dich selbst zu lieben; doch darin wird sich nicht diese göttliche Liebe widerspiegeln, die durch dich hindurchfließt. Mit der Zeit kann es dich erschöpfen; deine Beziehungen können dadurch unausgewogen werden, und vielleicht findest du darin auch keine Erfüllung. Doch wenn du lernst, wie es sich anfühlt, die Liebe zu empfangen, die du dir selbst entgegenbringst, wirst du offener für die Botschaften, die dir klarmachen, wie du diese Liebe auch anderen Menschen in deinem Leben zeigen kannst.

Im nächsten Teil dieses Buches wirst du mit der inneren Arbeit beginnen, zu dir selbst zurückzufinden; und das ist ein intensiver Prozess der Selbsterforschung. Dabei wirst du dich mit Handlungen, Gewohnheiten, Denk- und Verhaltensmustern auseinandersetzen, die du bisher ignoriert oder übersehen hast, und erkennen, dass deine Botschaften dir eine neue Lebensweise nahebringen möchten. Immer wenn du diese Art der Selbstreflexion praktizierst, solltest du dir fest vornehmen, das aus Liebe zu dir selbst zu tun. Denke daran: Liebe ist der Faden, der dich zusammenhält. Du kannst alles tun, wenn du dabei von einer Perspektive der Liebe ausgehst.

## Kapitel 6

# Raum für das Wachstum deiner Seele schaffen

*Vielleicht fühlt es sich gerade so an, als würden sich die Ereignisse überschlagen, als würde sich alles in deinem Leben verändern – die Energie und überhaupt alles, was du bisher kanntest.*
*Es ist beinahe so, als könne das, was einmal war, nicht mehr weiterbestehen; du machst also gerade eine richtige Achterbahnfahrt durch.*
*Doch das entspricht alles dem göttlichen Plan.*
*Es ist genau so, wie deine Seele es haben wollte.*
*Alles ist noch ganz neu – als ob frisch geöffnete Blüten ihren ersten Atemzug tun würden.*

Die Pinnacle

Deine Seele braucht Raum in deinem Leben, um sich bewegen, verändern, weiterentwickeln und um wachsen zu können. Diesen Raum kannst du deiner Seele immer wieder aufs Neue geben, indem du täglich Linienaktivierungen durchführst und danach im Zustand der Aktivierung sitzen bleibst, um die Energie deiner Linie zu spüren – indem du deine Botschaften empfängst, die dir sagen, was du an diesem Tag tun kannst, um mit deinem Höchsten Selbst im Einklang zu leben. Wenn du mit deiner Linienaktivierung fertig bist und die Augen wieder öffnest, kehrst du in dein physisches Leben zurück, wo du lernen musst, in einem Zustand des Einklangs mit deinem Höchsten Selbst mit der Energie deines Alltagslebens umzugehen.

Alles, was du tust, sagst und denkst, hat eine energetische Grundfrequenz. Wie alle Frequenzen wirst du auch diese in deinem physischen Körper in Form einer bestimmten Emotion oder physischen Empfindung spüren.

In deinem Energiekörper sieht das ein bisschen anders aus. Die Frequenzen, die deinen Handlungen zugrunde liegen, wirken sich entweder positiv auf dich aus oder reißen dich aus dem Einklang mit deiner Linie heraus. Deine Emotionen liefern dir hilfreiche Hinweise darauf, wie du dich in deinem Energiekörper gerade fühlst: Stehen deine Handlungen mit der göttlichen Liebe im Einklang, die durch dich hindurchfließt, oder nicht? Ein normaler Tag besteht aus Hunderten von wichtigen und weniger wichtigen Handlungen, durch die sich die Frequenz, die du in deinem Energiekörper spürst, immer wieder verändert. Das ist einer der Gründe, warum die Pinnacle die Praxis der Linienaktivierung geteilt haben: um dir einen klar erkennbaren Weg zu zeigen, wie du deine Frequenz wieder mit der göttlichen Liebe in Einklang bringen kannst, wenn sie von diesem Zustand abgekommen ist (was zwangsläufig immer wieder passieren wird).

Deine Frequenz verändert sich auch deshalb ständig, weil

du wie ein Schwamm bist, der Energie von überallher aufnimmt: aus dem Internet, den Sendungen, die du dir anschaust, den Nachrichten, die du liest, der »Stimmung«, die in einem Raum herrscht, und den Gesprächen, die du führst. Jedes Mal, wenn du deine Aufmerksamkeit auf irgendetwas richtest, öffnest du dich für den Empfang einer energetischen Frequenz, die sich wiederum auf deine eigene Frequenz auswirken wird – darauf, wie du Emotionen in deinem physischen Körper empfindest und ob du dich mit deinem Energiekörper im Einklang fühlst. Du kannst zum Beispiel einen Zeitungsartikel lesen, der geschrieben wurde, um dir Angst einzujagen, oder du kannst einen traurigen Film sehen und Mitgefühl empfinden. So etwas kann geschehen, ohne dass dir diese Veränderung deiner Gefühle überhaupt bewusst wird.

Wir alle werden von den Energien beeinflusst, die wir in uns aufnehmen, und müssen unser Bewusstsein gezielt steuern, um die Gewohnheiten oder Muster zu erkennen, die uns aus dem Gleichgewicht bringen. Ich habe einmal ein Reading für eine Klientin abgehalten, die unter großer innerer Anspannung, Müdigkeit und unter Ängsten litt. Bei diesem Reading erklärten die Pinnacle, dass eine einfache Änderung ihrer abendlichen Routine ihr helfen würde. Denn sie schaute sich abends vor dem Schlafengehen oft Krimis an, und die Pinnacle sagten, dass die Energie dieser Sendungen, deren Handlung bei ihr häufig zu Ängsten und innerer Anspannung führte, sie daran hinderte, in einen erholsamen Schlaf zu finden. Wenn sie sich abends etwas anschauen wolle, dann solle sie eine Sendung mit einer Energie finden, die den Gefühlen entsprach, die sie vor dem Zubettgehen haben wollte, um besser schlafen zu können. Der Klientin war gar nicht bewusst gewesen, was für eine Wirkung diese Krimis auf ihren physischen Körper und Energiekörper hatten. Diese Erkenntnis half ihr sehr weiter, denn sie wusste nun, wie sie dank einer einfachen Veränderung in besserer emotionaler Verfassung sein könnte und sich so eine neue Routine, die zu ihr passte, erschaffen konnte. Das Gleiche gilt auch für dich: In dem Augenblick, in dem du dir darüber klar wirst, wohin deine Energie fließt und wie sie sich auf dich auswirkt, bekommst du sie wieder unter Kontrolle und lernst, was du tun musst, um mit deinem Höchsten Selbst im Einklang zu leben.

## Entrümple dein Leben!

Es gibt viele Dinge, die uns aus dem Einklang mit unserem Höchsten Selbst herausholen können, und sie unterscheiden sich von Mensch zu Mensch; doch normalerweise sind das Dinge, die dich von deiner Konzentration auf deine Energie (= wie du dich in diesem Moment auf körperlicher und energetischer Ebene fühlst) und auf deine Linie (= die Frequenz, auf die du dich ausrichten kannst, um dich wieder besser zu fühlen) ablenken. Egal was dich aus dem Einklang mit deinem Höchsten Selbst herausreißt – wir bezeichnen diese Störfaktoren als dein »energetisches Gerümpel«. Einer der Hauptgründe, warum es dir manchmal schwer fällt, deine Botschaften zu empfangen, liegt nicht in einem Mangel an Fähigkeiten (glaub mir: du kannst das), sondern daran, dass das energetische Gerümpel in deinem Leben sich negativ auf deine emotionale Verfassung auswirkt. Dadurch fällt es dir schwerer, deine Energie so zu verändern, dass sie mit deinem Höchsten Selbst in Einklang kommt, und die Führung zu empfangen, die durch deine Linie fließt. Bei allem, was du tust, investierst und verbrauchst du Energie. Wenn du Zusammenhänge zwischen dem, was du tust, und den Gefühlen herstellen kannst, die dein Handeln in dir weckt, kannst du dir über dein energetisches Gerümpel klar werden und erkennen, was du tun musst, um es zu beseitigen.

Es kommt sehr häufig vor, dass sich das energetische Gerümpel in unserem Leben in Form von häuslicher Unordnung manifestiert. Das war bei einer anderen früheren Klientin von mir der Fall – und zwar herrschte die Unordnung bei ihr im Kleiderschrank. In unserem Reading wiesen die Pinnacle auf ein Muster hin, das ihr gar nicht bewusst gewesen war: Immer wenn sie etwas zum Anziehen suchte, fühlte sie sich von dem Wirrwarr an Kleidungsstücken, die sie in dem Schrank sah, so überwältigt, dass sie ihn frustriert und niedergeschlagen wieder schloss. Das passierte ihr mehrmals am Tag, und zwar jeden Tag; aber sie erkannte nicht, dass es sich dabei um ein Zeichen handelte, das ihr etwas sagen wollte. Für sie war es wie eine automatische Reaktion, die schon seit Jahren ablief: Schrank öffnen, frustriert sein – Schrank schließen, niedergeschlagen sein. Obwohl sie diese Gefühle als unangenehm empfand, überraschten sie sie nicht, denn das alles war für sie inzwischen schon zum Normalzustand geworden. Ihr Ego hatte versucht, sie in Sicherheit zu wiegen, indem es sie dazu antrieb, gewohnte Verhaltensmuster zu wiederholen; deshalb hinterfragte sie diesen Vorgang nicht.

Als die Pinnacle sie auf dieses Thema ansprachen, lachte sie und erzählte, dass sie in den letzten Wochen jedes Mal, wenn sie in ihr Auto gestiegen sei, eine Botschaft mit der Aufforderung empfangen habe, in eine Buchhandlung zu fahren: Sie solle sich einen Ratgeber darüber kaufen, wie man Ordnung in sein Leben bringt. Diese Frau wusste, dass sie ihren vollgestopften Kleiderschrank ausmisten musste, hatte bisher aber noch nie etwas in diese Richtung unternommen. Obwohl sie von ihrem Höchsten Selbst Ratschläge dazu erhalten hatte, wie sie etwas an der Situation verändern könnte, steckte sie in einem Muster fest, das sie zwar als unangenehm, aber andererseits auch als vertraut empfand, sodass es ihr ein Gefühl der Sicherheit gab; deshalb spielte sich das Szenario mit ihrem Kleiderschrank jeden Tag aufs Neue ab. Durch unser Reading wurde ihr bewusst, wie stark ihre Verbindung zu ihren Botschaften war – und das, obwohl sie das Gefühl hatte, ein sehr unorganisiertes Leben zu führen.

Es kann so einfach sein, solche Zusammenhänge zu erkennen! Du brauchst dich nur für den Bruchteil einer Sekunde auf die Frequenz deiner Linie einzustimmen und deine Botschaften zu empfangen. Wenn du so eine Botschaft erhältst, hast du vielleicht das Gefühl, an etwas erinnert zu werden, das du tief in deinem Inneren bereits weißt, fühlst oder glaubst. Als Nächstes triffst du – bewusst oder unbewusst – die Entscheidung, ob du die Botschaft wahrnehmen und befolgen oder ignorieren möchtest. Du erhältst ständig solche kleinen Ratschläge. Früher hast du sie vielleicht mit einem Achselzucken abgetan und gedacht: »Jaja, ich weiß, dass ich das tun sollte«, die Sache aber trotzdem nicht weiterverfolgt, weil du durch irgendetwas anderes abgelenkt warst, glaubtest, keine Zeit dafür zu haben, oder die Botschaft nicht für so wichtig gehalten hast. Deine Seele möchte dich führen; aber du musst deine Sensibilität für deine Energie erst einschalten, um erkennen zu können, dass du sehr wohl Zeit dazu hast, diese Botschaften zu befolgen; dass du das energetische Gerümpel beseitigen kannst, das sich zwischen dich und deine Botschaften schiebt; und dass diese Botschaften göttliche Anleitungen sind, die dir dabei helfen wollen, positive Veränderungen in deinem Leben vorzunehmen. Jede einzelne Botschaft ist wichtig – selbst die kleinen und scheinbar belanglosen.

Du kannst dir deine Energie wie Wasser vorstellen, das aus einem Hahn läuft: Jedes Mal, wenn du deine Aufmerksamkeit auf irgendetwas (beispielsweise ein Gespräch, einen Gedanken, einen Beitrag in den sozialen Medien usw.) richtest, drehst du einen Wasserhahn auf und lässt deine Energie herausfließen. Das tust du in jeder Sekunde deines Tages, und je nachdem, wie du mit deiner Energie umgehst, laufen bei dir vielleicht ständig mehrere Wasserhähne – und zwar noch lange, nachdem du sie aufgedreht hast. Vielleicht hast du dich am Morgen über ein Gespräch mit irgendjemandem geärgert, und abends, wenn es dunkel wird, geht dir diese Sache immer noch im Kopf herum. Oder du regst dich über irgendetwas auf, das du im Internet gesehen hast, und zwei Tage später nährst du diese Frequenz immer noch und lässt diese negative Emotion in deinem Inneren immer stärker werden. Deine Denk- und Verhaltensmuster (zum Beispiel eine bequeme Routine, Gewohnheiten, mit denen du dich von deinen Gefühlen ablenkst, vorgefasste Meinungen über andere Menschen usw.) können dich in Situationen bringen, in denen du Ängste oder Ressentiments verspürst oder die Hoffnung verlierst, dich gestresst, müde oder lethargisch fühlst. Diese offenen »Energiewasserhähne« können dir das Gefühl geben, eine große energetische Last zu tragen und kaum noch Zeit, Kraft oder Konzentration für dich selbst übrig zu haben.

Mithilfe deiner Linie kannst du erkennen, welche Wasserhähne bei dir aufgedreht sind und was für eine energetische Wirkung das auf dich hat. Wenn du es dir nicht zutraust, diese Zusammenhänge zu durchschauen, schlage ich dir vor, einmal darüber nachzudenken, was du in deiner Freizeit tust. Es gibt viele einfache, unterhaltsame Methoden, sich abzulenken; und wenn du dir überlegst, wie du deine Freizeit verbringst, wirst du besser verstehen, ob du mit diesen Beschäftigungen deine Emotionen und energetischen Wahrnehmungen zu betäuben versuchst oder ob du bewusst etwas tust, das dich mit deinem Höchsten Selbst in Einklang bringt. Deine Unordnung könnte zum Beispiel etwas sein, das du in deiner Freizeit verursachst, und zwar in der unbewussten Absicht, dich zu betäuben oder innerlich abzuschalten. Wenn das so ist, kannst du kleine Veränderungen in deinem Leben vornehmen, die dir helfen, auf deine Botschaften und deine Energie eingestimmt zu bleiben.

In vielen meiner Readings für Klient: innen haben die Pinnacle darauf hingewiesen, dass unsere Essgewohnheiten eine Möglichkeit sind, zu lernen, wie wir bewusste Entscheidungen treffen können, die genau unseren Bedürfnissen entsprechen. Wenn du Hunger hast – entscheidest du dich dann für Nahrungsmittel, die dich körperlich und energetisch nähren, oder isst du lieber etwas, das langsam – und manchmal auf schmerzhafte Weise – durch deinen Körper und deine Energie hindurchwandert? Mit anderen Worten: Isst du etwas, das dir Energie und ein Gefühl der Ausgeglichenheit schenkt, oder etwas, das dich aufbläht und wonach du dich träge und lethargisch fühlst? Wenn du beim Essen auf deine Intuition hörst, öffnest du dich für die Führung, die du gerade empfängst und die dir sagt, welche Lebensmittel jetzt in diesem Augenblick am besten für dich sind. Und so gehst du dabei vor: Bevor du etwas isst, schließe die Augen und stell dir die Linie vor, die durch deinen Körper läuft. Atme ein paarmal tief durch und frage: »Was nährt meinen Körper in diesem Augenblick am besten?« Sei offen für alles, was daraufhin zu dir durchkommt. Manchmal wirst du vielleicht eine Botschaft empfangen, die dir sagt, dass du eigentlich gar keinen Hunger hast, sondern dich nur langweilst oder nach Ablenkung suchst. Ein anderes Mal wirst du vielleicht dazu angeleitet, eine kleinere Portion zu essen als sonst, etwas zu dir zu nehmen, das du noch nie probiert hast, oder deinen Essensplan umzustellen. Beim Essen auf deine Intuition zu hören bedeutet, auf die sich ständig verändernden Bedürfnisse deines körperlichen und energetischen Ichs einzugehen.

Vielen meiner früheren Klient:innen haben die Pinnacle

vorgeschlagen, die Beseitigung von energetischem Gerümpel an ihrem eigenen Kühlschrank zu üben. Wenn du deinen Kühlschrank öffnest, was siehst du dann? Enthält er Lebensmittel, die dir Energie und Vitalität bringen, oder Essen, das dir schwer im Magen liegt? Du kannst deinen Kühlschrank entrümpeln, indem du Lebensmittel aussortierst, die abgelaufen oder ungesund sind oder nicht den Bedürfnissen entsprechen, die deine Botschaften dir nahezubringen versuchen. Die Lektionen, die du daraus lernst, werden sich unmittelbar auf die Unordnung in anderen Bereichen deines Lebens übertragen, sodass du als Nächstes üben kannst, auch in diesen Lebensbereichen auf deine Botschaften zu achten.

Du kannst dich aber auch im intuitiven Lesen üben, indem du dich für ein Buch, eine Zeitschrift oder ein Thema öffnest, bei dem deine innere Stimme dir sagt, du solltest es lesen. Intuitives Gehen kann schlichtweg darin bestehen, ohne ein bestimmtes Ziel vor die Tür zu treten und dich dann deiner inneren Führung zu überlassen. Der Schlüssel zu all diesen Aktivitäten liegt darin, zu erkennen, wann dein Ego versucht, dich durch Wiederholung vertrauter Muster oder Gewohnheiten in einer trügerischen Sicherheit zu halten. Vertraue darauf, dass deine Botschaften dich für neue Erfahrungen und neue Erkenntnisse über dich selbst öffnen können.

## Übung: Dein Gerümpel beseitigen

Denke einmal an eine Zeit zurück, die du vor Kurzem allein verbracht hast und von der du dir hinterher wünschtest, du hättest sie anders genutzt. Vielleicht wolltest du irgendetwas fertigstellen, hast dich aber immer wieder durch sinnloses Surfen in den sozialen Medien ablenken lassen. Oder vielleicht wolltest du den Abend eigentlich zu Hause verbringen, hast aber dann doch gegen deine Erschöpfung angekämpft, um irgendeiner gesellschaftlichen Verpflichtung nachzukommen. Wie auch immer du diese Zeit verbracht hast – es war nicht das, wovon du tief innerlich (oder aufgrund deiner Botschaften) wusstest, dass du es hättest tun sollen.

Wenn dir eine solche Situation eingefallen ist, stelle anhand der unten stehenden Denkanstöße Zusammenhänge zwischen dem her, was du damals getan, und dem, was du dabei empfunden hast.

Wie hast du in dieser Situation deine Zeit verbracht?

Hattest du zu irgendeinem Zeitpunkt (davor, währenddessen oder danach) das Gefühl (oder hat eine Botschaft dir gesagt), dass du eigentlich etwas anderes tun solltest?

Wie hast du dich währenddessen und hinterher auf emotionaler und/oder energetischer Ebene gefühlt?

Hast du irgendetwas getan, bei dem es sich deiner Meinung nach um energetisches Gerümpel handeln könnte, das du eigentlich aus deinem Leben beseitigen solltest? Das kann bedeuten, dass du dir diese Tätigkeit abgewöhnen, sie seltener praktizieren oder bewusst entscheiden solltest, wann und wie lange du sie ausübst. Dieses Gerümpel kann dich energetisch schwächen. Also lies dir noch einmal durch, was du als Antwort auf den dritten Denkanstoß in dein Journal geschrieben hast: Das sollte dein erster Anhaltspunkt sein, der dir zeigt, worin dein energetisches Gerümpel besteht.

## Setze Prioritäten!

Durch die Beseitigung deines energetischen Gerümpels erkennst du, was dich aus dem Einklang mit deinem Höchsten Selbst herausholt; aber nicht alles, was sich negativ auf diesen Zustand des Einklangs auswirkt, kannst oder möchtest du unbedingt loswerden. Eine der schönsten Seiten des Lebens ist die Vielfalt der zwischenmenschlichen Beziehungen, die wir als Ehepartner:innen, Lebensgefährt:innen, Freund:innen, Kinder, Eltern, Geschwister, Kolleg:innen, Klassenkamerad:innen usw. zu unseren Mitmenschen aufbauen. In jeder Beziehung wird es Zeiten geben, in denen du das Gefühl hast, dass die Energie, die du gibst oder empfängst, dir nicht die nötige innere Klarheit oder den nötigen Freiraum bietet, um mit dir selbst in Einklang zu kommen und deine Botschaften zu empfangen. Genau wie bei dem oben beschriebenen energetischen Gerümpel kannst du auch in solchen Situationen von deiner Linie lernen, was für Veränderungen du vornehmen musst, damit du das Gefühl hast, dir selbst, deinen Botschaften und einem Leben im Einklang mit deinem Höchsten Selbst oberste Priorität einzuräumen, während du dich gleichzeitig voll und ganz auf deine Beziehungen zu deinen Mitmenschen einlässt.

Wenn du dir selbst Priorität einräumst, hast du stets ein geschärftes Bewusstsein für die Energie, die du den Menschen in deinem Leben gibst und von ihnen empfängst. Du weißt genau, wie du mit den verschiedenen energetischen Wasserhähnen in deinem Leben umgehen musst, um in einem Zustand des Einklangs mit dir selbst und der Liebe handeln zu können, die durch dich hindurchfließt. Wir alle sind durch die Energie, die uns durchströmt, miteinander verbunden; und wenn du diese Verbindungen zu anderen Menschen mit göttlicher Liebe nährst, nimmt diese Energie auf Mikro- und Makroebene zu und breitet sich über die ganze Welt aus. Wenn du weißt, warum du deine Energie in jemanden investierst, und dir bewusst ist, dass du diesen Wasserhahn jederzeit zudrehen kannst, wirst du dich niemals energetisch ausgelaugt oder verloren fühlen, Angst oder gar Panik bekommen, weil du womöglich zu viel von dir selbst hergibst. Und du kannst deine Handlungen und Absichten auch jederzeit ändern, um einen sinnvollen und hilfreichen Austausch zu schaffen, wenn du beschließt, die Wasserhähne aufzudrehen.

Jede zwischenmenschliche Beziehung ist eine Serie energetischer Interaktionen, die auf dem Prinzip des Austauschs beruhen: Du schenkst jemandem deine Energie und empfängst im Gegenzug Energie von ihm. Unser energetischer Austausch mit unseren Mitmenschen ist ein wichtiger Teil unserer wunderschönen Erfahrung auf dieser Erde; und die Liebe, die wir im Rahmen unserer zwischenmenschlichen Beziehungen geben und empfangen können, bereichert unser Leben auf ganz besondere Weise. Doch in jeder Beziehung zu anderen Menschen wirst du Kontraste zwischen Emotionen hoher und niedriger Frequenz erleben. Es wird Augenblicke geben, in denen du das Gefühl hast, genau die Energie zu empfangen, die du brauchst, aber auch andere Situationen, in denen du dich durch irgendetwas, das einer deiner Mitmenschen gesagt oder getan hat, aus dem Einklang mit deinem Höchsten Selbst herausgerissen fühlst.

Manchmal wird das, woran du etwas ändern solltest, die Form deines zwischenmenschlichen Energieaustauschs sein (Klatsch, Ressentiments oder vielleicht sogar deine Versuche, jemanden davon zu überzeugen, dass du im Recht bist). In anderen Fällen musst du einen deiner Beziehungswasserhähne vielleicht für kurze Zeit – oder sogar für immer – zudrehen. Orientiere dich an der urteilslosen göttlichen Liebe, die durch deine Linie hindurchfließt, um dir bewusst zu machen, wie sich diese Wasserhähne energetisch auf dich auswirken. Dann wirst du dich leichter von den Denk- und Verhaltensmustern befreien können, die dein Ego gerne fortsetzen würde, die dir aber nicht mehr förderlich sind; und sobald du diese Muster durchbrochen hast, kannst du deine Beziehungen zu anderen Menschen aus der Perspektive deines Lern- und Wachstumsprozesses betrachten. Außerdem musst du die Verantwortung für dein Handeln übernehmen und verstehen, was für eine Energie du in deine Beziehungen einbringst. Dann wird es dir leichter fallen zu erkennen, was du an einer Beziehung verändern kannst, um sie zu verbessern, oder wann es vielleicht sogar an der Zeit ist, die Beziehung zu beenden.

Bei manchen Beziehungen ist dein Wasserhahn nur dann aufgedreht, wenn du gerade mit der betreffenden Person interagierst. Bei Kolleg:innen zum Beispiel kann es sein, dass du diesen Wasserhahn am Ende eines Arbeitstags unbewusst abdrehst. Wenn du feststellst, dass der Hahn auch nach Feierabend immer noch läuft, solltest du dir Gedanken darüber machen, was für eine Energie hinter dieser Interaktion steckt, und herausfinden, was für Gefühle du jetzt immer noch in sie investiert. Wurde irgendetwas gesagt oder ist irgendetwas passiert, das Emotionen in dir getriggert hat? Wenn du deine Frequenz verändern möchtest, führe eine Linienaktivierung durch und bitte dein Höchstes Selbst um Klarheit, damit du erfährst, warum dieser Wasserhahn immer noch läuft und wie du ihn abstellen kannst. Dadurch lenkst du deine Aufmerksamkeit wieder auf dich selbst und deine Energie zurück und erfährst, wie du aus einer Position des Einklangs mit deinem Höchsten Selbst auf diese Situation reagieren kannst. Egal ob es darum geht, deine innere Wahrheit auszusprechen, einfach nur loszulassen oder einem anderen Menschen Hilfe anzubieten – deine Botschaften werden dich zu diesem nächsten Schritt hinführen.

Bei Freund:innen und Verwandten sind die Beziehungswasserhähne normalerweise immer offen und am Laufen –

zumindest ein bisschen. Im Umgang mit deiner Energie Prioritäten zu setzen, bedeutet nicht, dass du dich und deine Bedürfnisse immer über alle anderen Menschen stellen musst. Kinder zum Beispiel sind enorme Energiefresser – in deiner Beziehung zu ihnen wird es sich also vielleicht so anfühlen, als sei dein Wasserhahn immer weit aufgedreht. In solchen Beziehungen gibt es oft große Höhen und Tiefen, und häufig reiten Eltern auf dieser Welle an heftigen Emotionen mit ihren Kindern mit. Energiemanagement beginnt auch in solchen Situationen mit Bewusstwerdung: Wie fühlst du dich an diesem Tag (welche Energie bringst du in die Interaktion mit deinen Kindern ein)? Wie würde eine mit deinem Höchsten Selbst im Einklang stehende Reaktion auf einen Wutanfall für dich und dein Kind aussehen (wie kannst du in dieser Situation deine Gefühle beiseiteschieben und nach Lern- und Wachstumsmöglichkeiten suchen)? Wo liegen die wichtigsten energetischen Gründe für euren Konflikt (machst du in deinem Leben vielleicht gerade irgendetwas durch, das sich auf dein Verhalten deinem Kind gegenüber auswirkt)? Es wird trotzdem immer noch Reibereien geben, vor allem im Umgang mit Kindern, weil Wachstum unbequem sein kann; doch je bewusster du deine Energie wahrnimmst (das gilt übrigens für *alle* zwischenmenschlichen Beziehungen), umso leichter wirst du die Faktoren, durch die du aus dem Einklang mit deinem Höchsten Selbst herausgerissen werden kannst, erkennen, bevor das passiert.

Wenn du deine Energie in so viele verschiedene Dinge investierst, wird es sich vielleicht oft so anfühlen, als würden deine Gefühle von allen möglichen anderen Faktoren in deinem Leben bestimmt – nur nicht von dir selbst. Doch das ist *dein* Leben. Wenn du alle deine Energiewasserhähne aus der Perspektive deiner Liebe, deines inneren Wachstums und deiner Weiterentwicklung betrachtest, kannst du entscheiden, welche aufgedreht bleiben sollten, welche du abstellen musst und in welchen Bereichen du Veränderungen vornehmen könntest, um andere zu verbessern. Dazu musst du dir zunächst einmal bewusst machen, wohin deine Energie fließt und was für Energie du im Gegenzug erhältst. Dieses Bewusstsein kannst du entwickeln, indem du lernst, zu akzeptieren, loszulassen und für jeden schwierigen Augenblick dankbar zu sein; denn durch jede Herausforderung lernst du dich selbst ein bisschen besser kennen.

### Übung: Deine energetischen Wasserhähne

Denke einmal an eine Situation, in der du etwas von deiner Energie in jemanden investierst hast, obwohl du zu diesem Zeitpunkt gar nicht physisch mit diesem Menschen zusammen warst oder mit ihm gesprochen hast. Vielleicht hattest du heute oder in dieser Woche schon einmal persönlich Kontakt zu ihm; doch bei der jetzigen Übung sollst du an einen Augenblick denken, in dem du Energie in ihn investiert hast, indem du an ihn dachtest oder emotional auf ihn (oder irgendeine mit ihm zusammenhängende Situation) reagiert hast. Je mehr du dieser Person von deiner Energie gegeben hast, umso schwächer hast du dich anschließend auf energetischer und emotionaler Ebene gefühlt. Beschreibe diese Situation in deinem Journal und beantworte dazu folgende Fragen:

Warum hast du an diese Person gedacht oder emotional auf sie reagiert? Ist eine schmerzhafte Erinnerung in dir aufgestiegen, wurde irgendetwas gesagt oder getan oder hast *du* gerade etwas getan, das dich an diesen Menschen erinnerte?

Was hast du in diesem Augenblick getan, um der betreffenden Energie oder Emotion Nahrung zu geben und diesen Wasserhahn aufgedreht zu lassen? Hast du ein Gespräch in Gedanken immer wieder durchgespielt, hast du mit jemandem über diesen Menschen gelästert, oder hast du dich selbst und deinen eigenen Wert herabgesetzt?

Was hättest du tun können, um etwas an dieser Energie oder Emotion zu verändern? Denke dabei vor allem an einfache, praktische Aktivitäten: Hättest du zum Beispiel spazieren gehen oder joggen, der betreffenden Person deine Wahrheit sagen oder alte negative Gefühle loslassen können? Falls du dabei Hilfe brauchen solltest, aktiviere deine Linie und bitte dein Höchstes Selbst um Führung.

Wenn dir auffällt, dass du dich in der Beziehung zu einem bestimmten Menschen immer wieder energetisch geschwächt fühlst, solltest du über Veränderungen nachdenken, durch die du dich wieder stärker fühlen kannst.

Du könntest zum Beispiel Nein zu Dingen sagen, die du nicht tun möchtest, oder dich nicht in Gespräche über Themen hineinziehen lassen, über die du nicht diskutieren willst und die nicht deinen momentanen Bedürfnissen entsprechen. Dadurch setzt du Grenzen und räumst dir und deiner Energie oberste Priorität ein. Fang mit solchen kleinen Veränderungen an, um Schritt für Schritt mehr Selbstvertrauen zu entwickeln, und gehe während dieses Prozesses sanft und behutsam mit dir um.

## Bewusst mit seiner Zeit umgehen

Wenn du deine Entscheidungen nach deinen Botschaften ausrichtest, lässt du dich von deiner Seele leiten. Je öfter du der Welt diese Version deines Ichs zeigst, umso mehr Möglichkeiten wirst du entdecken, dir selbst in deinem Leben oberste Priorität einzuräumen. Höre auf, sozialen Medien-Accounts zu folgen, die dich triggern, verärgern, dir ein schlechtes Gewissen einjagen oder negative Gefühle wie Eifersucht oder Unsicherheit in dir wecken; lies oder höre keine Nachrichten mehr, deren energetische Frequenzen dich aus dem Einklang mit deinem Höchsten Selbst herausreißen; reduziere deine Internetzeit und beschäftige dich mit Dingen, die dich zu dir selbst zurückbringen. Du könntest dich zum Beispiel öfter draußen in der Natur aufhalten, dich mit einem neuen Hobby befassen oder ein früheres Hobby wiederaufleben lassen; oder wie wäre es, einfach aus alten Gewohnheiten auszubrechen, die dich innerlich abstumpfen lassen, sodass du die wunderbare Schönheit dieses Lebens gar nicht mehr richtig genießen kannst? Vielleicht möchtest du eine Beziehung beenden oder deine:n Partner:in neu entdecken, indem ihr euch bewusst Zeit nehmt, miteinander zu reden, ohne dabei auf einen Computerbildschirm oder ein Smartphone zu schauen.

Im Lauf deines Tages – und deines ganzen Lebens – wird es immer wieder Augenblicke mit hoher und niedriger Energie geben. Wenn du deine Fähigkeit weiterentwickelst, die Energie jeder Situation bewusst wahrzunehmen, wird es dir leichter fallen, zu erkennen, welche Gründe hinter deinen Gefühlen stecken. Wenn du weißt, was für einer Energie du in solchen Situationen Nahrung gibst, wird dir klar werden, wie du durch sie hindurchgehen kannst, ohne von deinen Gefühlen überwältigt zu werden. Je bewusster dir wird, wohin deine Energie fließt, umso mehr Zeit wirst du für dich selbst, deine Seele und dein inneres Wachstum haben.

Du wirst ständig Botschaften empfangen. Lass dich auf sie ein und nimm dir Zeit, darauf zu reagieren! Das ist gar nicht immer so einfach. Denn meistens hat man so viel zu tun, dass der Tag im Nu vergeht; und bei den vielen Verpflichtungen, die du gegenüber den Menschen in deinem Leben hast, wird es dir wahrscheinlich schwer fallen, dir auch noch Zeit für dich selbst zu nehmen.

Womit verbringst du an einem hektischen Tag die Momente, die du für dich hast? Statt deine Energie mit sozialen Medien, E-Mails oder dem Anhören oder Lesen von Nachrichten zu vergeuden, kannst du sie auch dazu nutzen, dich auf deinen Atem, deinen Herzschlag, die durch deinen Körper fließende Energie und den jetzigen Augenblick zu konzentrieren. Geh hinaus in die Natur – wenn auch vielleicht nur für kurze Zeit – und tritt mit deinem Erdaktivierungspunkt in Kontakt. Schließe die Augen und atme die frische Luft ein; spüre, wie sich deine Lungen bei jedem Atemzug ausdehnen und wieder zusammenziehen. Stell dir vor, dass dieses Ein- und Ausatmen nicht nur Sekunden, sondern Minuten dauert. Diese einfache Übung wird dich regenerieren und wieder mit dir selbst verbinden, denn sie fühlt sich wie eine energetische Erfrischung an.

Jede Minute deines Lebens ist eine Chance, deine Energie auf dich selbst zurückzulenken. Du kannst zum Beispiel alte Gewohnheiten überwinden, mit denen du deine Energie sinnlos verschwendest, und stattdessen eine Linienaktivierung durchführen. Kehre zu deiner energetischen Heimat – deinem Ort der Verbundenheit – zurück und bitte um Klarheit darüber, wovon du dich abzulenken versuchst. Die Botschaften, die sanft und liebevoll durch deine Linie hindurchfließen, bringen dir Klarheit über deinen emotionalen Zustand und die energetischen Hintergründe deiner Gefühle. Wenn du bewusst mit deiner Zeit umgehst, regelmäßig dein energetisches Gerümpel aufräumst und genau auf deine energetischen Wasserhähne achtest, wirst du dich sogar an einem hektischen Tag ruhig und ausgeglichen fühlen und genügend Energie haben, um dich auf dich selbst und dein inneres Wachstum zu konzentrieren.

# Kapitel 7

# Dein innerer Wandlungsprozess erwächst aus energetischen Kontrasten

*Du bist wunderschön, wenn du hell leuchtest.*
*Dieses Licht kommt von innen. Es strahlt durch*
*deine Augen, deine Haut, deine Energie und*
*dein Lächeln. Das bedeutet nicht, dass du immer*
*glücklich bist, sondern dass du dich in einem*
*Zustand der Verbundenheit befindest:*
*Du spürst deine Liebe und bist mit ihr verbunden.*
*Du bist dieser Liebe dankbar, schenkst ihr*
*Mitgefühl, ehrst sie und erweist ihr einen Dienst.*
*Du erweist* dir selbst *einen Dienst.*

Die Pinnacle

Energie ist immer in Bewegung, und deine Erfahrungen verändern sich ständig. Wenn du zu den Menschen gehörst, die gern etwas Neues ausprobieren und ungewohnte Situationen genießen, werden sich diese Eigenschaften in deinem Leben widerspiegeln. Doch auch wenn du dich nach Beständigkeit und Routine sehnst und jeder Tag in deinem Leben nach dem gleichen Muster verläuft, machst du trotzdem Veränderungen durch. Auf der physischen Ebene deiner Zellen repariert und regeneriert sich dein Körper in jeder Minute eines jeden Tages, und genauso kontinuierlich altert er. Auch deine Energie steht niemals still.

Im vorigen Kapitel hast du dich mit den energetischen Höhen und Tiefen deines täglichen Lebens beschäftigt. Vielleicht ist dir dabei aufgefallen, dass dein Energieniveau auch an relativ ruhigen Tagen hin und her schwankt. Wenn du die Chance genutzt hast, dein energetisches Gerümpel aufzuräumen und mehr Platz in deinem Leben zu schaffen, hast du inzwischen vielleicht neue Erfahrungen gemacht und neue Energien durchlebt. Immer wenn du etwas Neues machst (zum Beispiel eine Routine änderst, eine Gewohnheit ablegst oder eine Botschaft befolgst), nimmst du neue oder andere Energien auf – hohe ebenso wie niedrige. Auf niedriger Frequenz schwingende Energie ist oft am verwirrendsten oder vielleicht sogar entmutigend; aber ich möchte dich dazu einladen, *alle* Formen von Energie als Geschenke anzunehmen, die zu deiner Transformation beitragen. In diesem Leben lernst du am meisten aus den Kontrasten zwischen den Energien deiner verschiedenen Erlebnisse. Dadurch veränderst du dich und dadurch erfährst du inneres Wachstum.

## Das Muster deiner Energien

Die Pinnacle sagen, dass sich die Energien, die du erlebst, in Wellen aus hohen und niedrigen Frequenzen bewegen. Einige deiner Hochs werden auf besonders hoher Frequenz schwingen, und einige Tiefs werden eine besonders niedrige Frequenz haben; aber das Muster bleibt stets dasselbe: Auf eine hohe folgt eine niedrige Schwingung, und so geht es immer weiter – auf und ab, auf und ab, auf und ab. Manche Hochs fühlen sich fantastisch an, während andere dir zwar ein positives Gefühl vermitteln, dich aber nicht unbedingt vom Hocker reißen. Das Gleiche gilt für die niedrigen Schwingungen: Eine niedrige Schwingungsfrequenz kann sehr schwer zu verkraften sein und eine echte Herausforderung darstellen; sie kann aber auch moderat ausfallen und sich relativ gut bewältigen lassen. Das hängt alles von deiner Fähigkeit ab, richtig mit deiner Energie umzugehen, während du diese Erfahrung durchmachst.

Anhand des energetischen Musters kannst du erkennen, welche Energie als Nächstes kommt; aber das bedeutet nicht, dass du immer die genauen Umstände kennen wirst, durch die diese Energie entsteht. Manchmal wirst du vielleicht einen eindeutigen Zusammenhang zwischen deiner Energie und einer vor Kurzem getroffenen Entscheidung oder einem Lebensereignis erkennen, das du gerade durchmachst. Manchmal wirst du aber auch eine Veränderung in deinen Gefühlen spüren, ohne sofort zu wissen, wodurch diese Veränderung verursacht wurde. Das Geschenk des Lebens birgt ein heiliges Geheimnis, und es gehört zu deiner irdischen Reise, dich diesem Geheimnis hinzugeben. Wir *sollen* nicht wissen, was als Nächstes passiert; und obwohl der Versuch, es herauszufinden, spannend sein kann, würde er dich von deinen Botschaften ablenken, die dir immer genau die Unterstützung geben, die du brauchst – egal was für eine Energie du gerade spürst.

Die Pinnacle sagen: »Es gibt so vieles, was noch kommen wird – also habt Geduld, meine Lieben. Eure Wurzeln sind wie die eines Baumes. Und Wurzeln brauchen Zeit, um zu wachsen, sich auszudehnen und etwas zu erreichen. Mit der Zeit werdet ihr vieles erreichen. Also überstürzt nichts, seid offen für alles, was kommt, und kommt zurück zu ›mir‹.« Mit »zu mir zurückkehren« meinen die Pinnacle die Rückkehr zur liebevollen, hilfreichen Energie deiner Linie, damit du Vertrauen und eine innere Verbundenheit spürst – damit du das Gefühl hast, alle Fähigkeiten zu besitzen, die du brauchst, um die schwierigen Situationen deines Lebens zu überstehen.

Du kannst dir deinen physischen Körper wie den Hals einer Gitarre vorstellen; und die energetischen Erinnerungen an all deine Seelenerfahrungen (deine Akasha-Chronik) sind die Saiten. Jede Erfahrung, die du in diesem Leben machst, steht direkt mit mindestens einer Seelenerfahrung in Verbindung. Es ist, wie wenn eine Saite angeschlagen wird und die Emotionen dieser Erinnerung als hohe oder niedrige Energie durch deinen Körper schwingen. Die Erfahrung in deinem jetzigen physischen Leben, die diese Seelenerinnerung aktiviert hat, ist ein Hinweis auf einen tieferen Lernprozess für deine Seele. Vielleicht erhältst du zu diesem Zeitpunkt nur kleine Informationsbruchstücke; doch diese Fragmente helfen dir, die übergeordneten energetischen Gründe dafür zu verstehen, dass du in deinem Leben gerade *diese* energetischen Wellen spürst. Manchmal ist es eine große Herausforderung, das Seelenwachstum, das diese Energie dir bringt, zu verarbeiten; aber Energie ist stets in Bewegung, also kannst du Trost, Erleichterung und neue Kraft in dem Wissen finden, dass keine schwierige Situation ewig andauern wird – egal wie sie aussieht.

## Nimm den energetischen Kontrast freudig an

Dein Energiemuster bewegt sich also in Wellen aus hohen und niedrigen Schwingungen; aber das bedeutet nicht, dass du immer nur eine von diesen beiden Frequenzen spüren wirst. Es kommt sogar sehr oft vor, dass man gleichzeitig hohe und niedrige Schwingungen spürt. Energie bewegt sich viel schneller, als unser physischer Körper Schritt halten kann; manchmal können wir die Auswirkungen der Energie, die wir empfangen haben, erst dann körperlich verarbeiten, wenn sie schon längst abgeklungen ist. Das kann sich in Form von Müdigkeit und Abgeschlagenheit, verspannten Kiefermuskeln, Verdauungsstörungen, Kopfschmerzen, Schwindelgefühl oder Herzrasen äußern – neben vielen anderen körperlichen Symptomen, zu denen Energiewellen führen können. Manchmal bewegen sich die energetischen Wellen der Emotionen sehr dicht nebeneinander in deinen Körper hinein und wieder hinaus; das macht es noch schwieriger, mit der Energie in deinem Körper umzugehen. Zum Beispiel kann es passieren, dass auf eine Erfahrung mit hoher Schwingungsfrequenz sehr rasch ein Gedanke, Gefühl oder Wunsch mit niedriger Schwingung folgt. Dann verarbeitest du die niedrige Energie, während du gleichzeitig die Schönheit der hohen Energie genießt.

Wenn die Mitglieder unserer »A Line Within«-Gemeinschaft diesen energetischen Kontrast spüren, glauben sie oft, das auf hoher Frequenz schwingende Gefühl anderen Emotionen vorziehen zu müssen, die von einer niedrigen Schwingungsfrequenz geprägt sind. Oder noch schlimmer: Wenn sie von Traurigkeit, Angst, innerer Anspannung (oder welches Gefühl auch immer sie als »niedrig« eingestuft haben) überwältigt werden, fühlen sie sich schuldig und machen sich Sorgen darüber, dass sie dadurch womöglich noch mehr niedrige Energie in ihr Leben hineinziehen. Obwohl wir die mit diesen Energien einhergehenden Gefühle mit den Begriffen »hoch« und »niedrig« bezeichnen, ist die Energie selbst nicht mit einem Etikett versehen. Wir geben Energien bestimmte Namen, um besser einordnen zu können, wie wir sie in unserem Körper erleben. Aber damit geht für gewöhnlich auch ein unausgesprochenes Werturteil einher: Niedrig ist »schlecht«, hoch ist »gut«.

Als Seele, die die Erfahrung einer menschlichen Existenz auf der Erde durchmacht, bist du darauf angelegt, alle Emotionen zu fühlen und alle Energien zu verarbeiten. Du bist nicht schwach, und an dir ist auch nichts verkehrt, wenn du eine niedrige Schwingungsenergie spürst. Du wirst vom Universum, dem Ursprung aller Dinge oder von Gott nicht dafür bestraft, dass du Erfahrungen durchmachst, die belastende Emotionen in dir wecken. Diese Werturteile sind schon seit Jahrtausenden tief in unserer Psyche verankert; doch genau jetzt erhalten wir Hilfe dabei, sie loszulassen und eine neue Beziehung zu uns und unseren Emotionen aufzubauen. Jede Emotion, die du fühlst, dient dem Wachstum deiner Seele.

Wenn du niedrig schwingender Energie Nahrung gibst, statt zu verstehen, warum du sie spürst (und sie einfach zu durchlaufen und hinter dir zu lassen), ziehst du zwar nicht noch mehr von dieser Energie an. Aber du wirst sie länger oder intensiver erleben – und manchmal wird das ausgerechnet dann passieren, wenn du versuchst, schwierige Emotionen zu verarbeiten und zu verstehen, wie deine Seele daran wachsen will. Wenn du diese Emotionen bewusst wahrnimmst, statt sie zu verdrängen, sendest du dem Universum damit nicht das Signal, dass du noch mehr von dieser Energie haben möchtest. Ganz im Gegenteil: Du wirst bewusster und gewinnst mehr Erkenntnisse über dich selbst, deine Reaktionen und Lektionen und den Weg deiner Seele. Diese niedriger schwingenden Energien hindern dich auch nicht daran, in deine Akasha-Chronik einzutreten oder deine Linie zu nutzen. Du kannst in jedem emotionalen oder energetischen Zustand deine Linie aktivieren und Botschaften empfangen. Denn deine Botschaften sind dazu da, dir in allen Situationen und bei sämtlichen Emotionen zu helfen, die du empfindest.

Es stimmt zwar, dass hoch schwingende Energie sich in emotionaler Hinsicht oft »besser« anfühlt als niedrig schwingende; aber beide Formen von Energie spielen eine Rolle für dein inneres Wachstum. Erfahrungen mit hoher Schwingungsfrequenz können sich so anfühlen, als würde deine Seele dir bestätigen, dass du mit deinem Höchsten Selbst im Einklang stehst; doch gerade aus den von niedrigen Schwingungen geprägten Situationen kannst du lernen, wie dieser Zustand des Einklangs für dich aussieht. Wenn du nur hoch schwingende Emotionen erleben möchtest, ohne etwas aus den niedrig schwingenden Emotionen zu lernen, ist das so, als würdest du dich auf eine Reise begeben und den Kurs ändern, sobald das Gelände unwegsam oder das Wetter ungemütlich wird. Vielleicht hast du tatsächlich lieber Gedanken, Gefühle oder Aktivitäten, bei denen du dich so fühlst, wie es dir angenehm ist; aber wenn du nicht weißt, was du brauchst, um mit deinem Höchsten Selbst im Einklang zu stehen, wirst du immer nur diesen Gefühlen mit hoher Schwingungsfrequenz nachjagen, ohne zu verstehen, wohin deine Seele dich führen will.

Es kommt nicht so sehr auf die Art der Emotion an, die du fühlst; viel wichtiger ist es, wie du darauf reagierst. Wenn du hoch schwingende Gefühle spürst – weißt du dann, was du vorher getan hast, um diese Emotionen in dir zu wecken? Sind sie vielleicht dadurch entstanden, dass du auf deine Botschaften reagiert hast? Was verrät dir das über die Dinge, die deine Seele braucht, um mit deinem Höchsten Selbst in Einklang zu kommen? Und was tust du, wenn du niedrig schwingende Emotionen erlebst? Ignorierst du sie? Schiebst du anderen Menschen die Schuld zu? Gibst du ihnen Nahrung, damit sie wachsen können? Oder siehst du in jeder Emotion eine Chance, einen tieferen Einblick in dein Inneres zu gewinnen?

Seelenarbeit ist nicht immer einfach; aber wenn du nur bestimmte Emotionen wahrnehmen und daraus lernen möchtest, erschwerst du sie dir noch mehr. Seelenarbeit kann unangenehm sein. Sie kann traurig sein. Sie kann schmerzhaft sein. Doch andererseits lernt man sich selbst dadurch besser kennen und erfährt, was man braucht, um mit seinem Höchsten Selbst im Einklang zu leben. Es kann sehr hilfreich sein, dich aus der konkreten Situation, in der du gerade steckst, herauszuzoomen und einen Blick auf das größere Energiemuster und die damit einhergehende Seelenarbeit zu werfen. Die Pinnacle sagen: »Du musst dich immer von oben betrachten. Schau nicht nur in deinen 3D-Körper hinein; suche nach einer multidimensionalen Sichtweise, indem du das Geschehen aus der Vogelperspektive betrachtest. Diese Perspektive solltest du immer einnehmen; sie vermittelt dir ein Gefühl der Dankbarkeit und die richtige Sichtweise – dann kannst du alles mit den Augen der Liebe sehen. In dem Augenblick, in dem du die Situation von einem Punkt in deinem Inneren aus betrachtest und das Gefühl hast: ›Das alles passiert mir gerade …‹, gerätst du in eine Opferrolle hinein. Wenn du die Situation dagegen von oben betrachten kannst, weißt du im Grunde deines Herzens, dass das alles geschieht, um dir einen ganz neuen Anfang zu ermöglichen.« Tief im Inneren jeder Emotion – selbst im Schmerz – liegt die Weisheit deiner Seele verborgen. Schau dir das Leben aus der Vogelperspektive an, betrachte es mit den Augen der Liebe und akzeptiere jede Erfahrung als Chance für einen höheren Wachstums- und Lernprozess.

Dich auf dein Höchstes Selbst auszurichten, wird sich nicht

immer gut anfühlen. Diese Ausrichtung bedeutet, dass du dich auf deinem Seelenweg befindest und offen für deine Gefühle, dein inneres Wachstum und deine Heilung bist. Sie bedeutet aber nicht, dass du niedrig schwingende Energien oder Erlebnisse umgehen kannst. Du brauchst diese Energien und Erfahrungen für dein inneres Wachstum; sie sind deine Lehrer. Wenn du ihnen aus Angst oder Schuldgefühlen aus dem Weg gehst oder dein Ego nichts von ihnen wissen will, hältst du dich davon ab, die ganze Bandbreite der menschlichen Erlebniswelt kennen zu lernen; denn dazu muss man *alle* Emotionen fühlen. Diese Emotionen sind Schritte auf deinem Weg zur Heilung. Deine Botschaften werden dich zu unangenehmen Erfahrungen hinführen, bei denen du mit niedrig schwingenden Emotionen in Berührung kommst. Vielleicht glaubst du dann, nicht mit deinem Höchsten Selbst im Einklang zu stehen; aber diese Erfahrungen und Emotionen sind der Ort, an dem dein Lernprozess stattfindet. Scheue nicht davor zurück. Denn daran wächst deine Seele, und dann kann dein innerer Wandel stattfinden.

## Dein innerer Wandlungsprozess beginnt mit unangenehmen Gefühlen

Wenn Mitglieder unserer Gemeinschaft plötzlich ein lebensveränderndes Ereignis zu verarbeiten haben oder eine unangenehme Erfahrung (Autounfall, Arbeitsplatzverlust, Scheidung, körperliche Verletzung usw.) durchmachen, schreiben sie mir oft E-Mails, schildern ihre traurige Situation und fragen: »Warum passiert das gerade *mir*?« Wie bei allem, was uns im Leben widerfährt, kann uns so etwas dazu verleiten, in einer niedrigen Schwingung zu verharren und diese niedrige Schwingungsenergie immer weiter anwachsen zu lassen, statt sie als Katalysator für einen Eintritt in die hohe Schwingungsenergie unseres seelischen Lern- und Heilungsprozesses zu nutzen. Diese schwierigen Situationen sind eine Chance, wichtige Veränderungen in deinem Leben herbeizuführen. Wenn du akzeptierst, dass deine innere Wandlung nicht ohne Unannehmlichkeiten ablaufen kann, programmierst du dein Gehirn um. Dann denkst du nicht mehr: »Warum passiert *mir* das?«, sondern: »*Warum* passiert mir das?«

In Augenblicken körperlichen oder energetischen Unbehagens liegt der Samen einer inneren Wandlung.

Die Pinnacle haben sich eine sehr schöne Metapher für die Tatsache ausgedacht, dass dieser Wandlungsprozess mit unangenehmen Gefühlen beginnt: »Man braucht sich nur die Erde anzuschauen: wie die Erdplatten sich bewegen, wie Berge oder Risse im Gestein entstehen und wie sich Löcher, Krater und Schluchten bilden. Wir lernen unsere Lektionen von Mutter Erde. Lasst euch von der Erde zeigen, wie man sich bewegt und verwandelt, denn die Erde ist euer Spiegel. All diese wunderschönen Landschaften sind durch Veränderungen entstanden. Die Erde verändert sich ständig – das gilt auch für euch.«

Öffne dich für deine unangenehmen Gefühle, ohne auf diesem schwierigen Weg nach Abkürzungen zu suchen oder dich vor deinen Gefühlen verstecken zu wollen. Du erweist dir selbst Liebe, wenn du dir erlaubst, deine Gefühle zu empfangen und anzunehmen. Aber achte dabei auch darauf, wie du mit deiner Energie umgehst! Führe eine Linienaktivierung durch, wenn du dich in einem Zustand niedrig schwingender Energie befindest, den du ausgleichen musst, und achte weiterhin auf die Botschaften, die dir eine auf hoher Frequenz schwingende Kontrasterfahrung dazu zeigen: was du daraus lernen und wie du innerlich daran wachsen kannst. Du wirst zwar nicht immer alle Antworten erfahren, aber du wirst stets alles erfahren, was du brauchst, um den nächsten Schritt durch deine unangenehmen Gefühle zu gehen, und zwar mit innerer Klarheit und im Einklang mit deinem Höchsten Selbst. Alles kommt immer genau dann, wenn es kommen muss.

### Übung: Die Geschichte deiner inneren Wandlung

**1. Finde deinen transformativen Augenblick.**

Denke an dein bisheriges Leben zurück und erinnere dich an eine Zeit, in der du dich besonders stark verändert hast. Das könnte zum Beispiel eine Phase aus deiner Schul- oder Studienzeit sein, ein Erlebnis beim Berufseinstieg oder -wechsel oder die Zeit, als du ein Kind bekommen hast. Vielleicht hast du dir in dieser wichtigen Lebensphase die Liebe gezeigt, die du brauchtest, oder eine Entscheidung getroffen und dabei großen Glauben an dich selbst bewiesen. Dein transformativer Augenblick könnte sogar eine neue Erkenntnis oder Perspektive sein, die deine Sicht auf dich selbst und dein Leben verändert hat. Wähle einfach die allererste Lebensveränderung, die dir in den Sinn kommt, und beschreibe sie in deinem Journal.

**2. Aktiviere deine Linie.**

Führe eine Linienaktivierung durch. Während du im Zustand der Aktivierung dasitzt, versuche dich an die Energie zu erinnern, die du damals erlebt hast. Rufe dir zu diesem Zweck ein paar der starken Emotionen ins Gedächtnis, die du gefühlt hast, und überlege dir, was du als Reaktion darauf getan oder gedacht hast.

**3. Finde das energetische Muster dieser Veränderung.**

In der Zeit vor und unmittelbar nach dieser transformativen Phase in deinem Leben hast du sicherlich wichtige Erfahrungen mit hohen und niedrigen Schwingungen gemacht. Diese Erfahrungen entsprachen dem typischen Energiemuster (hoch, niedrig, hoch, niedrig usw.) – beginnend mit unangenehmen Gefühlen –, und wenn du heute daran zurückdenkst, kannst du im Nachhinein selbst die vertrauteste Situation aus der neuen Perspektive deines Seelenwachstums und deines höheren Lernprozesses sehen.

Wie sahen deine unangenehmen Gefühle in dem Augenblick aus, als deine innere Wandlung begann? Diese unangenehmen Empfindungen steigen normalerweise schon lange vor dem eigentlichen transformativen Augenblick in uns auf. Wenn du dir nicht sicher bist, wann deine innere Wandlung damals begonnen hat, aktiviere deine Linie und bitte dein Höchstes Selbst um Führung. Vertraue auf die Botschaft, die du daraufhin erhältst.

Schreibe die wichtigsten hoch und niedrig schwingenden Erfahrungen (startend mit dem Beginn deiner Transformation) und dann jede weitere wichtige Erfahrung in dein Journal.

Wie hat diese innere Wandlung deine Selbstwahrnehmung verändert, eine deiner Sichtweisen, Gewohnheiten oder Überzeugungen geändert oder deinem Lebensweg eine andere Richtung gegeben?

Wahlweise: Falls es dir schwer fallen sollte, dich an ein transformatives Erlebnis in deinem Leben zu erinnern, können die unten stehenden Fragen dir Denkanstöße dazu geben, wie du auf die niedrig schwingenden Emotionen reagierst, mit denen jeder Transformationsprozess beginnt. Wenn du dich vor deinen Gefühlen verschließt, wird es dir vielleicht schwerer fallen, zu erkennen, wie und wann du Hilfe dabei bekommst, Veränderungen in deinem Leben zu machen oder mehr über dich selbst zu erfahren. Beantworte diese Fragen mit dem Ziel, zu verstehen, ob und wie du in Zeiten, in denen du viel Energie oder viele Emotionen empfindest, innerlich präsent bist.

Versuchst du die Gründe für deine Emotionen in deinem täglichen Leben zu verstehen?

Wenn du viele starke Emotionen empfindest – betäubst du dich dann durch Ablenkungen, Schuldzuweisungen oder ego-getriebene Bewältigungsmechanismen, um deine Gefühle nicht spüren zu müssen?

Hältst du die Ereignisse in deinem Leben grundsätzlich für Zufall, oder siehst du darin eine göttliche Lenkung?

Wenn du deine Emotionen und deine Reaktionen darauf bewusst wahrnimmst – kannst du dann erkennen, wie dein Handeln dazu führt, dass bestimmte Situationen in deinem Leben sich wichtiger, schwieriger oder verwirrender anfühlen, als sie eigentlich sind? Übe, dich bewusst auf jeden Augenblick zu konzentrieren, statt die Erfahrungen aus deiner Vergangenheit noch einmal zu durchleben oder voraussehen zu wollen, was in Zukunft passieren wird. Das ist der erste Schritt auf dem Weg, die Denkmuster zu erkennen, die es dir erschweren, etwas aus deinen Emotionen zu lernen und deine Erfahrungen als Wachstumschancen zu begreifen.

## Die Geschichte meiner inneren Wandlung

Ein Transformationsprozess kann sich ganz langsam über mehrere Jahre hinweg entfalten. Wenn du also gerade mitten in einer transformativen Erfahrung steckst, ist dir das vielleicht noch nicht einmal bewusst. Vielleicht fühlt es sich einfach nur wie ein schwieriger Monat oder ein schwieriges Jahr an. Aber wenn du die Situation aus der Vogelperspektive betrachtest, kannst du Zusammenhänge zwischen dem, was du in der Vergangenheit getan hast ( = was dich in deine Gegenwart geführt hat), und den Möglichkeiten herstellen, die sich für dein weiteres inneres Wachstum bieten. Natürlich ist es viel einfacher, solche Zusammenhänge im Nachhinein zu erkennen. Deshalb möchte ich dir nun eine Geschichte über einen meiner inneren Wandlungsprozesse erzählen, um zu veranschaulichen, wie große energetische Höhen und Tiefen in einer realen Lebenssituation aussehen können. Es ist wichtig, diesen inneren Wandlungsprozess ohne Scham oder negative Werturteile über uns selbst zu durchlaufen, uns unseren Ängsten zu stellen und auf die innere Führung zu vertrauen, die wir ständig erhalten.

Die beiden transformativsten Augenblicke in meinem bisherigen Leben waren die Geburt meiner Tochter und als ich Zugang zu meiner Akasha-Chronik erhielt. Beiden Augenblicken gingen Zeiten sehr gegensätzlicher Emotionen voraus: Höhere Höhenflüge, als ich je zuvor erlebt, und tiefere Tiefpunkte, als ich je für möglich gehalten hatte; aber jede dieser Erfahrungen war ein wichtiger Schritt auf meiner Reise, auf der ich lernte, meine Gaben anzunehmen, vor denen ich mich mein Leben lang versteckt hatte, und zum ersten Mal meine Seele zu erkennen. Mit dieser Geschichte möchte ich zeigen, was für einen unglaublich tiefgreifenden Heilungsprozess wir erleben können, wenn wir uns auf den Weg zurück zu unserer Bestimmung begeben – zu dem Menschen, der zu sein uns vorgezeichnet ist.

In den ersten 30 Jahren meines Lebens habe ich in mir nicht den Menschen gesehen, der ich bin. Oder genauer gesagt: Ich habe mir nicht *erlaubt*, diesen Menschen zu sehen. Ich habe mich vor fast allem versteckt, was mich zu dem macht, was ich bin – vor allen besonderen Gaben, die meine Seele in dieses Leben mitgebracht hat. Ich hatte solche Angst vor meinen spirituellen Begabungen, dass ich viele Jahre lang alles tat, um sie stillzulegen. Ich wollte nichts mit diesen übersinnlichen Gaben zu tun haben, und ich wollte auch nicht, dass irgendjemand davon wusste – von all den seltsamen Dingen, die mir immer wieder passierten. Ich wollte über all das im Dunkeln bleiben – und genau deshalb hatte ich auch Angst vor der Dunkelheit.

Seit meiner frühesten Kindheit hatte ich mit Schlafstörungen zu kämpfen. Die Nacht war für mich die unheimlichste Tageszeit; denn um diese Zeit sah, fühlte und hörte ich seltsame Dinge. Der Gedanke daran, dass das jederzeit wieder passieren könnte, hielt mich Nacht für Nacht wach – verängstigt und starr vor Schreck lag ich in meinem Bett. Ich weiß noch, dass ich damals in die zweite Klasse ging und immer schon gegen drei Uhr nachmittags die Befürchtung in mir aufstieg, in dieser Nacht wieder nicht einschlafen zu können. Es war wie eine Endlosschleife, die sich in meinem Hinterkopf permanent abspielte – immer und immer wieder: Werde ich heute Nacht schlafen können? Werde ich heute Nacht schlafen können? Werde ich heute Nacht schlafen können? Meine Mutter schlief während dieser Zeit oft bei mir im Bett und tat das sogar noch, als ich in die Pubertät kam. Meine Ängste wurden so stark, dass ich mich selbst dann noch davor fürchtete, nachts allein zu sein, als ich älter wurde und besser verstand, was es mit meinen besonderen Begabungen auf sich hatte.

Im Teenageralter hatte ich dann gelernt, mich völlig von diesen übersinnlichen Gaben abzukapseln. Ich hatte keine so beängstigenden nächtlichen Erlebnisse mehr wie damals als kleines Kind, und zum ersten Mal in meinem Leben hatte ich das Gefühl, die Nacht genießen zu können. Ich blieb oft bis spät abends mit Freund:innen draußen, lag im Gras und schaute zu den Sternen empor. Ohne es zu wissen, empfing ich Universumsaktivierungen, die einfach nur dadurch ausgelöst wurden, dass ich die Schönheit des Nachthimmels sah. Doch auch wenn ich mich meinen besonderen Fähigkeiten gegenüber verschloss, faszinierte mich etwas an ihnen. Es war, als wären diese Gaben ein helles Licht. Ich konnte meinen Blick nicht direkt darauf richten – dazu war ich noch nicht bereit. Ich musste erst einmal mehr über mich selbst erfahren, um die niedrig schwingende Energie, die durch meine Angst Nahrung erhielt, verarbeiten zu können. Und doch – hier war ich und empfing unbewusst die mit meinen Ängsten kontrastierende hoch schwingende Energie, die mir zeigte, was jenseits meiner Angst lag: Die göttliche energetische Präsenz, die ich beim Betrachten der Sterne spürte, war ein Spiegelbild der gleichen Energie in meinem Inneren.

Als ich über 20 Jahre alt war, begannen meine Gaben stärker zu werden, und meine Angst vor der Nacht kehrte zurück. Ich kannte viele Menschen, die nachts gestorben waren, darunter auch meine Großmutter, und empfing von vielen dieser verstorbenen Seelen Mitteilungen – manchmal im Wachzustand und regelmäßig in meinen Träumen. Meine Seele drängte mich dazu, mehr über mich und meine Gaben zu erfahren und meine Bestimmung auch anderen Menschen zu zeigen; aber vorläufig hatte ich noch zu viel Angst davor. Ich fühlte mich immer sehr schnell von der »Übernatürlichkeit« dieses Phänomens überwältigt und hatte auch nicht das Gefühl, mit irgendjemandem darüber reden zu können. Meinen Freund:innen erzählte ich zwar schon ab und zu etwas von meinen Erlebnissen – vor allem, wenn ich Träume hatte, in denen sie vorkamen –, doch größtenteils behielt ich sie für mich. Ich hatte wirklich das Gefühl, anders zu sein als andere, und ich wollte meine Mitmenschen nicht auch noch darauf aufmerksam machen. Und wenn dann die Nacht kam und ich ganz allein und meinen Ängsten ausgeliefert war, entdeckte ich neue Bewältigungsmechanismen.

Zum Beispiel begann ich damals, fast jeden Abend vor dem Zubettgehen Cannabis zu rauchen. Viele Menschen nutzen diese Pflanze als Weg zur Öffnung ihrer energetischen Kanäle; ich dagegen rauchte Cannabis, um meine besonderen Gaben zu betäuben. Vor dem Einschlafen sagte ich laut vor mich hin: »Ich will nichts sehen, ich will nichts erleben. Geht weg, lasst mich einfach in Ruhe.« Diese Strategie funktionierte meistens gut, und ich war sehr dankbar dafür, Hilfsmittel zu haben, mit denen ich mein Ziel auf friedliche Weise erreichen konnte. Allerdings setzte ich mich nicht mit den energetischen Ursprüngen meiner Ängste auseinander; daher dauerte es nie lange, bis mich die nächste Welle nächtlicher Ängste und Schlafstörungen überrollte.

Nachdem ich ungefähr fünf Jahre lang versucht hatte, dieses Problem mithilfe von Cannabis zu bewältigen, gab ich es wieder auf. Es fühlte sich in meinem Körper einfach nicht mehr gut an. Außerdem hatte ich Botschaften in Form von »Gedanken« empfangen (damals wusste ich noch nicht, was Botschaften waren), die mir sagten, dass Cannabis in Zukunft nicht mehr zu meinem Leben gehören solle. Wieder einmal ermutigte meine Seele mich dazu, mich selbst besser kennen zu lernen und zu verstehen und meine Gaben endlich zu nutzen. Natürlich fühlte ich mich nur deshalb stark genug, die »Cannabis-Strategie« aufzugeben, weil sie mir so gut gegen meine Ängste geholfen hatte!

Botschaften kommen immer genau zur richtigen Zeit – zwei Jahre später wurde ich mit meiner Tochter schwanger. Eine Schwangerschaft kann manchmal unangenehm sein; für mich war sie das vor allem nachts. Mein Körper veränderte ständig seine Form, und so wurde es jede Nacht aufs Neue schwierig für mich, eine bequeme Position im Bett zu finden und einzuschlafen. Aber das war nicht der einzige Grund, warum ich so schlecht schlief: Meine Träume wurden jetzt viel lebhafter, und meine Gaben verstärkten sich auf noch nie dagewesene Weise.

Eines Nachts träumte ich, dass ich ein kleines Mädchen zur Welt brachte. Sie hatte dichtes Haar, große, wache Augen und einen intensiven Blick. Sobald ich sie im Arm hielt, schaute sie zu mir hoch, fing an zu sprechen und erzählte mir, wie alt sie in ihrem früheren Leben gewesen sei, als sie starb. Sie nannte mir auch das Jahr ihres Todes und zeigte mir ein mentales Bild davon, auf welche Weise sie gestorben war. Danach, so erzählte sie mir, sei sie in eine friedliche Zwischenwelt gekommen und habe auf eine Familie gewartet, in die sie hineingeboren werden könne. Sie hatte sich Ben und mich als Eltern ausgesucht und sagte, sie könne es gar nicht mehr erwarten, auf die Erde zu kommen und zu unserer Familie zu gehören. Als ich aufwachte, wusste ich sofort, dass ich der Seele meines ungeborenen Kindes begegnet war.

Trotz dieser erstaunlichen Erkenntnisse, die mir durch meine besonderen Fähigkeiten zuteil wurden, kehrte meine Angst zurück; und sie schwächte mich energetisch genauso sehr, wie ich mich durch meine Begabungen energetisch gestärkt fühlte. Ich hatte das Gefühl, diese Ängste nicht mehr im Griff zu haben und in etwas völlig Unbekanntes hineinzugeraten. Außerdem hatte ich keine Ahnung, wie ich mit meinen energetischen Fähigkeiten umgehen sollte, die sich nun sehr schnell weiterentwickelten. Mich zu betäuben, um diese Seite meiner selbst nicht wahrnehmen zu müssen, war auch keine Option, denn ich rauchte inzwischen kein Cannabis und trank auch keinen Alkohol mehr. Und nachdem ich meine Tochter bekommen hatte, begann der düsterste Alptraum meines bisherigen Lebens: postpartale Angstzustände und Depressionen.

Während meines Heilungsprozesses sprach ich mit einer Ärztin, die sich auf die Vorbeugung und Behandlung psychischer Probleme im Zusammenhang mit der Mutterschaft spezialisiert hatte und der es wichtig war, Patientinnen über dieses Thema aufzuklären. Von ihr erfuhr ich, dass postpartale Depressionen oder Ängste sich oft an ein bereits bestehendes Problem anhängen (bei mir war das meine Angst vor der Nacht und davor, nicht schlafen zu können) und dann in besonders starker, belastender Form auftreten, um das ursprüngliche Problem ans Tageslicht zu bringen. Meine postpartalen Ängste und Depressionen waren der Beginn meines inneren Erwachens und meine Erinnerung daran, wer ich auf Seelenebene bin. Obwohl das die schmerzhafteste, erschreckendste und schwierigste Erfahrung war, die ich je durchgemacht hatte, kam dadurch alles, wovor ich mich versteckt und wovor ich wegzulaufen versucht hatte, an die Oberfläche, sodass mein Heilungsprozess endlich beginnen konnte. Ich trat diese Heilungsreise mit sehr unangenehmen Gefühlen an – umgeben von den niedrigsten Schwingungen an Angst und Hoffnungslosigkeit, die ich je gespürt hatte.

In den ersten sieben Monaten nach der Geburt meines Babys erlebte ich starke energetische Kontraste. Ich spürte eine ganz neue Art von Liebe, die ich noch nie erlebt hatte – die Liebe zu meinem Kind –, und zum ersten Mal in meinem Leben begann mir klar zu werden, dass meine energetischen Fähigkeiten vielleicht doch kein Fluch, sondern ein Geschenk waren. Doch als ich diese neuen Seiten meiner Gaben erkannte, bekam auch meine Angst neuen Nährboden. Ich lag schluchzend im Bett und traute mich nicht, die Augen zu schließen. Es war, als könnte ich nicht loslassen. Ich wusste nicht, was ich erleben würde, wenn ich einschlief. Wer würde mich im Traum besuchen kommen? Welche Botschaften aus dem Jenseits würde ich erhalten? Irgendwann glaubte ich völlig vergessen zu haben, wie es ist zu schlafen. Schlaf war für mich wie eine fremde Sprache, die ich nicht beherrschte. Doch in Wirklichkeit war dieses »große Unbekannte« nicht der Schlaf, sondern ich selbst.

Als mir zum ersten Mal bewusst wurde, dass ich unter postpartalen Angstzuständen und Depressionen litt, erzählte ich meiner Schwiegermutter, dass ich jede Nacht, wenn ich im Bett lag, sehnsüchtig auf den nächsten Morgen wartete, weil ich dann endlich wieder klar sehen konnte. Nachts hatte ich das Gefühl, dass nichts einen Sinn hatte – weder meine Gaben noch meine Energie noch meine Ängste. Deshalb lag ich nachts oft wach und wartete auf den Sonnenaufgang – weil ich dann wieder das Gefühl hatte, mit klarem Blick durch die Welt gehen zu können.

Der Grund dafür war mir damals nicht bewusst: Tagsüber konnte ich meine Gefühle ignorieren. Ich hatte ein kleines Baby, um das ich mich kümmern musste; außerdem konnte ich das Haus putzen, Besorgungen machen, kochen und Sport treiben. Aber nachts, wenn mein Baby schlief und alles still und ruhig war, musste ich mich mit mir selbst und meinen Gefühlen – Höhen und Tiefen – auseinandersetzen. Dann gab es nur noch mich und meine Energie, und damit musste ich klarkommen.

Ich wusste, dass ich Hilfe brauchte, um meine Ängste in den Griff zu bekommen und mir darüber klar zu werden, wohin sie mich führten. Ich rief bei medizinischen Beratungsstellen an, sprach mit Krankenschwestern und Pflegern, und einmal kamen frühmorgens nach einer Nacht, von der ich glaubte, dass ich sie nicht überstehen würde, sogar Krisenhelfer:innen in unser Haus. All diese Leute sagten mir immer wieder das Gleiche: »Das ist völlig normal – Sie sind eine junge Mutter. Wenn Sie sich erst einmal an diese große Veränderung in Ihrem Leben gewöhnt haben, wird es Ihnen wieder besser gehen.«

Als ich eines Nachts nach einer weiteren Panikattacke im Bett lag, flüsterte ich Ben zu: »Ich weiß nicht, wie lange ich das noch durchhalte.« Ich glaubte zwar nicht, sterben zu müssen, wusste aber auch nicht, wie ich weiterleben sollte. Am liebsten wäre ich weggelaufen und nie wieder zurückgekommen. Ich wusste nicht, wo ich hinsollte – einfach nur weit genug weg, um mir selbst zu entfliehen. Am nächsten Tag brachte Ben mich zu einem neuen Arzt; und das war der erste Mensch, der mir glaubte, dass meine Angstzustände und Depressionen nicht von allein weggehen würden. Dieser Arzt erklärte mir, was ich da erlebte, sei leider ganz normal, könne aber behandelt werden. Als er mir ein Rezept ausstellte, war ich ungeheuer dankbar und erleichtert und hatte zum ersten Mal seit Monaten wieder Hoffnung.

Zunächst nahm ich ein Medikament zur Linderung meiner Ängste ein, um schlafen zu können. Das funktionierte tatsächlich, aber leider nur ein paar Wochen lang – bis wieder neue Ängste auftauchten, die mich vom Schlafen abhielten. Also ging ich erneut zum Arzt, und er verschrieb mir ein weiteres Medikament, das meine Körperchemie ins Gleichgewicht bringen sollte. Kurz nachdem ich begonnen hatte, dieses Medikament (in Kombination mit dem ersten) einzunehmen, spürte ich, wie meine Angstzustände nachließen. Sie waren zwar immer noch nicht völlig verschwunden, aber zumindest beherrschbar: Jetzt befand ich mich in einem seelischen und emotionalen Zustand, in dem ich die energetischen Ursprünge meiner Angst angehen konnte.

Schließlich kam ich an einen Punkt, an dem ich keine Angst mehr vor meinen besonderen Fähigkeiten hatte, sondern mich darüber freuen konnte. Zum ersten Mal in meinem Leben widersetzte ich mich meinem Ego, das nach wie vor nach Sicherheit strebte und mich immer wieder dazu verleiten wollte, meine alten Muster zu wiederholen und mich zu betäuben, damit ich nur ja nichts von meinen Gaben spürte. Doch über diese Blockade war ich zum Glück nun endlich hinausgewachsen. Jetzt war alles neu für mich: Die Mutterschaft war etwas Neues. Die Überwindung meiner Ängste war etwas Neues. Ich hatte nie versucht, von diesen Ängsten geheilt zu werden oder sie auch nur zu verstehen; ich hatte mir immer nur gewünscht, dass sie endlich verschwanden.

Als ich einen Punkt meines Heilungsprozesses erreicht hatte, an dem ich in der Erforschung meiner übersinnlichen Gaben noch einen Schritt weiter gehen konnte, entdeckte ich die Akasha-Chronik. Das alles geschah zu einem von Gott vorherbestimmten Zeitpunkt. Ohne meinen vorherigen Schmerz hätte ich diesen Punkt niemals erreichen können. Ich fühlte mich, als wäre ich zu mir selbst nach Hause gekommen – als hätte ich endlich entdeckt, wie ich meine angeborenen Fähigkeiten in den Griff bekommen kann, sodass ich meine übersinnlichen Informationen immer nur dann empfange, wenn ich es will und brauche. Das war ein langsamer Prozess: Je besser ich mich selbst kennenlernte, umso weniger fürchtete ich die Nacht. Jetzt fühlte ich mich abends beim Zubettgehen sicher, ruhig und geborgen, weil ich inzwischen wusste, wie meine Energie funktionierte und wie ich mit meinen Gaben umgehen musste. Ich lernte und akzeptierte, dass ich die kollektive Energie tief in meinem Inneren spüre. Ich spüre die energetischen Veränderungen und die kollektiven Reaktionen darauf. Die Medikamente, die meine Körperchemie ins Gleichgewicht brachten, und die Seelenarbeit, durch die es mir schließlich gelang, mich selbst und meine Gaben anzunehmen, hatten mir so sehr geholfen, dass ich diese Arzneimittel jetzt absetzen und mich in mir selbst – so wie ich bin – stark, gesund und mit meinem Höchsten Selbst im Einklang fühlen konnte.

Doch dann, gegen Ende des Jahres 2019, kehrten die nächtlichen Ängste zu meinem großen Erstaunen zurück – und sie waren ziemlich heftig. Kurzatmig und voller Panik lag ich in meinem Bett. Ich begann zu spüren, wie sehr sich die Welt in nur wenigen Monaten verändern würde. Ich sah Menschen krank werden und sterben. Ich spürte, dass viele große Veränderungen auf uns zukommen würden, und das machte mir Angst, weil ich es nicht verstand.

Der Heilungsprozess verläuft nicht linear. Alles, was du erlebst – selbst die dunkelsten Augenblicke, die dir das Gefühl geben, auf deinem Heilungsweg meilenweit zurückgeworfen zu werden –, hat seinen Grund und dient deinem Seelenwachstum. Damals war ich so weit, dass ich diese unangenehmen Gefühle hinnehmen konnte, ohne zu befürchten, dass ich in den Tiefen meiner Ängste untergehen könnte. Ich habe bei der Verarbeitung dieser Gefühle nichts überstürzt und auch nicht versucht, mich irgendwie zu betäuben, um sie nicht spüren zu müssen. Ich wollte sie verstehen. Also beschloss ich, wieder Medikamente einzunehmen, um besser mit meinen intensiven Energien umgehen zu können. Dadurch fühlte ich mich nachts wieder ruhig und genoss einen erholsamen Schlaf, der mir tagsüber die geistige, emotionale und energetische Klarheit gab, meine Botschaften zu verarbeiten und alles, was ich daraus lernte, in mein bisheriges Wissen zu integrieren.

Während ich dieses Buch schreibe, bin ich an einem Punkt angelangt, an dem ich ohne fremde Hilfe mit meiner Energie umgehen kann. Ich habe eine heilige Verbindung zur Nacht aufgebaut, sitze im Winter stundenlang unter den tanzenden Nordlichtern und freue mich im Sommer am magisch funkelnden Licht der Glühwürmchen. Ich habe keine Angst mehr vor der Nacht, weil ich keine Angst mehr vor mir selbst habe. Jetzt kann ich die gegensätzlichen Gefühle, die mich aufgrund meiner übersinnlichen Gaben manchmal überkommen, mit innerer Ruhe, Vertrauen und Hingabe durchmachen, weil ich weiß, dass jede Situation meinem spirituellen Wachstum und meiner Seelenentwicklung dient und dass die Energie, die ich gerade spüre, mit der Zeit wieder vergehen wird.

Es ist ganz normal, dass man viele gegensätzliche Energien – vor allem Angst – verspürt, wenn man sich der Verbindung zu seiner Seele bewusst wird. Es kann beängstigend sein, sich von seinen Botschaften leiten zu lassen. Man weiß nicht, was auf einen zukommt oder womit man in seinem Inneren konfrontiert werden wird. Aber denke daran, dass du auch in Augenblicken niedriger Schwingungsfrequenz Botschaften empfängst, die dir den nächsten Schritt auf deiner Reise zeigen! Durch diese vielen gegensätzlichen Emotionen und schwierigen Erfahrungen legst du Schichten in deinem Inneren frei. Du kannst dich vor nichts mehr verstecken. Deine innere Wandlung beginnt mit unangenehmen Gefühlen; aber sie führt dich durch einen wunderschönen Lern-, Wachstums- und Entwicklungsprozess deiner Seele hindurch. Jeder Augenblick ist eine Chance, etwas Neues in dir zu entdecken.

## Kapitel 8

# Finde deine Mitte

*Du gehst mit einer ganz neuen Energie durch die Welt. Du spürst, dass du dich veränderst – dass du eine innere Wandlung durchmachst. Wie eine Raupe, die sich in einem Kokon verpuppt und als Schmetterling wieder herauskriecht, verwandelst auch du dich; und das spürst du. Ist das nicht etwas Wunderschönes? Ist es nicht wunderbar, auf ganz andere Weise frische Luft einzuatmen als bisher – diesen Sauerstoff in dich hineinzusaugen und zu spüren, wie er deine Lungen auskleidet? Das gibt dir ein Gefühl von Leben, das du vorher nicht gespürt hast.*

Die Pinnacle

Von deiner Linie empfängst du mehr als nur Botschaften. Wenn du dich auf die Frequenz deiner Linie einstimmst, wird die Intensität der Energie in deinem Körper abgemildert, und du findest eine beruhigende Perspektive, aus der du erkennst, was deine Erlebnisse und Gefühle dir über dich selbst und dein Seelenwachstum beibringen können. Dieser Zustand ist deine Mitte. Er ist wie ein Hauch von frischer Luft, der durch dein Leben weht, wenn die schwere Energie einer Situation sich so anfühlt, als würde sie dir nie wieder von den Schultern genommen werden, oder wenn du nicht weißt, welchen Schritt du als Nächstes tun sollst. Manchmal bedarf es nur einer kleinen Veränderung deiner Energie, um eine Situation mit anderen Augen zu sehen – statt Schwierigkeiten Chancen, statt Abschiede Anfänge oder statt Angst Liebe zu erkennen. Deine Mitte gibt dir diese Perspektive.

Du kannst dir deine Mitte als den Punkt vorstellen, der genau auf halbem Weg zwischen den hohen und niedrigen energetischen Frequenzen liegt, die du erlebst. Du sollst deinen Emotionen nicht aus dem Weg gehen; aber es ist wichtig für dich, sie zu verstehen und etwas daraus zu lernen. Doch manchmal fühlt Energie sich so intensiv an, dass es dir schwer fällt, vorübergehend aus deinen Emotionen herauszutreten und zu erkennen, was du empfindest und warum sich deine Energie verändert hat. Du hast in jeder Situation die Wahl: Du kannst zulassen, dass deine Erfahrung deine Energie verändert, oder du kannst deine Energie nutzen, um deine Erfahrung zu verändern.

Wenn du deine Linie aktivierst, verändert sich deine Energie und bringt dich zu der Liebe zurück, die durch dich hindurchfließt. Du wirst unterstützt, und deine Botschaften geben dir die Anleitung, die du brauchst, um dich wieder anders zu fühlen und auf jede Situation im Einklang mit deinem Höchsten Selbst zu reagieren. Wenn du dich gerade in einer niedrigen Schwingungsfrequenz befindest, kannst du mithilfe deiner Mitte zur hohen Schwingung der Liebe, Unterstützung und Weitsicht zurückfinden und lernen, was diese Energie dir beibringen kann. Und wenn du eine hohe Schwingung spürst, kannst du mithilfe deiner Mitte erkennen, was du aus einer Erfahrung mit niedriger Schwingung gelernt hast – wie dir diese Erfahrung dazu verholfen hat, in die hohe Schwingungsfrequenz hineinzugelangen. Anhand deiner Mitte kannst du Zusammenhänge zwischen deinen Gefühlen und den höheren Lern- und Wachstumschancen erkennen, die sich dir bieten. Dadurch verändert sich die Art und Weise, wie du Energie – ja sogar die schwierigen Emotionen, mit denen du konfrontiert wirst – erlebst.

Außerdem kannst du mithilfe deiner Mitte Liebe in alle Situationen bringen. Statt über andere Menschen (oder dich selbst) zu urteilen, kannst du die energetischen Gründe für deren Handlungen erkennen. Du musst nicht unbedingt mit allem, was irgendjemand gesagt oder getan hat, einverstanden sein; aber du kannst die Energie, auf die diese Person (wenn auch vielleicht nur unbewusst) reagiert hat, zumindest verstehen. Das kann dich von deinen gewohnten Reaktionen abbringen, und du kannst stattdessen einen Weg finden, aus der Energie heraus zu reagieren, der du in deinem Inneren Nahrung geben möchtest.

Es erfordert Übung, dich auf die Frequenz deiner Linie einzustimmen und ihr zu erlauben, deine Energie zu verändern. Bevor du deine Linie aktivierst, solltest du dich zunächst einmal auf deine emotionale Verfassung konzentrieren; und während du anschließend im Zustand der Aktivierung dasitzt, solltest du auf alle Veränderungen achten, die du in deinem

Körper spürst. Wenn du vorher innerlich angespannt warst oder Angst hattest, wirst du hinterher ruhig und gelassen sein. Wenn du dich einsam gefühlt hast, wirst du jetzt das Gefühl haben, unterstützt zu werden. Es ist wie ein energetischer Neustart, der dich zur Grundfrequenz der göttlichen Liebe zurückführt, die durch deine Linie hindurchfließt.

## Beobachten und loslassen

Du bist in dieses Leben gekommen, um ein breites Spektrum an menschlichen Emotionen kennenzulernen. Diese Emotionen trägst du vorübergehend in dir, während du sie fühlst – aber sie sind nicht du. Du kannst sie ebenso leicht wieder loslassen, wie du sie in dein Inneres einlädst (oder sie sich selbst zu dir einladen). Mithilfe deiner Mitte kannst du deine Emotionen nicht nur spüren, sondern auch beobachten; du kannst lernen, was sie dir zu sagen haben, und dich dann von ihnen lösen.

Bist du wütend, eifersüchtig, hast du Angst, oder fühlst du dich lustlos und apathisch? Nimm deine Emotionen bewusst wahr, aber mach dir klar, dass du dich von ihnen nicht herunterziehen lassen musst. Du kannst jede Emotion empfinden, ohne dich von ihr beherrschen zu lassen. Kehre einfach wieder in deine Mitte zurück und erkenne, dass diese Emotion Energie ist – genau wie du.

Deine Seele möchte gern in Bewegung sein; doch dein Ego will, dass du stillhältst – selbst bei unangenehmen Gefühlen. Dein Ego wird dir einzureden versuchen, dass deine Emotionen sich deiner Kontrolle entziehen, dass irgendjemand anders die Schuld an deinen Gefühlen trägt oder dass du dich für immer und ewig so fühlen wirst.

In deine Mitte hineinzugehen, ist so, als würdest du einen Schritt aus dir heraustreten, um das Geschehen aus einer umfassenderen Perspektive zu betrachten. Jede Energie bewegt sich in Wellen – großen oder kleinen, hohen oder flachen –, und jede Energie vergeht. Wenn du in deiner Mitte bist, kannst du die Energie auf dich zukommen sehen, als würdest du beobachten, wie ein Regenschauer herannaht – in dem Wissen, dass diese Energie wieder vorbeigehen wird, so wie die Wolken sich nach dem Regen verziehen. Was kannst du in der Zwischenzeit aus dieser Energie lernen? Wie kannst du an dieser Erfahrung innerlich wachsen? Kannst du eine Kontrasterfahrung dazu entdecken, die auf einer hohen Frequenz schwingt, und auf diese Weise mit mehr emotionaler Balance durch diese Erfahrung gehen?

Wenn du dich von deinen Botschaften leiten lässt, wirst du neue Situationen und die damit einhergehende neue Energie erleben. In solchen Augenblicken wirst du dich oft von alldem, was du gerade lernst und empfindest, überwältigt fühlen. Mithilfe deiner Mitte kannst du alles, was du sagst, tust oder denkst, daraufhin überprüfen, was für eine energetische Wirkung es auf dich und die Menschen in deinem Umfeld hat. Wie wirken sich deine Gewohnheiten auf deine Gefühle aus? Inwiefern macht dein geringes Selbstwertgefühl es dir schwer, dir selbst die Liebe zu geben, die du brauchst, um Energie zu verarbeiten? Wie projizierst du deine Unsicherheiten in andere Menschen hinein? Wie versucht dein Ego dich davon abzuhalten, positive Veränderungen an deinem Leben vorzunehmen?

Deine Mitte zeigt dir, in welchen Lebensbereichen du dir selbst nicht die Liebe zeigst, die durch dich hindurchfließt, und was für kleine Veränderungen du in deinem Leben durchführen kannst, damit du dich wieder anders fühlst, an dich glaubst, dich selbst liebst und dir vertraust. Heilung beginnt damit, dass du Dankbarkeit für die schwierigen Situationen in deinem Leben empfindest. Denn sie bieten dir eine wunderbare Gelegenheit, mehr über dich zu erfahren. Dein inneres Wachstum vertieft die Liebe, die du dir selbst entgegenbringst, und die Liebe, mit der du tagtäglich durch die Welt gehst.

Es wird Zeiten geben, in denen es dir schwer fällt, diese Dankbarkeit aufzubringen oder wieder in deine Mitte und ins Gleichgewicht zu kommen. Manchmal kann die Energie einer Situation dir das Gefühl geben, dass deine Linienaktivierungen nicht funktionieren, weil du dabei vielleicht nur eine vorübergehende leichte Veränderung deiner Energie – oder auch gar nichts – spürst. Vielleicht zweifelst du genauso schnell an deinen Botschaften, wie sie dir zufließen; oder du vertraust nicht darauf, dass es dir wieder besser gehen wird, wenn du sie befolgst. In solchen Zeiten ist es vor allem wichtig, liebevoll mit dir selbst umzugehen, indem du alles tust, was dein Herz aktiviert.

Deine Linie steht dir immer zur Verfügung, und die Veränderung, die du im Zustand der Aktivierung spürst, soll dich daran erinnern, dass du deine Frequenz jederzeit ändern kannst.

Es gibt aber auch viele Möglichkeiten, deine Energie zu verändern, *ohne* deine Linie zu aktivieren. Du kannst zum Beispiel deine Aktivierungspunkte nutzen, indem du mit der Erde in Kontakt trittst oder zu den Sternen emporschaust, ein Lied, das dich glücklich macht, singst oder chantest, zu Gott oder zum Universum betest oder das Selbstliebe-Mantra rezitierst, das du in der Übung zur Herzaktivierung in Kapitel 5 empfangen hast. Tue irgendetwas, das dir Spaß macht und dich von deiner jetzigen Situation ablenkt. Sobald du dich stärker unterstützt, geliebt oder mit deinem Höchsten Selbst im Einklang fühlst, kannst du dich wieder mit deinen vorigen negativen Gefühlen beschäftigen und herausfinden, was du aus diesen Emotionen über dich selbst gelernt hast und was du brauchst, um mit deinem Höchsten Selbst im Einklang zu stehen.

Eine Linienaktivierung bindet deine Frequenz nicht für immer an die Energie deiner Linie, denn Energie ist ständig in Bewegung, und als energetische Wesen bewegen wir uns mit ihr. Wir sollen unsere Emotionen – *alle* Emotionen – spüren; doch deine Mitte ist ein weiteres Hilfsmittel, das du nutzen kannst, um in jeder Erfahrung eine Lernmöglichkeit zu sehen, die dich in deinem Seelenbewusstsein und inneren Wachstum unterstützt.

## Übung: Die Mitte deiner Transformation

Deine Mitte ist etwas, das du selbst erfahren musst, um richtig zu verstehen, wie du sie in deinem täglichen Leben nutzen kannst. In dieser Übung wirst du anhand der Perspektive, die deine Mitte dir bietet, über die transformative Phase in deinem Leben nachdenken, die du im vorigen Kapitel in deinem Journal beschrieben hast.

Bitte denke daran, dass du bei dieser Übung die volle Verantwortung für dein Handeln übernehmen und dir darüber klar werden musst, wie diese Handlungen und die Energie, die du damals in dir trugst, deine Erfahrungen geprägt haben. Du musst dich nicht dafür schämen, ein schlechtes Gewissen haben oder befürchten, dass du von Gott oder dem Universum dafür bestraft wirst, wie du damals auf deine Energie reagiert hast. Liebe dich stattdessen einfach für alles, was geschehen ist, und akzeptiere es in einer Haltung der Dankbarkeit; denn all das gehört zu der Reise, die dich bis hierher geführt hat. Es dient deinem Lern- und Wachstumsprozess.

Wenn du Hilfe dabei brauchst, dich von Werturteilen zu lösen oder Verantwortung dafür zu übernehmen, was damals geschehen ist, solltest du dir neue Geschichten über dich selbst erzählen. Werturteile hindern dich daran, in deinen inneren Wachstumsprozess einzutreten; und wenn du Verantwortung für dein Handeln übernimmst, kannst du daraus etwas lernen. Sei offen für alles, was von deinem Höchsten Selbst kommt. Alle Botschaften, die du empfängst, werden in Liebe gesendet – und zwar selbst dann, wenn du dir eingestehen musst, dass du eine bestimmte Situation mit mehr Frieden und Weitsicht hättest bewältigen können.

**1. Aktiviere deine Linie.**
Beginne mit einer Linienaktivierung und achte dabei ganz besonders darauf, wie sich deine Energie verändert, wenn du anschließend im Zustand der Aktivierung sitzen bleibst. Das kann sich in einer Veränderung deiner Gedanken oder deiner Stimmung oder auch in Form körperlicher Empfindungen äußern.

**2. Nutze deine Mitte.**
Während du im Zustand der Aktivierung dasitzt, solltest du dich an die wichtigsten Augenblicke der transformativen Erfahrung erinnern, die du im vorigen Kapitel beschrieben hast. Nutze deine Mitte, um liebevoll und ehrlich zu dir selbst zu sein, wenn du darüber nachdenkst, wie du damals mit deinen Emotionen umgegangen bist. Hast du dich in den Wellen der hohen und niedrigen Energien verloren, oder hast du versucht, das Geschehen aus einer höheren Perspektive zu betrachten? Falls du Denkanstöße dazu brauchen solltest, frage dein Höchstes Selbst: Wie bin ich damals mit meiner Energie umgegangen?

**3. Schreibe in dein Journal.**

Nun, da du das damalige Geschehen mithilfe deiner Mitte aus einer anderen Perspektive betrachtet hast, beantworte in deinem Journal bitte folgende Fragen:

Wie fühlt meine Mitte sich für mich an?

Habe ich sie während der damaligen transformativen Phase in meinem Leben genutzt, auch wenn mir das vielleicht gar nicht bewusst war?

Welche Gewohnheiten, Denk- und Verhaltensmuster oder durch Konditionierung entstandenen Vorstellungen von mir selbst haben mich damals daran gehindert, die Situation aus der Perspektive meiner Mitte zu betrachten?

Welche Möglichkeiten gibt es (außer der Linienaktivierung) noch, meine Energie zu verändern, um meine Mitte zu finden?

Wahlweise: Viele Menschen in unserer Gemeinschaft sagen, dass sie ihre Frequenz verändern und ihre Mitte finden können, indem sie sich mit ganz einfachen Dingen beschäftigen: zum Beispiel tief durchatmen, spazieren gehen oder sich einen Song anhören, den sie gerne mögen. Wie ich an früherer Stelle in diesem Buch bereits beschrieben habe, ist es ungeheuer wirksam, ein Mantra zu rezitieren, während man in den Spiegel schaut. Wenn du das

Gefühl hast, dass das ein gutes Hilfsmittel für dich sein könnte, frage dein Höchstes Selbst während einer deiner Linienaktivierungen nach einem Mantra, mit dessen Hilfe du schnell deine Mitte finden kannst. Schreibe dir dieses Mantra auf und rezitiere es jeden Tag mindestens einmal, um dich mit der Frequenz deiner Mitte vertraut zu machen.

## Aus deiner Mitte heraus kannst du einen neuen Weg erkennen

Als ich mit meiner Tochter schwanger wurde, arbeitete ich im Social Media Marketing-Bereich. Als ich meinem Arbeitgeber von meiner Schwangerschaft erzählte, wurde ich vor eine Wahl gestellt: Entweder ich solle auf meinen einjährigen Mutterschaftsurlaub verzichten und nach drei Monaten wieder an meinen Arbeitsplatz zurückkehren, oder ich könne die volle Mutterschaftsbeihilfe beziehen; aber dann hätte ich hinterher keinen Arbeitsplatz mehr. In Kanada gibt es einen gesetzlichen Schutz, der gewährleistet, dass schwangere Frauen nach zwölfmonatigem Mutterschaftsurlaub wieder an ihren Arbeitsplatz zurückkehren können. Mein Arbeitgeber teilte mir jedoch mit, dass er – da es sich bei meiner Stelle um einen Zeitvertrag handelte – nicht verpflichtet sei, sie mir nach Ablauf meines Mutterschaftsurlaubs offen zu halten. Das fand ich nicht fair. Ich hatte das Gefühl, wegen meiner Schwangerschaft diskriminiert zu werden; aber andererseits wusste ich auch, dass Zeitverträge – selbst solche wie meine, die sich Jahr für Jahr ohne offizielles Gespräch zwischen Arbeitgeber und Arbeitnehmer automatisch immer wieder verlängerten – in rechtlicher Hinsicht eine Grauzone darstellten.

Ich war stinksauer und ließ mich von diesem Gefühl in eine niedrige Schwingung hinunterziehen, in der meine panische Angst die Oberhand gewann. Ben und ich waren auf unsere beiden Einkommen angewiesen, um unsere Lebenshaltungskosten zu decken – ganz zu schweigen von den Ausgaben, die durch unser Kind bald noch hinzukommen würden. Wie sollten wir das alles finanzieren? Eine Stunde nachdem mein Arbeitgeber mir diese Hiobsbotschaft überbracht hatte, traf ich mich mit Ben in einem Café. »Was sollen wir denn jetzt tun?«, fragte ich ihn mit Tränen in den Augen.

Wäre ich damals anders mit meiner Energie umgegangen, dann wäre ich offener für meine Botschaften gewesen, die mir sagten, ich solle einfach darauf vertrauen, dass alles, was geschah, meinem inneren Wachstum diente. Doch ich war so sehr auf die Suche nach einem Schlupfloch fixiert, das es mir ermöglichte, meinen Job zu behalten und trotzdem meinen Mutterschaftsurlaub zu bekommen, dass ich erwog, rechtliche Schritte zu unternehmen. Ich sprach mit mehreren Anwält:innen und überlegte mir tatsächlich ein paar Tage lang, ob ich meinen Arbeitgeber verklagen sollte. Während dieser ganzen Zeit war ich permanent gestresst und voller Ängste. Eine solche seelische Verfassung hätte ich mir schon unter normalen Bedingungen nicht gewünscht; doch jetzt war ich auch noch schwanger, und mein heranwachsendes Baby bekam alle meine Emotionen mit. Das war für uns beide nicht gut.

Nachdem ich eine Woche lang hin und her überlegt und die Situation in Gedanken immer wieder durchgespielt hatte – meinem Stress, meiner Wut und meiner Angst Nahrung gegeben hatte, sodass sie immer größer wurden –, empfing ich über meine Linie eine Botschaft: »Lass los. Lass los. Alles wird gut.« Das war genau das Gegenteil von dem, was ich damals gerade empfand. Mein Ego war bei diesem Kampf um meinen Job eine treibende Kraft: Es versuchte mir Sicherheit zu geben, indem es dafür sorgte, dass alles beim Alten blieb. Doch dank der höher schwingenden Energie des Vertrauens, der Akzeptanz und der Dankbarkeit, die mir durch meine Linie zufloss, konnte ich diese Erfahrung als Chance betrachten, nun endlich einmal etwas anderes zu machen – anders zu leben als bisher.

Ich hatte schon immer freiberuflich arbeiten wollen – jetzt bot sich eine Gelegenheit dazu. Und obwohl ich keine Ahnung hatte, wie ich Geld verdienen sollte, fühlte ich mich von irgendetwas unterstützt, das größer war als ich selbst. Ich war bereit, diesen Schritt zu gehen. Mit einem tiefen Ausatmen und einem plötzlichen Glauben an mich und meine Botschaften erklärte ich meinem Arbeitgeber, dass ich meinen vollen Mutterschaftsurlaub in Anspruch nehmen und somit künftig auf meinen Job verzichten wolle.

Ich hatte meine Mitte gefunden; das half mir, einen neuen Weg zu erkennen, der sich vor mir entfaltete. Und obwohl meine Situation sich dadurch nicht sofort änderte und immer noch niedrig schwingende Emotionen und schwierige Erfahrungen vor mir lagen, veränderte sich doch meine Perspektive;

und das war ein weiterer Schritt hin zu dem Vertrauen, dass meine Botschaften mich auf einen neuen Weg zu mir selbst zurückführen würden.

Seine Mitte zu finden, ist eine lebenslange Übung; und wie bei allen Übungen wird man immer besser darin, je mehr man sich damit beschäftigt. Wenn du gerade erst anfängst, die Frequenz deiner Linie kennenzulernen, solltest du nicht damit rechnen, bei jeder schwierigen Energie, mit der du konfrontiert wirst, in deiner Mitte sein zu können. Auf deiner Reise wird es immer wieder Tage, Wochen oder vielleicht sogar Monate geben, in denen du das Gefühl hast, öfter aus dem Einklang mit deinem Höchsten Selbst herausgerissen zu werden, als dich darin zu befinden; und das ist auch okay so. Begegne diesen Augenblicken in einer Haltung der Selbstliebe und akzeptiere, dass es für dich immer wieder etwas Neues zu lernen gibt. Manchmal muss man eben auch außerhalb des Einklangs mit seinem Höchsten Selbst handeln, um zu lernen, was man braucht, um *in* diesen Einklang zu kommen. Vielleicht musst du erst einmal das Gefühl kennenlernen, völlig verloren zu sein, um dich selbst wiederzufinden. Wenn du das Gefühl hast, vom Kurs abgekommen zu sein und nicht zu wissen, wer du bist oder wohin du gehst, dann lass dir von deiner Mitte zeigen, was du aus dieser Situation über dich selbst lernen kannst und wo dein nächster Schritt dich hinführen soll. So geht man den Weg des Wachstums und der inneren Wandlung.

## Kapitel 9

# Das Licht deiner Seele

*Die Dunkelheit ist ein Ort des Wissens; denn wenn*
*es keine Ablenkungen durch helle Lichter und*
*das helle Wissen des Verstandes gibt,*
*ist die Wahrheit für dich da – sie offenbart sich dir.*
*Es gibt stets Lichtfunken in deinem Inneren,*
*die dich nach Hause führen – zurück zu dir selbst.*
*Hab keine Angst vor der Dunkelheit.*

Die Pinnacle

Jeden Tag, an dem du mit deiner Linie arbeitest – jedes Mal, wenn du nach einer Botschaft handelst, deine Mitte findest oder die kontrastierende Energie einer bestimmten Situation erkennst –, erfährst du mehr über deine Seele. Mit der Zeit wirst du zwischen allem, was du gelernt hast, Zusammenhänge erkennen; und diese Erkenntnisse werden dir neue Wege aufzeigen, auf denen deine Seele sich ausdrücken will. Sie geben dir mehr Informationen darüber, was du tun musst, um mit deinem Höchsten Selbst im Einklang zu stehen, und zeigen dir, was deine Seele in dein jetziges Leben mitgebracht hat, damit du diese optimale Version deiner selbst verwirklichen kannst. Dein Leben ist kein Zufall. *Du* bist kein Zufall. Du bist aus einem ganz bestimmten Grund hier, und du bist mit ganz besonderen Gaben, Zielen und Lektionen in dieses Leben hineingekommen, die du lernen musst, um die Schönheit deiner Seele in alles, was du tust, einfließen lassen zu können. Wenn du eine deiner Gaben einsetzt, etwas aus einer deiner Seelenlektionen lernst oder deine Bestimmung verwirklichst, wirst du einen Lichtfunken in dir spüren. Folge diesem Licht; es ist deine Seele, die für alle Menschen leuchtet. Es führt dich nach Hause – zu dir selbst zurück.

Deine Gaben, deine Bestimmung und deine Lektionen wirken in deinem jetzigen Leben zusammen und liefern dir noch nie dagewesene Erkenntnisse darüber, wer du bist. Deine Begabungen bauen dich und die Menschen um dich herum auf. Sie sind nicht dazu da, damit du sie für dich behältst. Deine Gaben schenken dir Liebe, Freiheit und Freude; und wenn du sie mit anderen Menschen teilst, empfangen auch sie diese Liebe und Freude. Immer wenn du diese Fähigkeiten einsetzt, spürst du ein Gefühl tiefen Einklangs mit deinem Höchsten Selbst und erfährst, wie sie dir helfen können, deine Bestimmung in diesem Leben zu verwirklichen.

Deine Bestimmung ist der hundertprozentige Ausdruck deiner Seele – die Art, wie deine Seele durchs Leben gehen möchte. Du wirst im Lauf deines Lebens viele verschiedene Ziele haben, weil du immer mehr lernst, innerlich wächst und dich weiterentwickelst; und jedes Ziel wird in göttlicher Liebe und einem kollektiven Heilungsprozess verankert sein.

Dein wichtigstes Ziel besteht darin, dieses Leben auf einfache und doch tiefgehende Weise zu erfahren. Die Pinnacle sagen, dass du hier in diesem physischen Körper bist, um Gefühle zu empfinden und etwas aus deinen Erfahrungen zu lernen. Auf diese Weise wächst du innerlich, und deine Seele entwickelt sich weiter. All das erkläre ich dir deshalb, weil wir dieses irdische Leben oft als selbstverständlich hinnehmen und vergessen, warum wir eigentlich da sind: Wir sollen lernen, als Mensch auf der Erde zu leben, die Tiefen unserer Emotionen zu verstehen und den höheren Grund für all unsere Erfahrungen zu erkennen. Also führe dein Leben voller Neugier und sei offen für jeden Lernprozess. Wenn du etwas lernst, wächst du daran; und durch dieses innere Wachstum bist du in der Lage, in diesem Leben deine Seele zum Ausdruck zu bringen.

Du kannst deine Bestimmung nicht leben, ohne deine Gaben zu nutzen; und wenn du in dieser Hinsicht irgendwelche Unsicherheiten oder Ängste mit dir herumträgst oder nicht daran glaubst, dass deine Gaben irgendjemandem helfen können, wurzeln diese Gefühle vielleicht in einer der Lektionen, die du hier auf der Erde lernen sollst, um als Mensch innerlich zu wachsen und etwas für die Weiterentwicklung deiner Seele zu tun.

Deine Gaben, deine Bestimmung und deine Lebenslektionen sind eng miteinander verflochten, und es gibt keine genau festgelegte Reihenfolge, in der du sie entdecken sollst. Wenn du anfängst, darüber nachzudenken, ist es vielleicht verwirrend oder sogar überwältigend; aber du kannst sicher sein, dass du all diese Gaben, Bestimmungen und Lektionen in dir trägst. Wenn du dein Bewusstsein für diese Aspekte deiner Seele öffnest, wirst du jeden Tag ein bisschen mehr lernen.

## Deine Gaben lassen dich aufleuchten und strahlen in die ganze Welt hinein

Du bist so einmalig wie eine Schneeflocke; und das Gleiche gilt auch für deine Begabungen. Selbst wenn irgendjemand anders genau die gleiche Gabe besitzt wie du – zum Beispiel ein besonderes Kommunikationstalent –, bringst du diese Begabung doch auf eine Weise zum Ausdruck, wie es niemand außer dir kann. Wenn du deine Gaben einsetzt, hast du am ehesten das Gefühl, du selbst zu sein. Du fühlst dich mit deinem Höchsten Selbst im Einklang. Deine Seele hat deine Gaben in dieses Leben mitgebracht, damit du sie großzügig mit der Welt teilen kannst. Deine Gaben bringen dich in die Welt hinein. Wenn du sie einsetzt, bringst du nicht nur dich selbst, sondern auch alle Menschen in deinem Umfeld zum Leuchten.

Und es muss auch nicht unbedingt schwierig sein, deine Begabungen zu entdecken. Höchstwahrscheinlich nutzt du bereits eine davon; doch weil sie dir so vertraut ist, erkennst du sie nicht. Wenn du beispielsweise die Gabe besitzt, an allem etwas Schönes zu entdecken, kannst du dieses Talent auf viele verschiedene Arten zum Ausdruck bringen: zum Beispiel, indem du einfach die ganz alltägliche harmonische Schönheit der Natur siehst, die anderen Menschen vielleicht gar nicht auffällt; eine Mahlzeit mit Aufmerksamkeit und Sorgfalt anrichtest; dich nach deinem persönlichen Modestil kleidest; oder indem du Webseiten gestaltest. Was diese verschiedenen Ausdrucksformen miteinander verbindet, ist die Energie, die du spürst, wenn du die betreffende Gabe einsetzt.

Deine Begabungen bringen deine Schwingungsfrequenz mit deiner Linie in Einklang und drücken einen Teil deiner Seele aus, der in hellem Licht erstrahlen möchte. Du stellst eine Verbindung auf Seelenebene her; und die Liebe, auf die du dich dann einstimmst, wird tief in deinem Inneren mitschwingen und auf alle Menschen in deinem Umfeld ausstrahlen. Wenn du deine Gaben einsetzt, verwirklichst du nicht nur einen Teil deiner selbst, sondern tust gleichzeitig auch etwas für deine Mitmenschen. Das Licht deiner Seele wird ihnen das Licht zurückspiegeln, das sie in ihrem eigenen Inneren tragen. Sie werden deine Gaben erkennen und sich dadurch dazu inspiriert fühlen, ihre eigenen Fähigkeiten zu entdecken, um genauso hell zu leuchten wie du.

In unserer spirituellen Gemeinschaft gibt es viele Menschen – darunter auch Ben –, deren besondere Begabung in der Kreativität liegt. Solche Menschen besitzen irgendeine kreative Fähigkeit – sei es Musik, Malen, Fotografieren oder Schreiben. Aber Kreativität muss nicht unbedingt immer nur etwas mit Kunst zu tun haben. Man kann auch in der Art und Weise kreativ sein, wie man Probleme löst oder Freunden seine Liebe zeigt. Die Energie, die du spürst, wenn du deine Gaben zum Ausdruck bringst, kann dir dabei helfen, noch weitere Lebensbereiche zu entdecken, in denen du sie einsetzen kannst – oder vielleicht sogar andere, bisher noch unerkannte Gaben an dir zu entdecken.

Du besitzt viele Talente, die sich im Lauf deines Lebens zu unterschiedlichen Zeiten aktivieren werden; denn deine Gaben sollen dich in bestimmten Phasen deiner Lebensreise unterstützen. Vielleicht hast du von einigen dieser Gaben bereits eine Vorstellung; oder vielleicht hast du auch noch nie darüber nachgedacht, dass diese besonderen Qualitäten tatsächlich Geschenke deiner Seele sind. Oft entdecken Mitglieder unserer Gemeinschaft ihre Gaben erstmals während einer transformativen Erfahrung, wie ich sie in Kapitel 7 beschrieben habe. In solchen Lebensphasen, in denen du einen intensiven Lernprozess durchmachst und starke energetische Kontraste erlebst, kannst du Eigenschaften an dir entdecken, die du vielleicht für alltäglich gehalten hast, obwohl es sich dabei in Wirklichkeit um ganz besondere, einmalige Fähigkeiten handelt. Deine Gaben können dir auch dabei helfen, den auf hoher Frequenz schwingenden Kontrast zu einer niedrig schwingenden Erfahrung zu spüren, die du gerade durchmachst.

*Eine* deiner Fähigkeiten brauchst du absolut nicht infrage zu stellen: nämlich deine Gabe, Botschaften durch deine Linie zu empfangen. Denn du bist bereits mit dieser Fähigkeit zur Welt gekommen, weil du eine Seele hast. Botschaften zu empfangen, ist dein Geburtsrecht. Du erhältst ständig Botschaften, auch wenn du dir dessen nicht bewusst bist; und diese Botschaften führen dich zur Entdeckung deiner anderen Gaben hin.

Alles auf der Welt ist von Kontrasten geprägt – auch deine Begabungen. Du kannst diese Gaben dazu nutzen, nur dir selbst zu dienen oder auf niedriger Frequenz schwingende Energie in der Welt zu verbreiten. Wenn du zum Beispiel ein besonderes Kommunikationstalent besitzt, kannst du

Gerüchte, Verleumdungen oder Lügen ausstreuen; und dank deiner speziellen Begabung kannst du andere Menschen sicherlich leicht dazu bringen, dir das alles zu glauben. Doch wenn du das tust, wirst du den Funken des Lichts in deinem Inneren nicht spüren. Oder du kannst deine Gaben so einsetzen, dass sie zwar anderen Menschen helfen, aber nicht dir selbst. Wenn eine deiner Begabungen darin besteht, etwas für andere Menschen zu tun, kann es passieren, dass du dich allzu sehr für Freund:innen, Familienangehörige oder Kolleg:innen engagierst und dich energetisch erschöpfst, weil du deinen Mitmenschen zu viel von dir selbst gegeben hast. Auch dann wirst du den Lichtfunken in deinem Inneren nicht spüren, weil dein energetisches Gleichgewicht gestört ist. Solche Situationen kannst du vermeiden, indem du dir bewusst machst, in welcher Absicht du deine Gaben einsetzt. Welche Energie spürst du in solchen Augenblicken? Steht diese Energie mit deinem Höchsten Selbst im Einklang?

Deine Fähigkeiten sind dazu bestimmt, dass du mit ihnen in die Welt hinausgehst; und wenn du sie einsetzt, lernst du mehr über diese Fähigkeiten und darüber, wie deine Seele sie zum Ausdruck bringen möchte. Wenn du irgendetwas nur tust, um *selbst* im Licht deines Talents zu glänzen, oder wenn du es nur für *jemand anderen* tust, ist das entweder kein richtiges Geschenk an deine Mitmenschen, der Energieaustausch ist unausgewogen, oder du hast deine Gabe noch nicht richtig erkannt und musst erst noch lernen, wie du sie am besten einsetzen kannst.

Genau wie deine Botschaften werden dich auch deine Gaben in unangenehme Situationen bringen, in denen du mit deinen Ängsten, Zweifeln oder Unsicherheiten konfrontiert wirst. Das sind Chancen, mehr über die Seelenlektionen zu erfahren, die mit deinen Begabungen einhergehen und auf die ich im Anschluss an die nächste Übung noch näher eingehen werde.

## Übung: Deine Gaben erkennen lernen

Diese Übung wird dir helfen, deine besonderen Fähigkeiten zu entdecken, indem du darüber nachdenkst, was du gerne tust, dir darüber klar wirst, was für eine Energie du dabei spürst, und lernst, diese Energie mit anderen Menschen zu teilen. Während dieser Übung öffnest du dich dafür, Eigenschaften von dir, die du bisher als selbstverständlich empfunden hast, als potenzielle Gaben zu betrachten.

**1. Aktiviere deine Linie.**

Führe eine Linienaktivierung durch. Während du anschließend im Zustand der Aktivierung sitzen bleibst, spüre die göttliche Liebe, die durch dich hindurchfließt. Spüre auch deine Liebe zu dir selbst. Du bist etwas Besonderes und kannst bestimmte Dinge auf eine ganz besondere Art und Weise tun, so wie kein anderer Mensch es kann. Sobald du innerlich bereit bist, stelle deinem Höchsten Selbst folgende Frage: Welche Gaben oder Fähigkeiten besitze ich von Natur aus?

**2. Schreibe in dein Journal.**
Beantworte in deinem Journal folgende Fragen:

Wie fühlst du dich, wenn du diese Gaben oder Fähigkeiten einsetzt?

Wie setzt du diese Gaben oder Fähigkeiten zurzeit in deinem Leben ein?

Wie kannst du diese Gaben und Fähigkeiten für dich und andere Menschen sinnvoll nutzen?

Wahlweise: Wenn du das Gefühl hast, bei deiner Linienaktivierung entweder keine Botschaften erhalten zu haben, oder dir schnell wieder Zweifel an diesen Botschaften gekommen sind, dann schau dir die Liebesliste an, die du in der Übung in Kapitel 5 erstellt hast. Gibt es irgendetwas auf dieser Liste, wofür du eine Naturbegabung hast? Du kannst dein Höchstes Selbst auch um ein Selbstliebe-Mantra bitten, das dich dazu anspornt, in dir den einmaligen, begabten Menschen zu erkennen, der du bist. Sprich dieses Mantra vor dich hin, während du dich im Spiegel betrachtest. Wenn du so weit bist, aktiviere deine Linie erneut und beantworte dir noch einmal die Frage in Schritt 1 dieser Übung.

## Deine Lektionen auf dem Weg zu innerem Wachstum und persönlicher Weiterentwicklung

Wenn du auf die Botschaften reagierst, die dir neue Chancen oder andere Möglichkeiten zum Einsatz deiner besonderen Gaben aufzeigen, wirst du in Situationen geraten, in denen du die energetischen Wachstumsschmerzen der Entwicklung deiner Seele spürst; denn manchmal kann dieses Wachstum durchaus schmerzhaft sein. Diese Wachstumsschmerzen bezeichnet man als deine Lektionen. Deine Seele hat sie in dieses Leben mitgebracht, damit du etwas daraus lernst, das dich in deiner spirituellen Entwicklung weiterbringt; sie wollen dir aber auch zeigen, wie alles, was dich zu einem ganz besonderen Menschen macht – einschließlich deiner Gaben und Fähigkeiten –, mit den anderen Leben und Erfahrungen deiner Seele zusammenhängt. Diese Lektionen oder Wachstumsschmerzen sind eine weitere Möglichkeit, wie deine Seele ihr multidimensionales Ich zum Ausdruck bringt. Wenn du dir deiner Lektionen bewusst wirst, kannst du mithilfe deiner Linie lernen, was sie dir über dich selbst beibringen wollen und wie du die hoch schwingende Energie deiner Botschaften nutzen kannst, um die niedrig schwingende Energie, die diese Lektionen in dir hervorrufen, zu bewältigen.

Wenn du schon einmal das Gefühl hattest, in einem bestimmten Lebensbereich immer wieder zu versagen; wenn immer wieder die gleichen Ängste in dir aufsteigen; wenn immer wieder die gleichen Gründe dahinterstecken, dass du kein Vertrauen zu dir selbst hast oder dich nicht liebst, dann hast du vielleicht schon eine deiner Lektionen erfahren. Im Lauf deines Lebens wirst du viele Gelegenheiten erhalten, etwas aus deinen Lektionen zu lernen. Und das, was du daraus lernst, kann dir ein tieferes Verständnis dafür vermitteln, warum du gerade *diese* Ängste hast; warum es dir schwer fällt, dich selbst zu lieben; warum du an deinen Botschaften zweifelst; warum du nicht an dich selbst glaubst; warum du manchmal eifersüchtig wirst, schnell in Wut gerätst oder Missgunst mit dir herumträgst. Das Leben ist voller gegensätzlicher Erfahrungen, und das Gleiche gilt auch für deine Lektionen: Die niedrigen Schwingungen deiner Seelenverletzungen kontrastieren mit dem auf hoher Frequenz schwingenden Heilungsprozess, der dir zuteil werden kann, wenn du etwas aus diesen Verletzungen lernst.

Deine Lektionen werden sich in deinem Leben immer dann in Form wiederkehrender Situationen, Dilemmata oder Probleme zeigen (du fühlst dich auf emotionaler oder energetischer Ebene erschüttert, fällst wieder in schädliche Muster und Gewohnheiten zurück usw.), wenn es dir schwer fällt, durch niedrig schwingende Energie hindurchzugehen, und du dadurch aus dem Einklang mit deinem Höchsten Selbst herausgerissen wirst. Die konkreten Umstände deiner Lektionen werden sich im Lauf deines Lebens verändern; aber die Energie dieser Lektionen bleibt stets dieselbe. Sobald dir klar wird, worin deine Lektionen bestehen, wirst du deine Lernchancen leichter erkennen können, weil du dann schon ziemlich genau weißt, wie sich diese Energie für dich anfühlt. In solchen Augenblicken könntest du dich fragen, warum die Energie dieser Lektion gerade jetzt in deinem Leben aufgetaucht ist. Was hast du getan, gedacht und gesagt? Hat dich irgendetwas nervös gemacht, dir Sorgen bereitet oder Ängste eingejagt? Welche Zusammenhänge gibt es zwischen dem, was in deinem physischen Leben geschieht, und dem, was du in deinem Energiekörper spürst? Wenn du über diese Zusammenhänge nachdenkst, wirst du besser verstehen können, was deine Lektionen dir über dich selbst beibringen wollen.

Oft äußern solche Lektionen sich in Form bestimmter Ängste. Die Pinnacle sagen, dass deine Ängste ihren Ursprung in einer oder mehreren anderen Existenzen deiner Seele haben und in dieses Leben hineingebracht wurden, damit du sie heilen kannst, so wie es im Fall von Bens Zyste geschehen ist. Wenn du weißt, dass eine deiner Lektionen mit einer bestimmten Angst zusammenhängt, kannst du daraus etwas sehr Wichtiges lernen: Dann kannst du schwierige Situationen nämlich als Chancen erkennen, mehr über die betreffende Lektion zu erfahren. Außerdem kannst du etwas daraus lernen, wie du früher mit dieser Angst umgegangen bist; du kannst Zusammenhänge zwischen deinem jetzigen Leben und den energetischen Ursprüngen deiner Angst in einem anderen Seelenleben erkennen; und du erfährst, wie deine Botschaften dich dazu anleiten, im Einklang mit deinem Höchsten Selbst durch diese Situation hindurchzugehen.

Deine Botschaften werden dich durch deine Lektionen hindurchführen und dir auch oft praktische Ratschläge dazu geben, die du sofort umsetzen kannst. Doch auch wenn du deine Botschaften befolgst, wird die niedrig schwingende Energie deshalb trotzdem nicht verschwinden. Sie bildet jedoch einen lehrreichen Kontrast zu der auf hoher Frequenz schwingenden Energie, die jenseits dieser negativen Erfahrung liegt: inneres Wachstum, Lernprozesse und der Aufbau einer engeren Verbindung zu deiner Seele und deinem Höchsten Selbst. Selbst wenn du den Grund für eine bestimmte negative Erfahrung kennst, wirst du dich dabei vielleicht trotzdem immer noch unwohl fühlen oder energetischen Schmerz empfinden. Manchmal braucht deine Seele diese unangenehmen Gefühle, um etwas daraus lernen und daran wachsen zu können.

Wenn sich die auf niedriger Frequenz schwingende Energie sehr intensiv anfühlt und dich innerlich aufzufressen scheint, dann versuche deine Mitte zu finden und erinnere dich daran, dass Energie immer in Bewegung ist. Ebenso wie du deine Frequenz verändert hast, um sie mit der Frequenz deiner Linie in Einklang zu bringen, kannst du auch die Energie dieser Situation verändern. Wenn es dir jedoch zu schwer fällt, auf deine Botschaften zu reagieren, oder wenn es dir angesichts der niedrig schwingenden Energie, die du gerade durchlebst, nicht gelingt, deine Mitte zu finden und die betreffende Situation aus der Vogelperspektive zu betrachten, gibt es trotzdem etwas sehr Wichtiges, das du tun kannst: Du kannst dich selbst dafür lieben, dass du hier bist und dich auf diese Arbeit einlässt. Außerdem solltest du dich für deine Absicht lieben, mehr über deine Lektionen und all die anderen schönen, aber schwierigen Dinge zu lernen, die dich zu der ganz besonderen Seele machen, die du bist. Du bist Liebe – sie fließt durch dich hindurch.

Stell dir vor, du fährst an einem regnerischen Tag Auto.

Die Straße steht für deine Linie, und die Regentropfen sind deine Lektionen. Wenn es zu regnen anfängt, kannst du die Straße nicht mehr so gut sehen. Dann kannst du dich entweder auf die Regenschlieren konzentrieren, die an deiner Windschutzscheibe herunterlaufen, oder durch sie hindurchschauen und deinen Blick auf die Straße richten. Es ist wichtig, dich während der Konfrontation mit deinen Lektionen auf deine Linie zu konzentrieren, denn von ihr erfährst du, wie du diese schwierigen Erfahrungen in einer Haltung der Bewusstheit und Liebe meistern kannst. Wenn du dabei nach deinen Botschaften handelst, ist das so, als würdest du »spirituelle Scheibenwischer« entwickeln: Du bekommst Hilfe, um die Regentropfen (= die niedrig schwingende Energie) zu beseitigen, und dank dieser Hilfe kannst du dich selbst durch die heftigsten Stürme hindurchnavigieren und dabei mit deinem Höchsten Selbst im Einklang bleiben.

Du wirst deine Lektionen niemals ganz überwinden und hinter dir lassen können. Sie sind keine Prüfungen, die man besteht oder durch die man durchfällt und deshalb noch einmal wiederholen muss. Seelenarbeit ist eine lebenslange Reise: Deine Lektionen werden dich dein Leben lang begleiten, damit du möglichst viel darüber lernst, wie deine Seele in diesem Leben wachsen und sich weiterentwickeln möchte. Deine Lektionen sind keine Strafe von Gott oder dem Universum für irgendetwas, das du getan oder versäumt hast. Sie sind nichts, was du »angezogen« oder »dir selbst zuzuschreiben« hast. Bei diesen Lektionen handelt es sich vielmehr um wunderbare, aber eben oft schwierige Gelegenheiten, mehr über dein Seelen-Ich zu lernen. Und du wirst von Gott oder dem Universum auch nicht dafür bestraft, wie viel du aus deinen Lektionen lernst oder nicht lernst.

Wenn ich den Mitgliedern unserer »A Line Within«-Gemeinschaft klarmache, dass ihre Lektionen sie ihr Leben lang begleiten werden, sind sie oft furchtbar enttäuscht und niedergeschlagen. Wenn es dir genauso geht, dann tröste dich mit dem Wissen, dass du die Energie deiner Lektionen besser verstehen wirst, wenn du mehr von ihnen erlebt hast. Denn dann wird es dir leichter fallen, jede neue Erfahrung aus der Vogelperspektive zu betrachten. Du wirst die energetische Bedeutung des Zeitpunkts verstehen, an dem diese Lernchancen sich in deinem Leben eröffnet haben, und erfahren, wie du am besten mit deinen emotionalen Reaktionen auf diese Energie umgehen und alle Lektionen meistern kannst, die die spezielle Erfahrung dir über dich selbst und deine Seele vermittelt. Jede Erfahrung wird ein bisschen anders aussehen; aber du stehst dabei immer mit deinem Höchsten Selbst und mit den Botschaften der Liebe, Unterstützung und Führung in Verbindung, die dir helfen, *jede* Situation zu bewältigen.

### Übung: Welche Lektionen hast du aus deiner Transformation gelernt?

Und nun wollen wir noch einmal zu dem transformativen Augenblick zurückkehren, den du in den beiden vorigen Kapiteln in deinem Journal beschrieben hast. Du hast nun schon über die energetischen Höhen und Tiefen dieser Lebensphase nachgedacht und dir vom Standpunkt deiner Mitte aus überlegt, wie du damals mit deiner Energie umgegangen bist. Jetzt wollen wir uns ein bisschen näher mit bestimmten wiederkehrenden Situationen in deinem Leben beschäftigen: niedrig schwingende Energien, die du schon von früher kennst und die du während dieser transformativen Erfahrung gespürt hast, oder typische Verhaltensmuster, mit deren Hilfe du versucht hast, mehr über deine Lektionen zu erfahren. Vielleicht hilft es dir, deine Notizen aus den Übungen in den vorigen beiden Kapiteln noch einmal durchzulesen, bevor du mit dieser Übung beginnst.

**1. Aktiviere deine Linie.**

Führe eine Linienaktivierung durch mit der Absicht, Klarheit über deine Lektionen zu gewinnen – aber ohne die Erwartung, gleich alles auf einmal wissen zu wollen. Während du im Zustand der Aktivierung dasitzt, konzentriere dich darauf, deine Liebe zu dir selbst und zu den Lektionen zu spüren, die deine Seele in diesem Leben lernen soll. Begib dich in deine Mitte und lass alle Werturteile, Schamgefühle oder Ängste los, die du im Zusammenhang mit deinen Lektionen empfindest. Du wirst unterstützt, du wirst geliebt.

**2. Erkenne alte Denk- und Verhaltensmuster.**

Denke an die transformative Phase in deinem Leben zurück, die du in Kapitel 7 und 8 beschrieben hast. Sobald du so weit bist, beantworte die unten stehenden Fragen und schreibe die Antworten in dein Journal:

Hast du während dieser Erfahrung ein inneres oder äußeres Dilemma oder Problem erlebt, das du bereits von früher her kanntest? Beschreibe die näheren Umstände (wann, wie und im Zusammenhang mit welcher Person dieses Problem oder Dilemma aufgetreten ist) und wie du darauf reagiert hast.

Ist während dieser Erfahrung immer wieder das gleiche Gefühl der Angst oder inneren Anspannung oder der gleiche Wunsch in dir aufgestiegen? Falls ja, dann beschreibe, was für ein Gefühl oder Wunsch das war und wie du darauf reagiert hast.

**3. Entdecke die Lektion, die in dieser Erfahrung liegt.**

Höchstwahrscheinlich hattest du während dieser Transformationsphase Gelegenheit, an einer deiner Lektionen zu arbeiten. Bei der Entdeckung deiner Lektionen geht es darum, Vertrauen zu dir selbst und dem Wissen zu haben, das dir in diesem Augenblick zur Verfügung steht. Wenn man gerade dabei ist, etwas über sich selbst zu lernen, gibt es keine falschen Antworten. Jede Erkenntnis ist ein weiterer Schritt zu mehr Bewusstheit. Wenn du so weit bist, beantworte folgende Fragen:

Betrachte die alten Energiemuster, Gefühle oder Probleme, die du während dieser Transformation erlebt hast, und versuche eine Lektion zu erkennen, mit der du in dieser Zeit konfrontiert wurdest.

Wie hast du damals auf diese Lektion reagiert?

Welche neuen Informationen vermittelt dir diese Lektion über dich und deine Seelenreise?

## Deine Bestimmung ist es, deine Seele voll und ganz zum Ausdruck zu bringen

Deine Bestimmung knüpft auf wunderbare Weise an alles an, was deine Seele in dieses Leben mitgebracht und in diesem Leben erfahren hat, und nutzt diese Fähigkeiten und Erfahrungen, damit du innerlich wachsen und dich weiterentwickeln kannst. Sie bietet dir eine Chance, dich bei allen Situationen, Entscheidungen und Erfahrungen, die du durchlebst, als der besondere Mensch zu zeigen, der du bist. Zusammen mit deinen Gaben und Lektionen vermittelt deine Bestimmung dir einen multidimensionalen Seelenkontext für alles, was dich und dein Leben betrifft. Im Grunde genommen ist deine Bestimmung ein energetischer Ausdruck; und wenn du deine

Bestimmung verwirklichst, wirst du diese Energie in deinem Körper spüren. Sie wird dich von innen heraus strahlen lassen, dir Erfüllung schenken und das Gefühl geben, hundertprozentig lebendig und du selbst zu sein. Doch mit deiner Bestimmung ist es genauso wie mit deinen Gaben: Wenn du im Einklang mit deiner Bestimmung handelst, werden sich auch Gelegenheiten ergeben, aus der schwierigen Energie deiner Lektionen etwas zu lernen. Nach deiner Bestimmung zu handeln, ist keine Garantie dafür, dass dein Leben sich immer nur auf einer hohen Schwingungsfrequenz abspielen wird. Der Prozess der Ausrichtung auf deine Bestimmung ist vielmehr eine Einladung an dich, innerlich zu wachsen; und Wachstum ist nicht immer angenehm.

Deine Bestimmung ist so allgemein gefasst, dass du sie in deinem Leben auf viele verschiedene Arten verwirklichen kannst; aber andererseits ist sie doch so individuell auf dich und deine Seelenreise zugeschnitten, dass nur du sie ausleben kannst. Das kann dazu führen, dass deine Bestimmung vielleicht sehr vage erscheint; doch das liegt daran, dass diese Bestimmung nicht einfach nur etwas ist, das du tust; sie ist eine Absicht, in der du dich tagtäglich durch die Welt bewegen kannst. Du kannst die Energie deiner Absicht auf viele verschiedene Arten spüren – je nachdem, wie du diese Absicht gerade lebst. Denn deine Seele möchte sich nicht darauf beschränken, ihre Bestimmung nur in einem einzigen Lebensbereich zum Ausdruck zu bringen: Sie will, dass diese Schönheit sich durch alles hindurchzieht, was du tust.

Die Mitglieder unserer »A Line Within«-Gemeinschaft sagen, dass die Verwirklichung ihrer Bestimmung ihnen das Gefühl gibt, voller Leidenschaft und Begeisterung zu sein, oder dass dadurch ein zusätzlicher Lebensfunke in ihrem Herzen entfacht wird. Vielleicht erlebt jeder Mensch diese Energie auf etwas andere Weise; doch du solltest wissen, dass deine Bestimmung dir das Gefühl geben wird, hundertprozentig du selbst zu sein. Es wird Zeiten geben, in denen es dir leicht fällt, nach deiner Bestimmung zu leben, aber auch Zeiten, in denen das sehr schwierig für dich ist und du innerlich davor zurückscheust.

Deine Bestimmung dient der Entwicklung deiner Seele und dem Wohl des Kollektivs der Menschheit. Wenn du diese Bestimmung verwirklichst, bist du voller Liebe zu dir selbst und deinen Mitmenschen. Das ist etwas, das du für dich selbst tust, um die Wünsche deiner Seele zu erfüllen, und nicht, um dir oder anderen etwas zu beweisen. Deine Bestimmung hilft dir, dich als dein wahres Ich zu fühlen. Sie erleuchtet dich und auch alle Menschen in deinem Umfeld, weil du dann die göttliche Liebe ausstrahlst, die durch dich hindurchfließt.

Viele Mitglieder unserer Gemeinschaft neigen dazu, ihre Bestimmung mit ihrer beruflichen Karriere zu verwechseln. Das ist auch völlig verständlich, denn im Mittelpunkt des Lebens vieler Menschen steht der Arbeitsalltag. Schon als Kinder hat man uns gefragt, was wir später einmal werden wollen; und nun, da wir erwachsen sind, verbringen wir die meiste Zeit unseres Lebens am Arbeitsplatz. Daher ist es naheliegend zu glauben, dass unsere Bestimmung mit einer beruflichen Laufbahn zusammenhängt. Aber deine Bestimmung ist etwas viel Größeres, Bedeutsameres als irgendein Job.

Die Bestimmung vieler Mitglieder unserer Gemeinschaft besteht im Unterrichten; aber das bedeutet noch lange nicht, dass sie alle als Lehrer an einer Schule arbeiten sollten. Überlege dir einmal, wie oft du jeden Tag die Möglichkeit hast, irgendeinem Menschen – vielleicht auch dir selbst – etwas beizubringen, und wie viele verschiedene Möglichkeiten es dafür gibt. Man muss dazu nicht unbedingt vor einer Schulklasse stehen. Du kannst auch deinen Kolleg:innen am Arbeitsplatz, deinen Kindern oder Nachbar:innen ein:e Lehrer:in sein, oder vielleicht kann irgendeine Online-Community etwas von dir lernen. Es gibt tagtäglich so viele Gelegenheiten, die Bestimmung des Lehrens zu leben; und die konkreten Situationen, in denen du das tun kannst, ändern sich von Tag zu Tag.

Im Lauf deines Lebens wird sich auch die Art, wie du deine Bestimmung lebst, verändern. Du wirst immer wieder in neue Situationen hineingeraten, mit anderen Menschen zusammen sein und deine Bestimmung daher auch immer wieder auf andere Weise zum Ausdruck bringen wollen. Oder vielleicht empfängst du ja auch Botschaften, die dich zu einem neuen Verständnis deiner Bestimmung hinführen und dir andere Möglichkeiten aufzeigen, sie zu verwirklichen. Meine Bestimmung besteht zum Beispiel darin, meinen Mitmenschen die Akasha-Chronik leichter zugänglich zu machen; doch die Art, wie ich das tue, hat sich im Lauf der Jahre verändert: Anfangs habe ich Readings für Klient:innen angeboten und in meinem Podcast und in den sozialen Medien über die Akasha-Chronik gesprochen. Später fing ich an, Menschen beizubringen, wie man die Chronik liest. Als ich dann die Linie entdeckte, begann ich Informationen zum Thema Linienaktivierung zu verbreiten, und entwickelte Kurse, in denen Menschen lernen können, mithilfe ihrer Linie auf die Weisheit ihrer Akasha-Chronik zuzugreifen. Und schließlich habe ich dieses Buch geschrieben.

Die Suche nach deiner Bestimmung ist eine sehr tiefgründige Seelenarbeit, und ich empfehle dir, dabei geduldig zu sein und keine voreiligen Schlüsse zu ziehen. Deine Botschaften werden dich ans Ziel deiner Bestimmung führen – Stück für Stück, Schritt für Schritt –, und wenn du die Zusammenhänge zwischen allem erkennst, was du über dich selbst erfahren hast, wirst du ein tieferes Verständnis dafür entwickeln, warum deine Seele sich gerade dieses Leben ausgesucht hat. Deine Gaben werden dir bei der Verwirklichung deiner Bestimmung helfen, und dank deiner Lektionen wirst du lernen, diese Bestimmung mit mehr Vertrauen und Liebe zu leben. Es spielt keine Rolle, ob du jung oder alt bist oder wie lange du brauchst, um deine Bestimmung zu entdecken; es ist nie zu spät, um sie zu verstehen. Jedes Seelenwissen fließt dir genau zum richtigen, von Gott bestimmten Zeitpunkt zu.

Vielleicht hast du bereits eine Vorstellung davon, worin deine Bestimmung besteht – vielleicht aber auch nicht. Egal wie bewusst dir diese Bestimmung zurzeit ist – es ist auf jeden Fall hilfreich, dich bei der Suche danach auf deine Energie zu konzentrieren, statt deine Bestimmung darin erkennen zu wollen, was du gerade *tust*. Am wichtigsten ist das *Gefühl*, das du hast; denn dieses Gefühl verändert deine Frequenz und das, was andere Menschen von dir spüren. Deine

Bestimmung kann etwas sehr Allgemeines sein (zum Beispiel, deine Stimme hören zu lassen, andere Menschen innerlich aufzubauen, eine Führungspersönlichkeit zu sein usw.); sie kann aber auch sehr konkret sein (wie beispielsweise meine Bestimmung, den Menschen die Akasha-Chronik nahezubringen). Außerdem kann deine Bestimmung sich im Lauf der verschiedenen Phasen deines Lebens auch ändern. Und nicht zuletzt umfasst die Bestimmung eines jeden Menschen unzählige verschiedene Ausdrucksformen, und es gibt viele Wege, auf denen deine Gaben dir dabei helfen können, diese Bestimmung zu verwirklichen. Der rote Faden, der sich durch all das hindurchzieht, ist die Energie, die du spürst, wenn du nach deiner Bestimmung lebst.

Sei innerlich offen und empfänglich für die Führung, die du im Hinblick auf diese Bestimmung erhältst, und akzeptiere auch, dass sie vielleicht ganz anders aussehen könnte, als du bisher gedacht hast. Wenn du glaubst, eine Bestimmung für die Lebensphase entdeckt zu haben, in der du gerade steckst, kannst du als Nächstes herausfinden, wie deine Gaben dir helfen können, diese Bestimmung zu verwirklichen. Die Lektionen, die du lernst, können dir die tiefere Energetik und den Seelenkontext deiner Bestimmung vermitteln. Und wenn du deine Mitte findest, wirst du auch in der Lage sein, dein Leben aus der Vogelperspektive zu betrachten und zu erkennen, dass deine Bestimmung dir für jede Situation die dazu passende Absicht eingibt.

Wenn du deine Bestimmung entdeckst, wirst du vielleicht das trügerische Gefühl haben, das Wichtigste bereits gelernt zu haben: Du weißt jetzt, was du im Leben zu tun hast, und denkst, damit wäre deine Arbeit getan. Doch deine Bestimmung ist nur eine von vielen wichtigen und schönen Seiten deiner selbst; und dein Lernprozess geht immer weiter. Deine Bestimmung wird dir helfen, deine Gaben besser einsetzen und deine Lektionen besser verstehen zu können. Wenn du deine Bestimmung verwirklichst, wirst du automatisch zu weiteren Wachstumschancen hingeführt – mit allen damit einhergehenden Schwierigkeiten, energetischen Kontrasten und intensiven Lernprozessen. Deine Bestimmung besteht darin, deine Seele voll und ganz zum Ausdruck zu bringen; doch diese Seele ist Energie, und Energie ist immer in Bewegung. Deine Seele wird also ständig weiter wachsen und sich entwickeln, und deine Botschaften werden dich in jeder Phase dieser Reise begleiten.

Kapitel 10

# Multidimensionale Botschaften und Seelenverbindungen

*Die Winde ändern ihre Richtung.*
*Die Jahreszeiten wechseln. Erlaube den Menschen,*
*sich treiben zu lassen, loszulassen,*
*alles zuzulassen. Klammere dich nicht allzu sehr*
*an irgendjemanden oder irgendetwas;*
*denn alles ist im Fluss und in Bewegung – alles.*
*Atme ein, atme aus, lass alles fließen.*
*In diesem Raum wirst du innerlich wachsen.*

Die Pinnacle

Jede Botschaft, die du empfängst, rührt von Erfahrungen aus anderen Existenzen deiner Seele her, die für deine jetzige Situation relevant sind. Ich bezeichne dieses Phänomen als »multidimensionale Botschaften«. Du spürst die Energie dieser Botschaften auf emotionaler oder körperlicher Ebene, weil deine Seele daraus zu dir spricht; und diese Energie setzt bei dir einen Erinnerungsprozess in Gang. Du musst die Seelenerfahrung, von der deine Botschaft herrührt, nicht unbedingt kennen, um diese Erinnerung zu spüren oder zu erfahren, wie die Botschaft sich auf dein jetziges Leben anwenden lässt.

Wenn du dein Seelenbewusstsein entwickelst, indem du etwas über deine Gaben und Lektionen und deine Bestimmung erfährst, wirst du auch anfangen, Zusammenhänge zwischen deinen Botschaften und deiner Seele herzustellen: Zum Beispiel wirst du erfahren, wie du auf deinem Lebensweg mehr über die Lektionen deiner Seele lernen kannst, welche energetischen Ursprünge deine Ängste in anderen Erfahrungen deiner Seele haben oder wie dein Heilungsprozess in diesem Leben ganze Zeitlinien überspannt, sodass damit auch Seelenverletzungen aus anderen Existenzen geheilt werden können.

Deine Botschaften werden dich auch zu Menschen in deinem jetzigen Leben hinführen, zu denen du eine Seelenverbindung hast. Vielleicht gibt es einen bestimmten Grund dafür, dass du in das Leben dieser anderen Person getreten bist – zum Beispiel, weil ihr euch gegenseitig dabei helfen wollt, eine Seelenlektion zu lernen, oder um göttliche Liebe miteinander zu teilen.

Manche Botschaften werden deine Energie zu bestimmten Erlebnissen in der multidimensionalen Existenz deiner Seele transportieren. Vielleicht hast du zum Beispiel das Gefühl, irgendein Gespräch, das du gerade führst, schon einmal erlebt zu haben; oder es kommt dir so vor, als wärst du schon mal in der »neuen« Stadt gewesen, die du gerade besuchst. Solche Eindrücke – dieses Gefühl, einen jetzigen Augenblick schon einmal erlebt zu haben oder dich daran zu erinnern – bezeichnet man normalerweise als Déjà-vu, und genau diese

Eindrücke öffnen dir auch besonders eindrücklich die Augen für irgendein Ereignis aus einem anderen Leben deiner Seele.

Es gibt multidimensionale Botschaften, die sich so anfühlen, als würden sich Zeit und Raum verschieben, sodass du an zwei Orten gleichzeitig existierst – hier auf der Erde und dort, wo deine Energie gerade zu Besuch ist. Tatsächlich empfängst du manchmal Hinweise auf andere irdische Leben deiner Seele. Du kannst aber auch Botschaften erhalten, die dich energetisch an Orte außerhalb dieser Welt transportieren, damit du mit der Energie deiner Geistführer, der Energie einer Freundin, eines Freundes oder Angehörigen, die gestorben sind, dem Höchsten Selbst eines anderen Menschen, den Pinnacle oder irgendwelchen anderen energetischen Wesen kommunizieren kannst, die zu dir durchkommen, um dir zu helfen. Das erfordert ein intensiveres Seelenbewusstsein und eine tiefere Verbindung zu deiner Linie.

Als ich anfing, unserer »A Line Within«-Gemeinschaft etwas über das Thema Multidimensionalität beizubringen, übermittelten die Pinnacle mir eine Reihe von Bildern und Beispielen, mit denen ich dieses Konzept veranschaulichen konnte. Das kannst du dir ungefähr so vorstellen: Deine Energie ist wie der Planet Saturn, und die Saturnringe rund um deine Energie sind die vielen anderen Dimensionen, in denen deine Seele existiert. In einigen dieser Dimensionen lebt deine Seele ein physisches Leben, das sich entweder in deiner linearen Vergangenheit oder deiner linearen Zukunft abspielen kann.

Diese Leben können auf der Erde, auf anderen Planeten oder in anderen Universen stattfinden. Diese anderen Lebenserfahrungen kreisen ständig um deine Energie und finden somit alle zur selben Zeit statt – egal ob sie vom Standpunkt dieses Lebens aus in deiner Vergangenheit oder deiner Zukunft liegen. Und weil diese anderen Existenzen um dich kreisen, empfängt deine Seele ständig Inspirationen und Informationen von ihnen und sendet sie dir in Form von Botschaften durch deine Linie.

Du empfängst diese multidimensionalen Botschaften aus einem ganz bestimmten Grund und zu einem von Gott vorherbestimmten Zeitpunkt, auch wenn sie für dich vielleicht nicht sofort einen Sinn ergeben. Ich stelle mir diese und andere Arten von Botschaften gern als Puzzleteile vor: Vielleicht findest du nicht sofort ein Teil, das zu den anderen passt; aber du weißt, dass sich irgendwann alle Teile ineinanderfügen werden. In der Zwischenzeit solltest du dir deine Botschaften, Erlebnisse und alles andere, was du als wichtig empfindest und worin du einen möglichen Zusammenhang erkennst, aufschreiben. (Aber tue keine Information als unbedeutend ab – hinter jeder Erfahrung, die du machst, steckt eine energetische Bedeutung.) Das wird dir weiterhelfen, wenn du in Zukunft eine Botschaft empfängst, die mit irgendetwas zusammenhängt, das dir zuvor bereits übermittelt worden ist.

Deine Linienaktivierungen werden dir dabei helfen, diese Erfahrungen zu verstehen und Zusammenhänge herzustellen. Aber denke immer daran, dass du alles erfährst, was du in diesem Augenblick wissen musst, um deinen nächsten Schritt zu machen! Auch wenn du am liebsten jetzt gleich mehr wüsstest, wirst du im Rahmen deiner Linienaktivierungen vielleicht nichts Näheres erfahren; du wirst also länger im Dunkeln tappen, als dir lieb ist. Es kann eine Weile dauern, die Bedeutung dieser Botschaften zu entschlüsseln und zu erfahren, was sie dir über deine Seele sagen wollen. Multidimensionale Botschaften sind wunderschöne Augenblicke der Verbundenheit, die die Zeit und den Kosmos überspannen; sie wollen dir dabei helfen, dich selbst zu erkennen und im Einklang mit deinem Höchsten Selbst durchs Leben zu gehen. Vielleicht würdest du am liebsten gleich alles sofort erfahren; doch das ist nicht notwendig. Du musst einfach nur Vertrauen haben und dich mit den Informationen, die du erhältst, auf den Weg machen.

## Multidimensionale Heilung

Die Mitglieder unserer Gemeinschaft haben einige wirklich schöne, heilsame multidimensionale Botschaften erhalten. Eltern haben Verbindungen zu ihren Kindern in anderen Existenzen ihrer Seelen entdeckt, und diese Informationen haben ihnen neue Einsichten in ihre Beziehungsdynamik vermittelt. Eine Mutter zum Beispiel spürte vom Augenblick der Geburt an eine unerklärlich starke Verbindung zu ihrer Tochter. Die Beziehung war viel stärker als eine normale Bindung zwischen Eltern und Kind. Diese Frau hatte das Gefühl, ihre Tochter schon ein ganzes Leben lang gekannt zu haben, und erfuhr dann, dass sie und ihre Tochter in einem anderen Leben Schwestern waren. Das, was sie in diesem Leben empfand, war also eine energetische Resonanz auf eine Erfahrung, die ihre Seele woanders machte.

Andere Eltern haben die energetischen Gründe dafür entdeckt, warum Meinungsverschiedenheiten mit ihren Kindern so oft zu heftigen Streitereien wurden, und erfahren, welche Seelenlektionen ihr Kind oder ihre Kinder ihnen beibringen möchten. Mithilfe dieser Informationen können Eltern aus emotionalen Reaktionen oder ego-gesteuerten Gewohnheiten ausbrechen, die sie daran hindern, aus einer Perspektive der Liebe und des Verständnisses für sich selbst und ihre Kinder im Einklang mit ihrem Höchsten Selbst zu handeln. Die Lektionen, die sie lernen, können schädliche Verhaltensmuster heilen und ihnen dabei helfen, auch andere zwischenmenschliche Beziehungen im Einklang mit ihrem Höchsten Selbst zu meistern.

Einer anderen Frau aus unserer Gemeinschaft gelang es mithilfe ihrer multidimensionalen Botschaften, ihre chronische Migräne zu heilen. Ihr Großvater hatte sich unter tragischen Umständen das Leben genommen, bevor sie auf die Welt kam; und der Schmerz, den sie so oft in ihrem Kopf spürte, war wie eine energetische Resonanz des Traumas, das dieser Mann erfahren hatte. Daraufhin begann sie mit der Energie ihres Großvaters zu kommunizieren, und erfuhr, dass dieser körperliche Schmerz eine energetische Erinnerung ihrer eigenen Seele war: Es stellte sich nämlich heraus, dass eine der anderen Existenzen ihrer Seele das Leben ihres eigenen Großvaters war.

Es kommt oft vor, dass wir in anderen Leben unsere eigenen Vorfahren sind. In ihrer jetzigen Existenz lebte diese Frau mit dem Trauma des Kopfschusses in ihrem eigenen Energiefeld, weil sie den energetischen Ursprung ihres körperlichen Schmerzes verstehen musste. Seit sie diesen Zusammenhang erkannt und sich von der Energie der Verletzung befreit hat, sind ihre Migräneanfälle verschwunden und nicht mehr wiederaufgetaucht.

Wenn du solche Seelenerinnerungen erlebst oder multidimensionale Botschaften empfängst, reist du dabei nicht physisch, sondern energetisch durch Zeit oder Raum. Denn deine Seele ist nicht an die gleichen Beschränkungen gebunden wie dein physischer Körper; und deine Energie ermöglicht dir solche Erfahrungen. Manchmal werden sich deine multidimensionalen Botschaften genauso anfühlen wie jede andere Botschaft – nur mit dem Unterschied, dass sie dir Informationen über eine andere Seelenerfahrung oder vielleicht sogar über viele verschiedene Erfahrungen geben, die mit deinem jetzigen physischen Leben in Zusammenhang stehen.

Ein anderes Mal wird deine Linie dir vielleicht ein Gefühl oder eine »Erinnerung« an ein anderes Leben vermitteln; du wirst im Traum eine andere Welt besuchen oder das Gefühl haben, etwas, das im jetzigen Augenblick geschieht (zum Beispiel ein Gespräch oder Gedanke oder irgendetwas anderes, das du siehst oder energetisch empfängst), schon einmal erlebt zu haben. Du kannst diese Energie auch in deinem physischen Körper spüren, als würde sie sagen: »Ja, das stimmt tatsächlich! Achte darauf!« Sie kann ungeheuer subtil sein – einfach nur ein leises flüsterndes Wissen, das dir sagt, dass es da eine Wahrheit und einen Zusammenhang gibt. Oder es fühlt sich an, wie wenn dich plötzlich eine warme Behaglichkeit, eine freudige Erregung oder eine Gänsehaut überkommt. Manchmal bekommst du vielleicht sogar Schweißausbrüche, wenn du die beruhigende Liebe deiner Linie spürst.

## Seelenreisen, die man im Traum erlebt

Wenn du schlafen gehst, geschieht etwas Erstaunliches: Dein menschliches Ich tritt beiseite, sodass du dich ganz darauf einlassen kannst, was deine Seele erlebt. Deine Träume sind Seelenkommunikation: Sie sind ungeheuer bedeutungsvoll und können dir einen sehr aufschlussreichen Kontext für deine Bestimmung, deine Gaben oder Lebenslektionen liefern. Wenn du schläfst, bist du empfänglicher für wichtige Informationen, die durch deine Linie zu dir kommen, weil dein bewusster Verstand sich jetzt ausruht und du dich in einem Zustand der Entspannung und Hingabe befindest. Die ego-gesteuerten Impulse, die du vielleicht verspürst und die deine multidimensionalen Botschaften in Zweifel ziehen, lösen sich in nichts auf, und du bist in der Lage, dich für eine große Bandbreite an jenseitigen Erfahrungen zu öffnen.

Du kannst jetzt zu den anderen Existenzen deiner Seele reisen und andere Planeten, Galaxien und energetische Dimensionen besuchen. Außer dem Höchsten Selbst, über das ich in Kapitel 1 gesprochen habe, gibt es auch noch viele andere energetische Bereiche, mit denen du in Interaktion treten kannst. Das, was wir in unseren Träumen sehen und hören, sind keine Zufälle und ist auch kein sinnloser Flickenteppich aus unterbewussten Wünschen und Gedanken. Viele meiner Klient:innen, für die ich Akasha-Chronik-Readings durchführte, sprachen mich auf wiederkehrende Träume an, die sie fast ihr ganzes Leben lang gehabt hatten; und wenn wir dann in ihre Chronik hineinschauten, stellten wir fest, dass es sich dabei nicht um Träume, sondern um Erfahrungen handelte, die ihre Seele in anderen Existenzen gemacht hatte.

Ich zum Beispiel besuche oft einen Planeten mit wunderschönen roten felsigen Bergen und drei Monden am Himmel. Die Sonne ist so groß, dass sie beim Untergehen den ganzen Himmel ausfüllt. Das alles ist wunderschön, und meine Erinnerungen an diesen Ort sind so lebendig, als hätte ich ihn in meiner jetzigen physischen Existenz erlebt. Und wenn ich dann am nächsten Morgen aufwache, habe ich das Gefühl, gerade eine andere Heimat besucht zu haben.

Deine Träume können dir aber auch das Gefühl vermitteln, Beziehungen, die du in diesem Leben erlebt hast, innerlich abzuschließen und auf energetischer Ebene zu verstehen. Ben hatte einmal einen Traum, in dem er sich in einem fremden Restaurant aufhielt, zwischen dicht besetzten Tischen hindurchging und nicht wusste, wo er hinsollte – bis ihn jemand am Arm fasste. Es war eine frühere Liebespartnerin, die er schon seit zehn Jahren nicht mehr gesehen hatte. Die beiden hatten eine kurze und emotional sehr intensive Zeit miteinander verbracht, und seitdem hatte Ben zu verstehen versucht, warum sie damals zusammen gewesen waren. Er wusste, dass sie eine seelische Verbindung zueinander hatten; ihm war aber nicht klar, warum.

In dem Traum begrüßten sich die beiden, und er streckte die Arme aus, um sie an sich zu drücken, ohne zu wissen, ob sie diese liebevolle Geste erwidern würde. Doch sie tat es, und als die beiden sich umarmten, spürte er ein warmes Gefühl in der Brust – als ob die göttliche Liebe, die durch seine Linie hindurchfließt, dadurch aktiviert worden wäre. Dieses Gefühl war so stark, dass sich in diesem Augenblick sogar sein Bewusstsein veränderte. Er wusste, dass er sich nicht mehr in unserer physischen irdischen Welt befand. Während sein Körper zu Hause im Bett lag, hielt seine Energie sich gleichzeitig woanders auf. Diese Erfahrung öffnete ihm die Augen für den Sinn seiner Beziehung zu dieser Frau: dass sie sich zu einem Zeitpunkt in ihrem Leben, an dem sie es beide so dringend gebraucht hatten, gegenseitig Liebe schenken sollten.

Einer meiner tiefgründigsten Träume ist jahrelang immer wiedergekehrt. In diesem Traum halte ich mich zusammen mit Freunden bei strahlendem Sonnenschein draußen im Freien auf. Ich gehe eine Straße entlang und betrete ein Haus mit blassgelben Wänden. In einem der Zimmer steht ein Bett unter einem Fenster. Ich setze mich auf das Bett, ziehe die durchsichtigen Vorhänge beiseite und blicke in den hellen Himmel hinaus. Die Uhr neben dem Bett zeigt drei Uhr morgens.

Ich hatte so viele Visionen von diesem Haus, dass ich jahrelang nicht wusste, ob es sich dabei um einen Traum oder eine Erinnerung aus meinem jetzigen Leben handelte. Doch dann wurde mir klar, dass es gar keine Erinnerung sein konnte: Denn in unseren Breiten geht die Sonne nicht um drei Uhr morgens auf; um diese Zeit ist es noch dunkel. Doch in all meinen Träumen hatte ich immer dasselbe Haus, dasselbe Bett, dasselbe Fenster und dieselbe Sonne gesehen.

Eines Nachts – über 15 Jahre nach meinem ersten Traum – entdeckte ich ein Video über die sogenannte »Mitternachtssonne«: In bestimmten Gegenden am Polarkreis (beispielsweise in Nordkanada, Nordskandinavien und im Norden Europas, aber auch in manchen Teilen Alaskas und Grönlands) geht die Sonne während der Sommermonate nie ganz unter. Als ich dieses Video sah, bekam ich am ganzen Körper eine Gänsehaut, und meine Augen füllten sich mit Tränen. Ich hatte die Sonne aus meinem Traum wiederentdeckt! Plötzlich begann ich durch meine Linie Botschaften zu empfangen, die mir mitteilten, dass meine Energie in diesen Träumen in das Leben meiner Seele auf den Lofoten in Norwegen gereist war, wo die Sonne im Sommer die ganze Nacht über am Himmel steht.

Die Botschaften, die du in deinen Träumen oder in anderen multidimensionalen Botschaften erhältst, werden für sich allein nicht immer einen Sinn ergeben. Du wirst sie mit anderen Botschaften, die durch deine Linie zu dir kommen, und mit allem, was du über deine Seelenreise gelernt hast, in Verbindung bringen müssen, um ihre Bedeutung richtig zu verstehen.

Stell dir deine multidimensionalen Botschaften als Sterne vor: Für sich allein sind diese Sterne einfach nur funkelnde Punkte am Himmel; doch wenn du die Punkte miteinander verbindest, entsteht daraus ein Sternbild, das viele Bedeutungen und Erkenntnisse in sich birgt und dir einen Weg aufzeigen kann. Deine multidimensionalen Botschaften sind Erinnerungen, die durch Dimensionen oder verschiedene Existenzen voneinander getrennt sind; doch du kannst Verbindungen zwischen ihnen herstellen, um die größeren Zusammenhänge zu erkennen und zu verstehen, warum du das alles erlebst.

## Seelenverbindungen

In diesem Buch habe ich dich immer wieder dazu ermutigt, dich mithilfe deiner Linie auf *dich selbst* zu konzentrieren, zu erfahren, wer *du* bist, und die Botschaften zu empfangen, die *dich* auf *deiner* Seelenreise begleiten sollen. Vielleicht hast du deine energetischen Wasserhähne für einige Menschen in deinem Leben gerade zugedreht; vielleicht hast du manchen Familienangehörigen oder Freunden gegenüber energetische Grenzen gezogen, um dich mehr auf dich selbst konzentrieren zu können. Das Leben in deiner Linie bringt dich zu deinem Seelen-Ich zurück; doch das bedeutet nicht, dass du auf dieser Reise ganz allein bist.

Von den Pinnacle habe ich erfahren, dass alle zwischenmenschlichen Beziehungen, die du je hattest, zurzeit gerade hast oder in Zukunft noch haben wirst, von deiner Seele schon geplant waren, bevor du in dieses Leben hineingeboren wurdest, und dass all diese Beziehungen einem ganz bestimmten

Zweck dienen. Allein können wir nicht so viel lernen wie zusammen mit anderen Menschen. Wir brauchen Beziehungen zu unseren Mitmenschen, um innerlich zu wachsen. Wir spiegeln einander unsere Gaben und Talente zurück. Wir geben uns gegenseitig Denkanstöße; durch die Kontakte mit anderen Menschen werden unsere Lektionen und unsere Egos klarer für uns. Wir helfen einander auf unserem Weg zum Einklang mit unserem Höchsten Selbst.

Deine Seelenverbindungen zu anderen Menschen können unterschiedliche Formen annehmen; und einige dieser Beziehungen werden dir wichtiger vorkommen als andere. Manchmal vereinbaren zwei Seelen nur eine kurze Begegnung in diesem Leben, um gemeinsam zu wachsen und sich weiterzuentwickeln. In anderen Fällen sind zwei Seelen auf energetischer Ebene für immer und ewig miteinander verbunden und gehen vielleicht in vielen verschiedenen Existenzen im Leben der jeweils anderen Person ein und aus, um ihr zu helfen, ihr etwas beizubringen, sie zu lieben und ihr Ratschläge zu geben. Egal ob du dir dieser besonderen Verbindung bewusst bist oder nicht: Deine Seelenverbindungen werden auf jeden Fall in deinem Leben auftauchen. Das können Menschen sein, die zurzeit zu deinem Leben gehören, Menschen aus deiner Vergangenheit oder jemand, dem du in Zukunft erst noch begegnen wirst.

Es gibt zwei verschiedene Arten von Seelenverbindungen, über die ich hier mit dir sprechen möchte, weil diese beiden Beziehungen sich stark von den anderen zwischenmenschlichen Beziehungen unterscheiden, die in deinem Leben eine

Rolle spielen: Seelenverträge und die Seelenfamilie. Diese Menschen sind aus einem ganz bestimmten Grund in deinem Leben, und wenn dir bewusst ist, was ihr in dieser Existenz voneinander lernen sollt, wirst du dein Seelenbewusstsein schnell vertiefen und eine neue Ebene der Heilung und des inneren Wachstums erreichen können.

## Seelenverträge

Seelenverträge sind Vereinbarungen, die (mindestens) zwei Seelen miteinander treffen, um sich zu einem bestimmten Zeitpunkt in einem physischen Leben zu einem bestimmten Zweck zu begegnen. Dieser Zweck kann eine Lektion sein, die beide Seelen lernen und an der sie innerlich wachsen möchten; die Chance, eine Verletzung der Seelen (zum Beispiel ein gemeinsames Trauma oder eine aus einem anderen Leben herrührende Angst) zu heilen; oder etwas zu erschaffen, das diese beiden Menschen der Welt schenken möchten. Durch die Vereinbarung entsteht eine besondere Energie, die diese beiden Seelen in das physische Leben des jeweils anderen hineinbringen und die ihnen die Erfüllung ihres Vertrages erleichtert. Manchmal ist so ein Seelenvertrag nur von kurzer Dauer; er kann sich aber auch über ein ganzes Leben erstrecken. Der Vertrag, den wir mit unseren Kindern haben, hält zum Beispiel ein Leben lang, während ein Seelenvertrag mit Freund:innen, Kolleg:innen, Ehe- oder Lebenspartner:innen vielleicht nur eine begrenzte Laufzeit hat. Du hast zwar zu allen Menschen in deinem Leben eine Seelenverbindung, aber du hast nicht mit allen einen Seelenvertrag abgeschlossen.

Die Menschen, mit denen du einen Seelenvertrag hast, werden in deinem Leben auftauchen, egal ob dir eure besondere Beziehung zueinander bewusst ist oder nicht. Alles, was geschehen muss, um diesen Vertrag zu erfüllen, wird geschehen, auch wenn keine der beiden Personen etwas von dieser Seelenverbindung weiß oder die Lektionen lernt, die gelernt werden sollen. Sobald der Vertrag endet, verändert sich die Energetik zwischen diesen beiden Menschen. Das kann sich in Form von Spannungen, Reibereien, Distanz oder dem Gefühl äußern, dass man nicht mehr auf derselben Wellenlänge ist. Vielleicht fühlt es sich so an, als würdest du nun eine andere Seite dieses Menschen sehen oder als hätte einer von euch beiden sich plötzlich verändert.

An diesem Punkt können sich die beiden Menschen entweder in gutem Einvernehmen voneinander trennen oder ihre Beziehung auf der Basis der neuen energetischen Dynamik, die jetzt zwischen ihnen herrscht, neu definieren. Denn wenn sich die Energie verändert, müssen sich auch die Muster zwischen diesen Menschen ändern. Das erfordert Zeit und Geduld, und normalerweise kehren diese beiden Personen dann erst einmal zu sich selbst und zu ihrer Linie zurück und widmen sich einem inneren Heilungsprozess, bevor sie eine Basis für neue energetische Muster und Gewohnheiten schaffen, von denen ihre zukünftige Beziehung geprägt sein soll. All das kann in emotionaler Hinsicht ziemlich anstrengend sein; doch wie immer werden deine Botschaften dich dabei leiten, und die Energie deiner Linie wird dir göttliche Liebe widerspiegeln.

Im Frühjahr 2020, als der größte Teil der Welt in den ersten Corona-Lockdown ging, hatte ich ein Erlebnis mit einem wunderschönen Seelenvertrag. Ich hatte den betreffenden Menschen schon jahrelang immer wieder gesehen und ihm gegenüber niemals etwas anderes empfunden als freundliche Energie. Doch bei einer unserer Begegnungen, die an einem Nachmittag stattfand, spürte ich, wie sich die Energie zwischen uns veränderte. Dieser Mensch ist Unternehmer, genau wie ich; doch im Gegensatz zu meinem stand sein Geschäft kurz vor einer sehr negativen Veränderung. Ich weiß noch heute, wie leid mir das für ihn tat und dass ich das Gefühl hatte, irgendetwas tun zu müssen, um ihm und seinem Unternehmen zu helfen. Ich ging jeden Tag in sein Geschäft, um ihn mit meinen Einkäufen finanziell zu unterstützen, ihm freundliche, liebevolle Energie zu senden und von den kreativen neuen Wegen zu hören, die er mit seinem Unternehmen gerade beschritt, um sich an die veränderten Umstände anzupassen und den Lockdown zu überstehen.

Damals planten meine Familie und ich, ein Haus zu kaufen. Mir war bewusst, wie privilegiert wir waren: Wir befanden uns in einer sehr glücklichen Lage, während so viele andere Menschen enorme Verluste erlitten und ihre Existenz auf unsicheren Füßen stand. Obwohl ich mich sehr auf unser Haus freute, war es mir doch unangenehm, darüber zu sprechen. Eines Tages erzählte ich diesem Mann von einem Haus, das wir besichtigt hatten und für das wir ein Angebot abgeben wollten. Er freute sich sehr für mich, war plötzlich von einer Energie beseelt, die er mir vorher noch nie gezeigt hatte, und ermunterte mich dazu, das Haus zu kaufen. Energetisch fühlte sich das alles so an, als gehe unsere Verbindung weit über unser jetziges physisches Leben hinaus. Auch meine emotionale Reaktion auf seine ermutigenden Worte fühlte sich nach mehr als bloßer Freundschaft an; doch andererseits brachte ich ihm keine romantischen Gefühle entgegen: Es war mehr als das.

Ich spürte, dass eine tiefe Verbindung zwischen uns bestand; also beschloss ich, auf meine Akasha-Chronik zuzugreifen, um mehr darüber herauszufinden. Dort erfuhr ich, dass wir in einem anderen Leben meiner Seele in den 1940er-Jahren miteinander verheiratet waren und in Odessa (Ukraine) lebten. Wir führten ein wunderbares Leben – bis der Zweite Weltkrieg ausbrach. Durch diesen Krieg wurde unser Leben – genau wie das vieler anderer Menschen – auf tragische Weise entwurzelt, und in der darauffolgenden turbulenten Nachkriegszeit hatten wir schwere Kämpfe zu bestehen. Ich sah auch, wie das Leben dieses Mannes endete. Als Nächstes erfuhr ich, dass unsere Seelen in unserem jetzigen Leben in einer Zeit der Ungewissheit und Instabilität einen kurzzeitigen Vertrag miteinander geschlossen hatten, um uns gegenseitig an unsere seelische Widerstandsfähigkeit zu erinnern, damit wir unseren schwierigen Weg mit Vertrauen und innerer Stärke weitergehen konnten.

Ich erkannte diese Zusammenhänge in meiner Akasha-Chronik; doch erst nachdem ich die Chronik wieder geschlossen und durch meine Linie eine Nachricht von meiner verstorbenen Großmutter erhalten hatte, kamen mir Tränen der Rührung. Kurz bevor meine Großmutter ihren physischen Körper verließ und in die energetische Welt zurückkehrte, hatte sie nämlich gerufen: »Odessa! Odessa! Nimm mich zu dir, Odessa!« Damals dachte ich, dass sie im Augenblick ihres Todes einen Engel oder ein Lichtwesen um Trost bat; doch nachdem ich von diesem anderen Seelenleben erfahren hatte, empfing ich durch meine Linie eine wunderschöne multidimensionale Botschaft aus einer anderen Zeit, die besagte, dass meine Großmutter mir mit diesen Worten auch einen Hinweis auf die Stadt Odessa gegeben hatte, der erst Jahre später einen Sinn für mich ergeben sollte. Als ich diesen Zusammenhang erkannte, hörte ich im Geist ihre Stimme: »Du musst die Menschheit über Seelenverträge, Seelenfamilien und Seelenbeziehungen aufklären, Ashley.« In den Tagen danach wurde mir klar, dass dieser Freund und ich beide unseren Teil des Vertrags erfüllt hatten; anschließend war unsere Energie wieder genauso wie vorher.

## Die Seelenfamilie

Deine Seelenfamilie sind die Seelen, die von derselben Sternenenergie stammen wie du. Das energetische Band, das dich mit deiner Seelenfamilie verbindet, ist stärker als jede Bindung, die menschliche Gefühle erzeugen können. Wenn ihr euch in diesem physischen Leben begegnet, seid ihr hier, um einander Seelenliebe zu schenken. Diese Liebe geht weit über die menschliche Liebe hinaus. Sie ist wertfrei, friedlich und ganz und verzeiht alles. Diese Liebe bindet Seelen über Zeit und Raum hinweg für immer und ewig aneinander. Als Seelenfamilie bewirkt ihr mithilfe dieser Liebe Veränderungen und inneres Wachstum im Leben des jeweils anderen und helft euch gegenseitig dabei, zu besseren Versionen eures Seelen-Ichs zu werden.

Deine Seelenfamilie hat viele Mitglieder, und in diesem Leben wirst du einige davon treffen oder hast sie vielleicht sogar schon getroffen. Aber es gibt auch viele andere Seelenfamilienmitglieder, denen du möglicherweise nie begegnen wirst. Deine Begegnungen mit Mitgliedern deiner Seelenfamilie sind etwas Heiliges. Du wirst eine einmalige und sofortige tiefe Verbindung zu ihnen spüren. Ich habe ja bereits gesagt, dass deine Botschaften sich manchmal wie Erinnerungen an etwas anfühlen, das du tief innerlich schon vorher gewusst hast. Deine Seelenfamilie löst einen ähnlichen, aber sehr viel tiefergehenden Erinnerungsprozess in dir aus, weil du dann eine energetische Verbindung spürst, die sich über verschiedene Existenzen und Existenzdimensionen erstreckt.

In deinem Leben werden verschiedene Mitglieder deiner Seelenfamilie ein- und ausgehen, je nachdem, welches Kapitel du im Buch deines Lebens gerade aufgeschlagen hast. Du wirst immer nur mit einigen wenigen Seelenfamilienmitgliedern gleichzeitig zu tun haben. Die gemeinsame Arbeit, die dich mit diesen Menschen verbindet, ist anders als die Aufgaben, denen deine Seelenverträge dienen. Deine Seelenfamilie will dir dabei helfen, etwas an deinem Leben zu verändern, und dich beim Lernen und Verstehen deiner Seelenaufgabe unterstützen. Diese Menschen können dir zum Beispiel deine Gaben widerspiegeln und dir dabei helfen, sie mit der Welt zu teilen; sie können dich aber auch zu dem Seelenheilungsprozess führen, der dir bestimmt ist.

Vielleicht hast du enge physische Kontakte zu deiner Seelenfamilie; es kann aber auch sein, dass ihr durch einen Ozean voneinander getrennt seid und euch niemals auf physischer Ebene begegnen werdet. Du kannst eure energetische Verbindung über große Entfernungen hinweg spüren, genauso wie du die göttliche Liebe spürst, die aus dem Höchsten Reich kommt und durch dich hindurchfließt. Die Pinnacle sagen, dass ihr – du und deine Seelenfamilie – »Äste am selben Baum seid: Selbst wenn ihr euch nicht berührt, habt ihr doch dieselben Wurzeln.«

Wenn du oft von einer bestimmten Person träumst, obwohl du schon lange keinen Kontakt mehr zu ihr hattest oder ihr vielleicht überhaupt noch nie begegnet bist, dann handelt es sich dabei höchstwahrscheinlich um ein Mitglied deiner Seelenfamilie. Die Pinnacle haben mir gesagt, dass Seelen, die uns in unseren Träumen immer wieder besuchen, von derselben Sternenenergie stammen wie wir.

Viele Menschen aus unserer »A Line Within«-Gemeinschaft haben mir erzählt, dass sie manchmal von einem früheren Liebespartner träumen und dass in diesen Träumen Erlebnisse vorkommen, die nicht in ihrem jetzigen Leben stattgefunden haben: Es ist, als sähen sie ein anderes Leben in einer anderen Dimension. Nach dem Aufwachen denken sie dann an diese Person, sehnen sich nach einer neuen Verbindung mit ihr oder empfinden eine tiefe Liebe zu ihr, obwohl sie vielleicht in einer erfüllten, liebevollen Langzeitbeziehung oder Ehe leben. Dann fragen sie sich, ob das wohl bedeutet, dass sie wieder mit dieser Person zusammenkommen sollten, oder ob es ein Zeichen dafür sein könnte, dass ihre jetzige Beziehung sie innerlich nicht erfüllt oder glücklich macht.

In vielen solchen Fällen haben diese Menschen später durch ihre Linie erfahren, dass diese Energie, die sie spüren, auf eine tiefe energetische Verbindung zu einem Mitglied ihrer Seelenfamilie zurückgeht. Die Liebe, die sie spüren, ist die göttliche Liebe, so wie man sie seiner Seelenfamilie gegenüber empfinden soll; doch aufgrund ihrer Lebensgeschichte haben sie sie mit romantischer Liebe verwechselt. Diese Erkenntnis verschafft ihnen Klarheit über Emotionen, die sie sonst vielleicht verwirren würden, und befreit sie von den Scham- oder Schuldgefühlen, die sie womöglich mit sich herumtragen, weil sie an einen »Ex-Partner« denken, obwohl sie in einer festen Beziehung leben.

Die Energie, die Seelenvertrags- und Seelenfamilienerfahrungen zugrunde liegt, ist Liebe. Liebe zu dir selbst und zu anderen Menschen. Liebe, die dir hilft, deine Mitmenschen zu verstehen und zu heilen. Liebe ist das intensivste Gefühl, das wir einander entgegenbringen können, und sie erstreckt sich über all die vielen verschiedenen Dimensionen, in denen unsere Seele existiert. Jede Liebe, die es in diesem Leben zwischen dir und einem anderen Menschen gegeben hat, lebt in deiner Seele weiter, auch wenn die Interaktion oder Beziehung dir nur Verlust, Kummer, Schmerz oder Angst gebracht hat.

Im energetischen Bereich kennen eure Seelen nur Liebe. Diese Liebe ist die Energie, die durch eure Linie hindurchfließt – dieselbe Energie, von der jede Botschaft erfüllt ist, die ihr empfangt. Diese Liebe verbindet Seelen für die Ewigkeit miteinander, und wenn ihr durch eure multidimensionalen Botschaften wieder mit diesen Seelen Kontakt aufnehmt, werdet ihr eine Liebe empfangen, die euch hilft, Ängste loszulassen, Zweifel zu überwinden, etwas aus euren Lektionen zu lernen und zu entdecken, wie ihr eure Gaben nutzen könnt. Von dieser Liebe erhaltet ihr jede Unterstützung, die ihr braucht, um zu euch selbst zurückzufinden.

## Übung: Deine multidimensionalen Botschaften

In dieser Übung sollst du erkennen, was für multidimensionale Botschaften oder Seelenverbindungen du bereits erfahren hast. Dadurch, dass du diese Erfahrungen aufschreibst, erkennst du ihre Bedeutung an und hältst sie in deinem Bewusstsein.

**1. Aktiviere deine Linie.**

Zuallererst solltest du auch bei dieser Übung wieder deine Linie aktivieren. Während du anschließend im Zustand der Aktivierung sitzen bleibst, stell dir vor, dass du als energetisches Wesen in der Lage bist, die physischen

Begrenzungen dieser Welt zu überwinden, dich durch Zeit und Raum zu bewegen und dabei auch andere Erfahrungen deiner Seele wahrzunehmen.

**2. Schreibe in dein Journal.**

Wenn du so weit bist, versuche dir anhand der unten stehenden Fragen bewusst zu machen, welche multidimensionalen Botschaften du bereits empfangen hast oder welche deiner Erfahrungen oder Gefühle ihren energetischen Ursprung in einer anderen Erfahrung deiner Seele haben könnten. Schreibe einfach spontan alles auf, was dir in den Sinn kommt, ohne es zu analysieren oder zu beurteilen, dich dafür zu schämen oder daran zu zweifeln.

Das ist eine längere, aus mehreren Teilen bestehende Übung, und du brauchst nicht alle Teile auf einmal zu absolvieren, sondern kannst sie auf mehrere Sitzungen verteilen. Beschreibe einfach alle Erfahrungen, die gerade in deinem Bewusstsein aufsteigen; und wenn dir zu irgendeinem Abschnitt dieser Übung gerade nichts einfällt, mach einfach beim nächsten Teil weiter. Du kannst gerne auch zu einem späteren Zeitpunkt an der Übung weiterarbeiten.

*Träume*

Rufe dir alle deine Träume (wiederkehrende oder einmalige) ins Gedächtnis zurück, von denen du glaubst, dass sie eine tiefere Bedeutung haben. Diese Träume können von Orten, Menschen, historischen Epochen oder Erfahrungen aus einem anderen Leben oder einer anderen Dimension handeln. Wenn du dich jetzt in diesem Augenblick daran erinnerst, betrachte das als ein Zeichen dafür, dass sie eine tiefere Bedeutung für dich haben.

Beschreibe diese Träume in deinem Journal. Schreibe so viel wie möglich darüber (aber nur das, woran du dich erinnerst) und beantworte dir zu jedem Traum die Frage: Was ist in deinem Leben zu der Zeit passiert, als du diesen Traum hattest?

***Zeit***

Multidimensionale Botschaften können sich auch in einem Gefühl der Verbundenheit mit einer bestimmten historischen Epoche äußern. Oft missverstehen wir solche Botschaften und führen sie darauf zurück, dass wir uns vielleicht einfach besonders für Geschichte interessieren; doch in Wirklichkeit will unsere Seele uns damit Informationen über ein anderes Leben geben, das sie in diesem Zeitalter erlebt.

Zu welchen historischen Epochen fühlst du dich besonders hingezogen?

Wie fühlst du dich, wenn du an diese Epoche (oder Epochen) denkst?

Beschreibe, auf welche Weise deine Seele mit diesen Epochen in Verbindung getreten ist. (Das können zum Beispiel Träume, Erinnerungen oder ein inneres Wissen sein.)

*Orte*

Manche Orte auf der Welt geben dir vielleicht das Gefühl, dort zu Hause zu sein, auch wenn du gar nicht dort lebst und auch noch nie dorthin gereist bist. Dieses Gefühl könnte ein Signal deiner Seele sein, die dir damit sagen möchte, dass eines ihrer Leben an diesem Ort stattfindet.

Zu welchen Orten fühlst du dich hingezogen, obwohl du sie in diesem Leben noch nie besucht hast?

Weißt du, *was* du an diesen Orten so anziehend findest?

Hattest du ein Erlebnis, das dir diese Verbindung zum ersten Mal bewusst gemacht hat? Beschreibe dieses Erlebnis. Wann ist das passiert?

*Menschen*

Vielleicht hast du auch Seelenverbindungen zu Menschen, denen du in deinem jetzigen Leben begegnet bist. Das können zum Beispiel Seelenverträge sein – oder vielleicht stehst du ja auch bereits mit Mitgliedern deiner Seelenfamilie in Kontakt. Solche Menschen können in dein Leben treten, um dir eine Botschaft zu überbringen, dir beim Lernen einer Lektion zu helfen oder dir göttliche Liebe und Unterstützung zu schenken.

Glaubst du an eine Seelenverbindung zu Menschen in deinem Leben (ob vergangen oder gegenwärtig)?

Was für eine Beziehung hast/hattest du zu diesen Menschen?

Wie fühlt sich diese Seelenverbindung für dich an?

Wahlweise: Wenn du deine Notizen zu diesen Fragen fertiggestellt hast, lies sie noch einmal durch und aktiviere dann erneut deine Linie. Während du im Zustand der Aktivierung dasitzt, schließe die Augen und bitte darum, andere Existenzen deiner Seele sehen zu dürfen, die mit den Erfahrungen in Verbindung stehen, die du in dieser Übung beschrieben hast. Vertraue auf alles, was daraufhin zu dir durchkommt, selbst wenn es dir belanglos erscheint oder dir einfach nur bestätigt, dass du einen Zusammenhang zwischen etwas, das du in diesem Leben erlebt hast, und etwas, das deine Seele in einer anderen Existenz erlebt hat, erkannt hast. Schreibe alles auf, was du empfängst, und zwar genauso detailliert, wie es dir übermittelt wurde.

## Punkte am Himmel

Deine Seelenreise ist wie ein Sternbild am Nachthimmel: Jeder Augenblick ist ein Stern – ein kleiner Punkt am Himmel. Wenn du Linien von einer Erfahrung zur nächsten ziehst (wobei diese Erfahrungen Jahre, Dimensionen oder verschiedene Existenzen auseinanderliegen können), wirst du allmählich ein vollständigeres Bild erkennen – eine glitzernde Form, die dir ein tieferes Verständnis für bestimmte Zusammenhänge vermittelt. Dieser Prozess des Verstehens kann jahrelang dauern; doch jede Erkenntnis wird dir genau dann zufließen, wenn du sie brauchst. Vielleicht erkennst du gerade einen solchen Zusammenhang und verstehst, was er jetzt in diesem Augenblick für dich bedeutet; und Jahre später steigt eine weitere Erkenntnis in dir auf, die dich etwas verstehen lässt, das du zu jenem Zeitpunkt gerade durchmachst. Vertraue auf die Erkenntnisse, die du jetzt und hier gewinnst, und sei offen dafür, wie sich diese Einsichten verändern, sobald du mehr multidimensionale Botschaften erhältst und mehr Zusammenhänge erkennst.

Während du innerlich wächst und dich veränderst, wirst du auch neue Erkenntnisse gewinnen und neue Bedeutungen aus deinen mehrdimensionalen Botschaften herauslesen. Du wirst mehr darüber erfahren, warum du diese Botschaften empfangen hast und wie sie dir in diesem Leben weiterhelfen sollen. Deine Energie ist ständig in Bewegung und verändert sich; und die multidimensionalen Botschaften, die du empfängst, werden sich zusammen mit dir verändern.

Deine spirituelle Reise und dein Weg zu dir selbst sind keine linearen Prozesse. Vielleicht erlebst du dabei Augenblicke erstaunlicher innerer Klarheit, nur um dich am nächsten Tag wieder wie ein:e Schüler:in zu fühlen, weil du von der Pike auf lernen musst, was deine Seele braucht, um sich in einer neuen Phase deines Lebens mit deinem Höchsten Selbst im Einklang zu fühlen. Du empfängst in jeder Situation genau das, was du brauchst, um dich an die neuen Lebensumstände anzupassen und mit deinem Höchsten Selbst in Einklang zu kommen. Also gib dich dem göttlichen Timing deiner stets zum richtigen Zeitpunkt kommenden multidimensionalen Botschaften hin und denke daran, dass du jetzt in diesem Augenblick alles weißt, was du brauchst, um den nächsten Schritt zu dir selbst zurückgehen zu können.

Kapitel 11

# Eine neue Frequenz für eine neue Welt

*Um all das zu werden, was du dir wünschst, musst du ein aktives Lichtteilchen in der Anatomie der kollektiven Erfahrung sein. Und um ein aktives Lichtteilchen sein zu können, musst du du selbst sein.*

Die Pinnacle

Wir leben in einer neuen Zeit. Einer Zeit der Wunder. Einer Zeit der Weiterentwicklung unserer energetischen Fähigkeiten. Einer Zeit, in der die Rückkehr zu uns selbst uns einen neuen Weg zeigt, wie wir uns als Kollektiv zusammentun können. Die Welt hat eine neue energetische Frequenz erhalten, die uns alle zu einer neuen Ebene des Seelenbewusstseins erwecken soll. Diese Frequenz erfüllt dich mit Liebe. Zeige dir selbst diese Liebe, damit du deine Botschaften in hundertprozentigem Vertrauen darauf empfangen kannst, dass sie dich zu dem Leben hinführen, für das deine Seele auf diese Welt gekommen ist.

Jedes Mal, wenn du im Einklang mit dieser Version deiner

selbst handelst, dehnt deine Energie sich aus. Sie bewegt sich immer weiter – sie expandiert, wächst und spiegelt anderen Menschen ihre eigene Seelenbestimmung zurück. Zum ersten Mal in der Geschichte der Menschheit unterstützt die Energie dich darin, du selbst zu sein; denn wenn du mit deinem Höchsten Selbst im Einklang lebst, dienst du deinen Mitmenschen. Das ist die neue Frequenz der Neuen Welt. Es ist an der Zeit, zu dir selbst zurückzukehren, in deine eigene Herrlichkeit einzutreten und dich und alle Menschen um dich herum in deinem hellen Licht erstrahlen zu lassen.

Diese neue Frequenz kam zu Beginn des Jahres 2020 zu uns, und seither hat sie uns jedes Jahr neue Möglichkeiten geboten, uns selbst und unsere Seele kennenzulernen. Die Pinnacle sagen, dass das Seelenbewusstsein uns dazu verhilft, uns selbst mehr zu lieben, und dass wir mithilfe dieser Selbstliebe als globale Gemeinschaft auf harmonischere Weise zusammenfinden können als je zuvor.

Diese Energie kam in einer Zeit bei uns an, als in unserem Kollektiv große energetische Gegensätze herrschten. Im Jahr 2020 gab es vier besonders intensive Wellen dieser Energie; und die Emotionen, die diese Wellen in uns Menschen auslösten, boten uns schöne, wenn auch schwierige Zugänge zu unserem Seelen-Ich. Man musste nicht unbedingt etwas von dieser neuen Frequenz wissen oder die Seelenverbindungen damals schon hergestellt haben und konnte diese Energiewellen trotzdem spüren. Überall auf der Welt wurden Menschen auf verdrängte Traumata und emotionale Heilungsprozesse in ihrem Inneren und im Kollektiv aufmerksam. Sie arbeiteten zusammen, organisierten sich, versammelten sich, sagten einander ihre Meinung und reichten sich energetisch auf eine ganz neue Art und Weise die Hände. Wir begaben uns auf eine neue Heilungsreise.

Wenn eine energetische Frequenz im physischen Bereich empfangen wird, entstehen Kontraste; das wird immer so sein. Und wo Kontraste sind, da gibt es auch Lernprozesse, inneres Wachstum und Weiterentwicklung. Die Pinnacle sagen, dass in der Neuen Welt »die Farben heller leuchten und die Kümmernisse schwerer auf euren Schultern lasten«. Gefühle der Liebe, Verbundenheit, Bewusstheit und Akzeptanz stehen im Gegensatz zu heftiger Angst oder Wut und starken Meinungsverschiedenheiten. Während dieser Wellen breiteten sich diese gegensätzlichen Energien schneller über unserem Planeten aus als je zuvor.

Das war auch eine Zeit, in der viele von uns voneinander isoliert waren; wir hielten uns – vielleicht zum ersten Mal seit langer Zeit – allein mit uns selbst in unseren Häusern auf. In jenem Jahr haben die Pinnacle gesagt, dass man sich jetzt nicht mehr länger vor sich selbst verstecken könne. »Jetzt ist es an der Zeit, sich selbst zu erkennen«, erklärten sie mir. Die Menschen änderten ihre Tagesabläufe, kündigten ihre Stellungen, beendeten Beziehungen, erforschten ihre verborgenen Talente und probierten neue Dinge aus. Viele Menschen reagierten auf die Botschaften, die sie damals empfingen, ohne zu wissen, dass es sich dabei um Anregungen handelte, die von ihrer eigenen Seele kamen. Alle erkannten, dass diese Energie (oder die damalige »Zeit«, wenn sie nicht von Energie sprachen) anders war. Alles hatte sich verändert. Wir erhielten Gelegenheit, uns selbst und unsere Welt zu transformieren.

Diese neue Frequenz hat unsere Herzen geöffnet, eine tiefere Liebe in uns aktiviert und uns eine engere Verbindung zu uns selbst, unserer Gemeinschaft und der Erde eingehen lassen. Und diese Frequenz unterstützt dich zurzeit bei allem, was du in dieser Phase deiner Seelenreise durchmachst.

Wir leben jetzt in dieser Neuen Welt, in der unser eigener Heilungsprozess zur Heilung anderer Menschen und unseres ganzen Planeten beiträgt. Das beginnt damit, dass du zu dir selbst und deinen Botschaften zurückkehrst; denn genau das bedeutet Spiritualität in der Neuen Welt. Du selbst zu sein, ist eine spirituelle Praxis.

## Spiritualität ist Selbsterkenntnis

Im Lauf der Menschheitsgeschichte hat es schon viele Situationen gegeben, in denen die niedrig schwingende Energie der Welt auf die kontrastierende, hoch schwingende Energie eines kollektiven spirituellen Erwachens traf. Im Jahr 1945, als die erste Atombombe auf Hiroshima abgeworfen wurde, schrieb Paramahansa Yogananda sein Buch *Autobiographie eines Yogi*, das in den darauffolgenden Jahren Millionen von Lesern zu einem spirituellen Erwachen inspirieren sollte. In den 1960er-Jahren, zur Zeit des Vietnamkriegs und der Hippie-Gegenkultur, erlebte die Menschheit eine ganz neue Frequenz der Liebe, Bewusstheit und spirituellen Verbundenheit. Und jetzt leben wir gerade wieder in einer solchen Zeit. Nur eines ist diesmal anders: nämlich, dass wir nicht auf jemanden, der uns führt, warten, jemanden, der uns zeigt, wie es weitergehen soll. Stattdessen sind wir jetzt dabei, uns selbst zu entdecken.

Früher haben die Menschen auf einen Propheten, Priester oder politischen Führer gewartet, der ihnen sagte, was es bedeutet, ein spiritueller Mensch zu sein, und ihnen erklärte, wie man ein frommes Leben führt. Aber die Energie unserer heutigen Zeit passt nicht mehr zu so etwas. Heute löst sich die kollektive spirituelle Energie in kleine Partikel auf, breitet sich überall aus und hilft dir, dein:e eigene:r spirituelle:r Führer:in zu werden, damit wir alle zusammen eine Welt schaffen können, in der wir zwar voneinander lernen, aber von niemandem geführt werden außer uns selbst.

Heute gibt es Tausende von spirituellen Führer:innen, die ihre Lehren in Büchern, Podcasts, Online-Kursen und Social-Media-Accounts weitergeben; aber es gibt niemanden, der ganz allein einen Paradigmenwechsel herbeiführt. Solche Veränderungen sind stets das Ergebnis einer kollektiven Bemühung, bei der jede:r seine bzw. ihre Gaben einsetzt, nach den eigenen Botschaften handelt, die eigenen Geschichten erzählt und andere Menschen dazu inspiriert, das Gleiche zu tun. Du kannst dir die Energie der Lehrer:innen, die in deinem Leben eine Rolle spielen, zunutze machen, egal ob du eine persönliche Beziehung zu ihnen hast oder ihnen nur online folgst; doch niemand kann dir sagen, welche Seelenarbeit dir in diesem Leben bestimmt ist. Nur du kannst diese Arbeit tun.

Aber das bedeutet nicht, dass du allein bist. Du hast stets

deine Linie, die dich mit der Weisheit deiner Seele verbindet. Außerdem hast du dein kosmisches Team, energetische Führer:innen, Gott oder den Ursprung aller Dinge, das Universum; und um dich herum gibt es jede Menge energetischer Unterstützung. Die neue Frequenz befreit dich und gibt dir die Möglichkeit, dein:e eigene:r Führer:in zu sein und zu entdecken, wer du bist, warum du hier bist und was du der Welt zu geben hast. Selbsterkenntnis ist die neue Spiritualität.

Die Neue Welt, in der wir leben, wird mit vielen einschneidenden Veränderungen in Zusammenhang gebracht, von denen ich zwei kurz erörtern möchte: das astrologische Wassermannzeitalter und die Wiederkunft Christi.

Dem Wassermannzeitalter wird nachgesagt, dass es massive technologische Veränderungen und Fortschritte in der Entwicklung unserer Spezies bringt und dass die Menschheit in dieser Ära näher zusammenrückt. Am 21. Dezember 2020, dem Tag der Sonnenwende in jenem Jahr, als die vierte Energiewelle der Neuen Welt ihren Höhepunkt erreichte, hat sich etwas ganz Besonderes ereignet: Saturn und Jupiter sind im Sternzeichen Wassermann – das mit revolutionärem Denken, Innovation und sozialem Fortschritt assoziiert wird – miteinander in Konjunktion getreten.

Diese Konstellation wurde als »große Konjunktion« bezeichnet, weil die beiden Planeten bei ihrem geringsten Abstand nur ein Zehntelgrad voneinander entfernt waren. Saturn und Jupiter stehen zwar ungefähr alle 20 Jahre in Konjunktion, aber so nah waren sie sich seit 1623 (also vor rund 400 Jahren) nicht mehr. Wenn diese beiden Planeten in Konjunktion stehen, sind sie so nah beieinander, dass sie von der Erde aus gesehen wie ein einziger riesengroßer Stern aussehen. Diese Konjunktion wird manchmal auch als »Weihnachtsstern« bezeichnet, weil manche Menschen glauben, dass der Stern von Bethlehem, der die drei Weisen aus dem Morgenland zur Krippe Jesu Christi führte, kein einzelner Stern war, sondern eben diese große Konjunktion.

Wie bei allen Erd- und Universumsaktivierungen war auch der Zeitpunkt dieser Konjunktion kein Zufall. Ich glaube, dass diese Saturn-Jupiter-Konjunktion ein Signal für eine große Veränderung in der Energie unserer heutigen Zeit war – für eine hoch schwingende Energie im Kontrast zu der niedrigen Schwingungsfrequenz, die damals auf der Welt herrschte.

Die Menschen haben das Wassermannzeitalter (oder unser jetziges Jahrtausend) oft mit der Rückkehr Christi auf die Erde in Verbindung gebracht. Interessanterweise begann ich, als diese neue Frequenz unseren Planeten zu erleuchten begann, die Energie Jesu in meiner persönlichen Akasha-Chronik zu channeln. Auch in den Akasha-Chroniken vieler meiner Klient:innen tauchte diese Energie jetzt plötzlich auf; und sie fühlte sich ganz anders an als der Jesus, von dem ich als Kind in der Kirche gehört hatte.

Dieser Jesus Christus war keine religiöse Figur, sondern ein spiritueller Führer – ein energetisches Wesen, das bedingungslose Liebe ausstrahlte und für mich wie ein frischer Windhauch war, der durch unsere Welt wehte. Als ich Jesus in meiner Akasha-Chronik channelte, erklärte er mir, er sei plejadische Energie, und bei seiner »Wiederkunft« in diesem Zeitalter handle es sich nicht um eine physische Rückkehr, sondern um eine Wiederkehr seiner göttlichen Liebesenergie – der höchsten Schwingung der Frequenz der Neuen Welt. Das ist die Liebe, die durch unsere Linie hindurchfließt. Dadurch, dass wir diese Liebe zu uns selbst empfangen und mit anderen Menschen teilen, tun wir etwas für das Wachstum dieser neuen Liebesfrequenz und für die Heilung unseres Planeten.

Viele Mitglieder unserer Gemeinschaft gehen mit großen religiösen Traumata an diese Arbeit heran. Die Verletzungen, die die institutionalisierte Religion uns zufügt, kann tatsächlich so tief in einem Menschen verankert sein, dass es schon ausreicht, irgendwo den Namen »Jesus« zu lesen oder über das Göttliche zu sprechen – und schon werden schmerzhafte Erinnerungen an Taten wach, die im Namen Gottes verübt worden sind. Unsere jetzige neue Frequenz hilft uns, Jahrhunderte voller religiöser Schuld, Scham, Angst und Missbrauch zu heilen. Sie hilft uns, zwischen dem religiösen Dogma und der göttlichen Energie zu unterscheiden, aus der alles entstanden ist, was existiert.

Gott ist einfach nur ein Name, den wir einer Energie gegeben haben, die wir alle spüren. Die Universelle Eine Energie, die Ursprungsenergie, die Energie, von der wir kommen. Und du bist schlicht und einfach, wirklich und wahrhaftig ein großartiger Ausdruck dieser göttlichen Energie. Gott lebt in dir; daher begegnest du Gott in dem Augenblick, in dem du dir selbst begegnest. Da du dich ständig und für immer und ewig veränderst, musst du auch dich selbst immer wieder neu kennenlernen und die Liebe spüren, die durch dich hindurchfließt. Sie wird dich stets zu dir selbst und deiner göttlichen Essenz hinführen, auch wenn du dich noch so sehr veränderst. Die Pinnacle sagen: »Verbinde dich wieder mit deiner energetischen Essenz und *sei* einfach. Das ist Spiritualität.«

Die Linie ist keine Religion; die Plejaden sind nicht die Kirche; und die Pinnacle sind auch keine Priester. Jede Botschaft, die du empfängst, kommt von irgendetwas, das deine Seele hier oder in einem anderen Leben erlebt. Dieses Wissen fließt dir zu, weil du dieses Wissen *bist*. Die Linie ist deine Konstante in einer Welt mit so vielen verschiedenen Ideen und Meinungen, die dich zu beeinflussen versuchen, und so starkem energetischem Druck, der dir vorschreiben will, wer du sein und wie du handeln sollst. Die Botschaften, die du erhältst, werden dein Urteilsvermögen schärfen, damit du verstehen kannst, wie ein mit deinem Höchsten Selbst im Einklang stehender Ausdruck deiner Seele für dich aussieht.

Du wurdest in eine Familie mit einer ganz bestimmten Geschichte und Kultur hineingeboren; dir wurde ein Name und ein Geschlecht zugewiesen; man hat dir bestimmte Wertvorstellungen beigebracht und dich vielleicht auch zur Ausübung einer bestimmten Religion erzogen. All das kann zu dir passen oder auch nicht. Um zu dir selbst zurückzufinden, musst du sämtliche Normen und Wertvorstellungen, die an dich weitergegeben wurden, und alle Identitätsmerkmale, die du übernommen hast, einer kritischen Prüfung unterziehen, um herauszufinden, was dir dabei hilft, mit deinem Höchsten Selbst in Einklang zu kommen. Oder wie die Pinnacle sagen: »Du solltest nie so bleiben, wie du zu Beginn deiner Existenz warst; deine Wurzeln sind nur ein Teil, der dich zusammenhält und dir erlaubt, dich auszudehnen.«

## Die Welt ist ein Spiegel

Du hast in jedem Augenblick deines Lebens die Kontrolle über die Energie, die du in dir trägst, und die Energie, die du in die Welt ausstrahlst. Wie bereits in Kapitel 6 erörtert, sind wir wie Schwämme, die die Frequenzen einer energetisch dichten Welt aufsaugen; und manchmal ist uns gar nicht bewusst, dass die Energie, die wir in uns tragen, von allem beeinflusst wird, was uns in unserem täglichen Leben begegnet. Genauso wie dir die Zusammenhänge zwischen deinen Gefühlen und den Energien, die du in dich hineinlässt, vielleicht nicht bewusst sind, prägen die Frequenzen, die du in die Welt hineinprojizierst, deine Erfahrung dieser physischen Realität.

Deine Energie verändert alles: die Dinge, die du wahrnimmst, und die Bedeutung, die du ihnen beimisst; die Zusammenhänge, die du erkennst; die Urteile, die du fällst; und deine Bereitschaft, zu verstehen, dass alles, was du wahrnimmst, dir etwas über dich selbst verrät. Die Welt ist ein Spiegel, und alles, was du siehst, reflektiert irgendetwas zu dir zurück, das in deinem Inneren liegt: einen Trigger, eine Lektion, eine Seelenverbindung, ein emotionales Trauma, eine Botschaft.

Wie immer wird dein Ego dich davon abhalten wollen, deine Energie in Besitz zu nehmen. Es wird versuchen, deine Macht über dein Leben so stark wie möglich zu unterdrücken, die Schuld an deinen Gefühlen jemandem oder etwas anderem zuzuschieben, und die göttliche Herrlichkeit in deinem Inneren zu schmälern, damit du so bleibst, wie du bist. Wenn an allem jemand anderes schuld ist, kann das Ego tatenlos bleiben; und genau das will es. Aber deine Botschaften zielen auf Bewegung ab: Sie wollen, dass du dich bewegst, tanzt und spielst.

Um dein Ego zu überwinden, haben uns die Pinnacle folgendes Mantra mit auf den Weg gegeben: »Halte deine Energie auf liebevolle Weise neutral und bleibe im Fluss.« Eine neutrale Energie zu haben bedeutet, dir bewusst zu sein, auf welche Energie du reagierst, welche Energie du ausstrahlst oder welcher Energie du aus dem Weg zu gehen versuchst. Eine neutrale Energie hilft dir, deine Mitte zu finden, sodass du deine emotionalen Reaktionen auf das, was du in der Welt siehst und erlebst, in ehrlicher und liebevoller Haltung als Hinweise auf Probleme in deinem Inneren betrachten kannst, die du angehen musst. Das ist deine innere Arbeit und die Spiritualität der Neuen Welt. Wir sind von Polarität geprägte Wesen; wir müssen unseren Schatten genauso ehren wie unser Licht. Beide Seiten unseres Inneren helfen uns, zu wachsen und uns weiterzuentwickeln. Du kannst dich für deinen Schatten genauso lieben wie für dein Licht; denn aus beidem kannst du mehr darüber lernen, wie du als Ich, das mit seinem Höchsten Selbst im Einklang steht, in dieser Welt leben und in hellem Glanz erstrahlen kannst.

Die Energie, die du in deinem Inneren nährst, wird in dir und im Energiefeld unseres Planeten wachsen. Die Welt wird sich weiterhin verändern, du wirst weiterhin Neues dazulernen, und deine Energie wird weiterhin in Bewegung bleiben. Du wirst auch weiterhin Botschaften erhalten und entscheiden, ob du ihnen folgen oder sie ignorieren willst. Du wirst Entscheidungen treffen, die mit deinem Höchsten Selbst im Einklang stehen – oder eben nicht. Du wirst niedrig schwingende Energie nähren, und du wirst hoch schwingende Energie nähren. Doch je mehr du dich darin übst, die Welt aus einer energetischen Perspektive zu sehen, umso klarer werden dir die Gründe für deine emotionalen Reaktionen auf die Energie, die wir alle spüren. Du wirst lernen, dich selbst mit Liebe und in einer Haltung energetischer Neutralität zu betrachten. Du wirst erkennen, dass du nur ein Farbpixel im Gemälde der gesamten Menschheit bist. Wenn du dich auf die Frequenz der Neuen Welt einstimmst, wird dein Farbpixel aufleuchten, und du wirst in deiner ganzen göttlichen Herrlichkeit erstrahlen und alle Menschen um dich herum mit deinem Licht erhellen.

Wenn wir die Welt betrachten und dabei nur unsere physische Natur sehen, nehmen wir in erster Linie Unterschiede zwischen uns wahr: dass wir alle anders aussehen, anders reden, an andere Dinge glauben und dass jeder Mensch ein anderes Leben führt. Unterschiede sind sogar eine ganz besondere Stärke unserer Spezies; nur leider empfinden die Menschen Unterschiede oft als Bedrohung. Wir müssen in all unserer Unterschiedlichkeit in Liebe zueinanderfinden.

Die Frequenz der Neuen Welt unterstützt uns bei unserer Seelenarbeit, sodass wir die energetischen Verbindungen sehen können, die alle physischen Geschöpfe auf diesem Planeten miteinander vereinen. Die Botschaften aller Menschen, die je auf diesem Planeten gelebt haben, wurden durch die Energie der Erde aktiviert und wie ein Flickenteppich aus Erinnerungen unter unseren Füßen miteinander verwoben. Wir wandeln jeden Tag auf den Nähten zwischen diesen Flicken und werden durch unsere Linie energetisch daran erinnert, unserem Heimatplaneten Ehrfurcht und uns gegenseitig Liebe entgegenzubringen. Wenn diese Liebe uns dazu verhilft, uns stärker mit uns selbst und anderen Menschen verbunden zu fühlen, ist das der Beginn einer kollektiven Transformation für die Neue Welt.

## Behutsam und leichtfüßig durch die Welt gehen

Eines der großen energetischen Kontrastprogramme dieser eigentlich von positiver Energie geprägten Neuen Welt ist die Gesundheit unseres Planeten: Unser Klima verändert sich, unsere Ozeane erwärmen sich, unsere Artenvielfalt geht verloren, und Naturkatastrophen, die das Überleben menschlicher Zivilisationen auf der ganzen Welt bedrohen, nehmen an Häufigkeit und Intensität immer mehr zu. Wir erleben jetzt aus erster Hand, wie es ist, wenn man nicht mit seinem Planeten im Einklang lebt und die heilige Energie von Mutter Erde missachtet.

Betrachtet man all das aus der jahrtausendealten historischen Perspektive unseres Planeten, so wird dies einfach nur ein weiterer Zyklus sein, in den die Erde eintritt und zu dem wir diesmal einen direkten Beitrag geleistet haben. Mutter Natur wird sich selbst heilen. Sie wird diesen Zyklus durchlaufen und sich regenerieren, so wie sie es auch früher schon getan hat; und als Spezies müssen wir Menschen zusammen mit ihr geheilt werden, um zu überleben.

Die Welt ist ein Spiegel, und unsere Erde zeigt uns, dass wir als Kollektiv auf energetischer Ebene krank sind und der Heilung bedürfen. Wir haben uns von uns selbst abgekoppelt. Wir haben unsere Botschaften viel zu lange ignoriert, sind gegenüber unseren Emotionen abgestumpft und haben zugelassen, dass unser Ego uns stets in den gleichen schädlichen Mustern gefangen hält. Die Frequenz der Neuen Welt unterstützt uns bei unserem individuellen Heilungsprozess, damit wir lernen können, auf neue Art und Weise zusammenzukommen und im Einklang mit der Erde zu leben. Wenn du dich auf energetischer Ebene selbst heilst, reparierst du damit gleichzeitig auch deine energetische Beziehung zur Erde. Das ist der notwendige erste Schritt für uns alle, wenn wir eine dauerhafte Veränderung unserer persönlichen und kollektiven physischen Beziehung zur Erde bewirken möchten.

Ich erhalte immer wieder Anfragen von Menschen, die wissen wollen, was die Pinnacle ihnen über die Zukunft sagen können. Wird alles gut gehen? Ich fühle mit jedem Menschen mit, der mir solche Fragen schickt: Diese Leute sind auf der Suche nach etwas, das ihnen Hoffnung gibt. Denn viele Menschen leben in Angst und Sorge vor dem, was uns in Zukunft bevorsteht. Sie haben das Gefühl, dass ihr persönliches Handeln auf globaler Ebene nichts bewirken kann. Genau deshalb lassen die Ratschläge der Pinnacle die Menschen oft unbefriedigt: Sie würden gerne mehr erfahren. Die Pinnacle sagen, dass alles bei dir selbst beginnt. Wir alle müssen für unsere Botschaften empfänglicher werden, persönliche Verantwortung für das übernehmen, was jeder Einzelne für diesen Planeten tun kann, und in Liebe und im Einklang mit unserem Höchsten Selbst über die Erde wandeln.

Wenn du – wie viele andere Menschen – nicht so recht daran glaubst, dass dein persönliches Handeln etwas bewirken kann, solltest du zweierlei Dinge bedenken. Erstens: Die Frequenz der Neuen Welt ist aus einem ganz bestimmten Grund gerade jetzt auf unseren Planeten gekommen. Sie unterstützt Menschen, deren Handeln mit ihrem Höchsten Selbst im Einklang steht, weltweit darin, eine tiefgreifende globale Veränderung herbeizuführen – und zwar nicht nur im Hinblick auf das Klima. Mithilfe deiner Linie kannst du Informationen darüber erhalten, die genau auf deine individuelle Seele zugeschnitten sind und dir verraten, was du tun musst, um dich selbst und deine Beziehung zu unserem Planeten energetisch zu heilen. Deine Linie wird dir auch zeigen, welche praktischen Veränderungen du in deinem Leben in Angriff nehmen kannst, um mit der Erde im Einklang zu leben.

Zweitens kannst du getrost großes Vertrauen in die Wirksamkeit deines Tuns setzen, denn genau wie die Frequenz der Neuen Welt bist auch du aus einem ganz bestimmten Grund gerade jetzt auf diese physische Ebene gekommen. Nutze die wunderbare Gabe der Erdaktivierungen, um deine eigene Rolle auf diesem Planeten zu erkennen, in den Jahreszeiten einen Spiegel deiner eigenen Zyklen zu sehen, die Energie von Mutter Erde in deinem physischen Körper zu spüren und dich daran zu erinnern, dass deine Botschaften von der Erde kommen. Ohne sie wären wir gar nicht in der Lage, die Botschaften durch unsere Linie zu empfangen. Tritt mit dieser Wahrheit in Kontakt und spüre sie tief in deinem Herzen und im Innersten deines Wesens. Komm zu dir selbst nach Hause zurück und höre darauf, was deine Botschaften dir über die konsequenten, täglichen Verhaltensänderungen sagen, die du in deinem Leben vornehmen kannst, um unser gemeinsames Zuhause – Mutter Erde – zu ehren und zu respektieren.

Das bedeutet natürlich nicht, dass jede:r von uns für sich allein an der Rettung dieses Planeten arbeiten soll und dass es keine Möglichkeit gibt, gemeinsam an einem Strang zu ziehen. Wir sollten diese Arbeit alle zusammen in Angriff nehmen; aber zunächst einmal müssen wir uns auf die energetische Ursache des Klimawandels *und* gleichzeitig auch auf die physische Realität dieser Krise auf der Erde einstimmen.

Immer wenn es irgendwo eine große Überschwemmung gibt oder die ohnehin schon fast ständig stattfindenden Waldbrände *noch* häufiger auftreten als sonst, veranstalten viele spirituell denkende Menschen Massenmeditationen, um die Frequenz unseres Planeten zu verändern, weil sie darauf hoffen, dass die starke energetische Frequenz, die von Tausenden meditierenden Menschen ausgeht, der Erde und der Menschheit physische Linderung verschaffen wird. Als ich die Pinnacle im Namen unserer »A Line Within«-Gemeinschaft fragte, ob man mit Massenmeditationen und Energiearbeit etwas für die Heilung unseres Planeten tun könne, antworteten sie: »Ja, meditiert, um innerlich ruhig zu bleiben und die Situation aus einer übergeordneten Perspektive zu betrachten; doch um etwas gegen dieses Problem zu tun, müsst ihr euren täglichen Lebensstil ändern. Geht behutsam und leichtfüßig durch die Welt!«

Dieser letzte Satz ist wie ein Mantra für ein Leben, das zu unserer Neuen Welt passt. Wenn du nach deinen Botschaften handelst, stehst du energetisch mit deinem Höchsten Selbst und der Frequenz unserer heutigen Zeit im Einklang. Diese Energie wird dir praktische Wege aufzeigen, wie du leichtfüßig über unseren Planeten wandeln kannst: und diese neue Lebensweise befreit dich gleichzeitig auch aus den Fängen deines Egos, das dich dazu verleiten möchte, stets das Gleiche zu tun. Immer und ewig in Sicherheit bleiben zu wollen, reißt dich aus dem Einklang mit deinem Höchsten Selbst heraus. Doch wenn du ein »leichtfüßiges Leben« führst, bist du flexibel und kannst dich an deine ständig im Fluss befindliche Energie anpassen. Du kannst alte Denk- und Verhaltensmuster verändern, du kannst neue Dinge ausprobieren, du kannst Spaß haben. Wenn du mit leichten, vorsichtigen Schritten über unsere Erde wandelst, kannst du dich und unseren Planeten heilen.

## Du bist ein Samenkorn. Werde weich und passe dich an die neue Frequenz an!

Leider herrscht in der Neuen Welt eine immer tiefer werdende Kluft zwischen den Menschen, die für diese neue Frequenz der Liebe und Verbundenheit erwachen, und denjenigen, die nur die physische Welt wahrnehmen. Wir Menschen bekommen in unserer heutigen Zeit viel Unterstützung dabei, uns für unsere innere Größe zu öffnen. Diese Größe wird euch jetzt offenbart, und ihr erkennt sie. Während ihr eure Seelenreise fortsetzt, müsst ihr euch darüber klar werden, was ihr wissen wollt. Was möchtet ihr entdecken? Lasst eurer Neugier freien Lauf und vertraut euch der Führung eurer Linie an.

Oder wie die Pinnacle gesagt haben: »Tritt in diese Welt ein, als wäre sie brandneu, denn das ist sie – du entdeckst jetzt alles neu. Du siehst alles in einem goldenen Licht erstrahlen. Du weißt, dass andere Menschen nicht das Gleiche sehen wie du; aber du nimmst die Schönheit, das Neue, die Möglichkeit, die Gelegenheiten wahr. Du erkennst, was für eine wunderbare Chance das ist. Du siehst alles mit den Augen der Liebe – das ist das Neue daran. Für dich ist das vielleicht nicht neu, denn deine Seele weiß es bereits; doch wenn du mit dieser Absicht in unsere heutige Zeit hineingehst, kannst du innerlich wachsen. Es ist eine Einstellung, in der du dich erst üben und die du dir angewöhnen musst; eine Entscheidung, die du in deinem Inneren nähren, hegen und pflegen und auf die du achten solltest.«

In dieser neuen Frequenz bist du wie ein Samenkorn, das in die Erde gelegt wird. Du musst dich auf dich selbst konzentrieren, dich um dich selbst kümmern und etwas für dein inneres Wachstum tun; denn auf Hilfe von anderen Menschen wirst du dabei vergeblich hoffen.

Bevor ein Samenkorn in die Erde gelegt wird, ist es hart. Doch sobald du es aussäst, wird es durch die Feuchtigkeit der Erde weich; und es muss auch weich bleiben, damit eine Pflanze daraus entstehen kann. Würde das Samenkorn oben auf der Erde liegen, so bliebe es trocken und hart und könnte nicht keimen. Genau wie dieses Samenkorn musst auch du dir selbst, deinen Botschaften und der neuen Frequenz auf der Erde gegenüber weich werden, um deinen Transformationsprozess durchlaufen zu können.

Unsere Botschaften kommen ständig zu uns durch, und wir empfangen sie und möchten danach handeln. Wir haben einen Plan, wie wir auf diese Botschaften reagieren wollen; doch dann verhärten wir uns aus irgendeinem Grund dagegen. Wir erfinden Gründe, warum wir das doch nicht tun können. Wir wehren uns gegen unseren inneren Impuls, nach diesen Anleitungen zu handeln, auch wenn dieser Widerstand vielleicht nicht offen zutage tritt, sondern sich in Form äußerer Ablenkungen zeigt: Vielleicht nimmst du dein Smartphone zur Hand, um irgendetwas nachzusehen, und plötzlich schaust du dir den Wetterbericht an; dann wirfst du einen Blick in die Nachrichten; als Nächstes surfst du ein bisschen in den sozialen Medien herum – und schon ist eine Dreiviertelstunde vergangen, und das Zeitfenster, in dem du auf deine Botschaft reagieren wolltest, ist vorbei. Dann denkst du: »Was soll ich machen – ich habe eben einfach keine Zeit!«

Deine Botschaften kommen genau zum richtigen Zeitpunkt zu dir; doch in dem Augenblick, in dem du an dir selbst zweifelst, fängst du an, dich gegen deine Botschaft und gegen die Energie zu verhärten, die du gespürt hast, als die Botschaft ankam. Die Energie, die dich zum Handeln motivierte, hat sich verändert. Du kannst zwar jederzeit wieder zu dieser Frequenz zurückfinden; doch wenn du darauf vertraust, dass du in jedem Augenblick deines Lebens alles hast, was du brauchst, um auf deine Botschaften zu reagieren, wirst du innerlich offener dafür, sie zu befolgen.

Du durchläufst Zyklen in deinem Inneren: Manchmal reagierst du auf deine Botschaften; aber es wird auch Zeiten geben, in denen du sie ignorierst. Wenn du dich gegen deine Botschaften sträubst und verhärtest, gehst du zwar nicht zugrunde wie ein Samenkorn in der Trockenzeit. Du kannst immer wieder aufkeimen und weiter wachsen; aber du brauchst diese Verbindung zu dir selbst, in der du für deine Botschaften offen bist; und diese Verbindung kommt dadurch zustande, dass du die Transformationen, die du durchmachst, beobachtest und dir erlaubst, die Wunder dieses Lebens zu sehen. Um dich verändern zu können, musst du auf deine Botschaften reagieren. Und um nach deinen Botschaften handeln zu können, musst du dich selbst lieben und dich der göttlichen Führung anvertrauen, die durch dich hindurchfließt.

Wenn du deinen Botschaften nachgibst, öffnest du dein Herz für die Frequenz der Neuen Welt und für alles Schöne, das dich umgibt. Dann spürst du ein Gefühl der Verbundenheit mit dir selbst, siehst dich als Teil von Mutter Erde und fühlst dich eins mit der kollektiven Energie unseres Planeten.

Wenn du innerlich offen und weich wie ein in der Erde liegendes Samenkorn bist, kannst du die neuen Erfahrungen und Ideen und die neue Energie, die deine Botschaften dir bringen, in dich aufnehmen; denn dann prallen sie nicht sofort von dir ab. Es ist ein langsamer Prozess, der dir genügend Zeit gibt, alles zu verstehen, zu verarbeiten, zu lernen und innerlich daran zu wachsen; und wenn du mitten in den unangenehmen Erfahrungen einer Veränderung steckst, kannst du diesen Schmerz ganz langsam absorbieren. Lass dich auf deine Botschaften, deine Linie und die Frequenz dieser Neuen Welt ein, dann kannst du einen tiefgreifenden inneren Wandlungsprozess durchmachen.

Momentan fühlst du dich vielleicht wie ein Samenkorn im Dunkeln; deshalb möchte ich dich daran erinnern, dass man in der Dunkelheit wächst. Sei präsent und schau in dich hinein. Was für eine Botschaft empfängst du? Wie solltest du darauf reagieren?

Höre auf dich selbst. Es ist eine neue Art zu leben.

# Anhang

***Gebet der Neuen Welt***

Im April 2020 habe ich in meiner Akasha-Chronik das »Gebet der Neuen Welt« gechannelt. Dieses Gebet bringt uns in einen ganz neuen Bereich dieser Chronik hinein – einen Bereich, der die Erdfrequenz und die Frequenz der Neuen Welt umfasst. Unsere Akasha-Chronik ist in den Plejaden gespeichert; bevor ich dieses Gebet channelte, musste ich in meinem Bewusstsein also immer erst nach oben zu den Sternen reisen, um Informationen und Ratschläge aus der Akasha-Chronik zu erhalten. Das »Gebet der Neuen Welt« verbindet beide Energien – den Himmel über uns und die Erde unter uns – miteinander und bezieht zusätzlich auch noch die Frequenz der Neuen Welt mit ein, sodass wir eine viel kraftvollere und stärker geerdete Erfahrung im Bereich der Akasha-Chronik machen können. Dabei handelt es sich um ein Gebet des Mitgefühls, das uns eine tiefe Introspektion und Selbstheilung ermöglicht. Wenn wir uns mithilfe dieser Frequenz selbst heilen, dann heilen wir gleichzeitig auch die Erde. Ich empfehle dir, eine Linienaktivierung durchzuführen, um dich zentriert und geerdet zu fühlen, bevor du dieses Gebet sprichst. Rezitiere das Eröffnungsgebet, um in die Akasha-Chronik einzutreten, und das Schlussgebet, um sie wieder zu verlassen. Jedes

Gebet sollte laut gesprochen werden – entweder mit offenen oder geschlossenen Augen.

### *Eröffnungsgebet*

Wir versammeln uns im Licht. Wir versammeln uns in der Liebe. Wir versammeln uns im Wissen um die Botschaften, die von oben zu uns kommen. Dank der Akasha-Chronik verstehen wir unsere innere Größe. Dank der Akasha-Chronik verstehen wir unsere Weisheit. Dank der Akasha-Chronik verstehen wir, was alles gespeichert ist. Dieses Gebet wird uns dorthin führen.

Ich möchte (mich/Name des Klienten/der Klientin/des Tiers/des Ortes) im Licht der Akasha-Chronik erkennen. Hilf mir, (mich/Name des Klienten/der Klientin/des Tiers/des Ortes) im Licht der Akasha-Chronik zu sehen. Bring mich dazu, (mich/Name des Klienten/der Klientin/des Tiers/des Ortes) im Licht der Akasha-Chronik zu spüren.

Nun ist die Akasha-Chronik geöffnet.

### *Schlussgebet*

Ich bedanke mich dafür, dass (ich/Name des Klienten/der Klientin/des Tiers/des Ortes) in die Akasha-Chronik eintreten durfte. Ich danke den Pinnacle dafür, dass sie (mir/Name des Klienten/der Klientin/des Tiers/des Ortes) den Weg dorthin erleuchten. Ich danke diesem Raum für seine Behaglichkeit und die Liebe, die er ausstrahlt. Ich danke (meinem Höchsten Selbst/dem Höchsten Selbst von: Name des Klienten/der Klientin/des Tiers/des Ortes) dafür, dass es (mich oder uns) hierher geführt hat. Die Akasha-Chronik ist jetzt wieder geschlossen. Amen. Die Akasha-Chronik ist jetzt wieder geschlossen. Amen.

Nähere Anleitungen dazu, wie du mithilfe dieses Gebets der Neuen Welt für dich selbst oder andere Menschen die Akasha-Chronik lesen kannst und wie man sich ein Online-Geschäft als Akasha-Chronik-Leser aufbaut, findest du in unserem Kurs »How to Read the Akashic Records with the Pinnacle« unter alnwithin.com.

# Danksagungen

Ich danke den Pinnacle dafür, dass ich diese Weisheit durch sie channeln durfte. Es ist mir eine große Ehre, ein Kanal für dieses Wissen zu sein und es mit der Welt teilen zu dürfen.

Lieber Ben: Als wir mit der Arbeit an diesem Buch begannen, waren wir noch verheiratet. Jetzt sind wir es nicht mehr. Denn durch diesen gemeinsamen kreativen Prozess ist uns klar geworden, dass unser Seelenvertrag als Ehemann und Ehefrau beendet war, und dadurch hat sich unsere Beziehung zueinander verändert. Danke für deine Freundschaft und dafür, dass du bei diesem Projekt (und vielen anderen Projekten) mein Mitschöpfer warst. Danke für deine liebevolle Strenge und Zärtlichkeit, deine Ausdauer und Stärke. Manchmal hat sich die Arbeit an diesem Projekt so angefühlt, als würden wir den höchsten Berg der Welt besteigen; und ohne dich wäre dieses Buch nicht zu dem geworden, was es ist. Danke, dass du deine Weisheit, dein Können und Talent, dein Herz und deine Ausdauer in dieses Projekt eingebracht hast. Eine deiner Bestimmungen in diesem Leben besteht darin, »Menschen dabei zu helfen, ihre Ziele zu erreichen«; und es ist erstaunlich, wie viel Zeit und Energie du für mich aufbringst. Ich werde dich immer lieben.

An meine süße Tochter Baboo, die Liebe meines Lebens: In

dem Augenblick, in dem unsere Seelen sich miteinander verbanden, hat sich mein Leben für immer verändert. Worte können unmöglich ausdrücken, wie dankbar ich dafür bin, dich zu haben. Danke, dass du eine ganz neue Art der Liebe in mein Leben hineingebracht hast; und herzlichen Dank auch für die viele Weisheit, die du mir bis jetzt schon geschenkt hast. Du bist meine wichtigste Lehrerin, und es ist mir eine Ehre, dich durch dieses Leben begleiten zu dürfen.

An Feesh und Bose, meine Kätzchen und Lichtführer: Danke, dass ihr neben mir sitzt, mir Botschaften zukommen lasst, mich heilt und bedingungslos liebt. Unsere Beziehung zu Tieren ist etwas Heiliges; ich liebe euch beide so sehr.

Talluah, mein Babykätzchen und mein kleiner plejadischer Glitzerstern: Du bist erst in der Woche vor der Fertigstellung dieses Buches bei uns eingezogen, aber ich bin jetzt schon ungeheuer verliebt in dich und empfinde es als Ehre, mit dir zusammenzuleben und zu beobachten, wie du dein Lebenswerk vollbringst.

Bev Morden und Val Wood: Danke, dass ihr euch um Baboo gekümmert habt, während Ben und ich an diesem Projekt arbeiteten. Danke dafür, dass ihr mit ihr Schritt gehalten, ihr eure Liebe geschenkt und ihr stets das Gefühl gegeben habt, etwas Besonderes zu sein. Grant Morden und Ron Wood: Danke, dass ihr eure Ehefrauen so oft an uns »ausgeliehen« habt. Ich liebe euch alle.

Ganz herzlichen Dank auch an das Sounds True-Verlagsteam und meine Lektorin Jaime Schwalb. Bei unserem ersten Telefonat erinnerte ich mich an eine Begebenheit im Jahr

2013, als ich gerade meinen Food-Blog gestartet hatte und ein vor Kurzem erschienenes Kochbuch eines anderen Bloggers in der Hand hielt. »Wow, es wäre toll, auch ein Buch zu schreiben«, dachte ich damals. In dem kurzen Augenblick, in dem ich mich an diese Begebenheit erinnerte, hörte ich, wie eine Botschaft durch meine Linie kam: »Du hast es so gewollt! Also los – viel Spaß beim Schreiben deines Buches.« Danke, dass du *deiner* Botschaft gefolgt bist und mich gebeten hast, dieses Buch zu schreiben, Jaime. Ich bin dir unendlich dankbar für deine Unterstützung und Ermutigung und das Verständnis, mit dem du mich auf diesem Weg begleitet hast.

Dir, Guru Jagat, danke ich für deinen Geist, der die Welt weiterhin mit so viel Liebe und Weisheit umarmt, selbst nachdem dein physischer Körper diese Ebene verlassen hat. Eines Tages erhielt ich eine Botschaft, die mich dazu bewog, ein paar Monate lang (wie besessen) Kundalini-Yoga zu praktizieren; und das hat wiederum dazu geführt, dass ich irgendwann mitten in einer Yoga-Position meine nächste Botschaft empfing: »Hör auf mit dem, was du gerade tust – das ist die Linienaktivierung; bringe sie der ganzen Welt bei.« Ohne das RA MA Institute for Applied Yogic Science and Technology, das mir den nötigen Platz für meine Yoga-Übungen bot, hätte ich die Linienaktivierung nicht empfangen – ein schönes Beispiel dafür, dass unsere Botschaften Trittsteine auf unserem Weg sind.

Laura Ohta, Leslie Galbraith und Purnima Chaudhari, meine lieben Seelenschwestern: Worte können nicht ausdrücken, wie dankbar ich dafür bin, euch in diesem Leben gefunden zu haben. Danke für die Weisheit, die ihr mir geschenkt, und die Liebe und Unterstützung, die ihr mir stets entgegengebracht habt. Ihr inspiriert und tröstet mich und seid tatsächlich wie eine Familie für mich. Ich bin so dankbar für die wunderschönen Konstellationen, die unsere Seelen gemeinsam im Kosmos bilden.

Kelsey Ammon, mein leuchtender Stern: Danke für alles, womit du mein Leben bereicherst und was du für »A Line Within« tust! Herzlichen Dank dafür, dass du dir die Zeit genommen hast, dieses Buch zu lesen, bevor irgendjemand anders es tun konnte. Danke für deine Liebe, dein ehrliches Feedback und für das wunderbare Licht, das du in mein Leben und in diese Welt hineinbringst. Du bist meine Lehrerin, meine Freundin, und ich bin sehr dankbar dafür, dich in meinem Leben zu haben.

Dir, Jessica Kraft, danke ich für deine gründliche redaktionelle Bearbeitung dieses Buches und für das ehrliche, klare und hilfreiche Feedback, das mich zu einer kompletten Neufassung inspiriert hat. Danke, dass du mich dazu herausgefordert hast, ein noch besseres Buch zu schreiben! Ich schätze deinen Beitrag zu diesem Projekt sehr. Dir, Jill Rogers, danke ich ganz herzlich für das Korrekturlesen und für deine einfühlsamen und hilfreichen Änderungsvorschläge zu dem Manuskript. Laurel Szmyd und dem übrigen Produktionsteam von Sounds True danke ich dafür, dass sie sich um die Veröffentlichung des Buches gekümmert haben.

Tanya Montpetit: Ich bin mit einer großen Aufgabe zu dir gekommen, und du hast sie mit Leichtigkeit bewältigt. Danke, dass du meine Vision umgesetzt und ein wunderschönes

Buchcover daraus gestaltet hast. Dein Talent und deine Fähigkeit, ätherische, lebendige, mystische und geerdete Kunstwerke zu schaffen, inspiriert mich ungeheuer, und ich bin sehr dankbar dafür, dass ich zusammen mit dir an diesem Projekt und den vielen Illustrationen für »A Line Within« arbeiten durfte. Danke, danke, danke!

Dir, Vanessa Mayberry, danke ich dafür, dass du dein Talent und dein gutes Herz in die vielen Tage eingebracht hast, die wir draußen verbracht haben, um das »perfekte« Autorenfoto zu schießen, und dass das alles mit dir so einen Riesenspaß gemacht hat! Nach Hunderten von Aufnahmen an mehreren verschiedenen Locations hast du ein wunderschönes Foto gemacht, das nicht nur mein »physisches« Ich zeigt, sondern in dem auch meine Seele festgehalten ist. Vielen Dank dafür!

Kami Speer: Unsere Seelenverbindung ist etwas ganz Besonderes für mich. Danke, dass du während der Energie der Großen Konjunktion, als Saturn und Jupiter im Sternzeichen Wassermann zueinander traten, so ein wunderschönes Aurora-Kleid für mich gechannelt hast. Dieses Kleidungsstück hat eine so kraftvolle Frequenz; und wie du weißt, hat es gleich in dem Augenblick, in dem ich es anzog, Seelenerfahrungen in mein Bewusstsein gehoben. Genau deshalb habe ich dieses Kleidungsstück auch bei den Aufnahmen für mein Autorenfoto getragen; und es hat bewirkt, dass meine Seele durch das Foto durchscheint. Dafür bin ich dir ungeheuer dankbar.

Dir, Jaxson Pohlman, danke ich dafür, dass du genau zum richtigen, von Gott vorherbestimmten Zeitpunkt in mein

Leben getreten bist. Du hast mir ein neues Verständnis von Mitgefühl vermittelt, das mich beim Schreiben dieses Buches stark beeinflusst hat. Außerdem hast du mir Seelenfamilienliebe entgegengebracht (du warst übrigens der Erste, von dem ich etwas darüber gelernt habe) und mir meine Gaben und Fähigkeiten zurückgespiegelt. Ich bin sehr froh darüber, dass es dich in meinem Leben gibt.

Juuso Hämäläinen, als ich meine Arbeit an diesem Buch beendete, waren wir gerade erst dabei, uns kennenzulernen; aber ich merke jetzt schon, wie bedeutsam unsere Verbindung ist – egal wie lange sie in diesem Leben dauern wird. Ich bin so dankbar dafür, dich zu kennen! Ich danke dir für alles, was wir miteinander geteilt haben, und für das, was ich von dir und durch dich inzwischen schon alles gelernt habe. Du bist etwas ganz Besonderes für mich.

Dir, Mutter Erde, danke ich dafür, dass du mich hältst, heilst und endlos inspirierst. Aus Ehrfurcht vor deiner Herrlichkeit werde ich stets auf behutsamen, rücksichtsvollen Sohlen durch die Welt gehen. Ich bin so dankbar dafür, dich nicht nur sehen, sondern auch spüren zu dürfen.

Endloser Himmel über mir: Danke, dass du mir mit der seelentiefen, aktivierenden Magie, die ich empfange, wenn ich unter dir stehe, jeden Abend aufs Neue den Atem nimmst. Ich sehe in dir meine Heimat und bin für immer und ewig dankbar dafür, dich aus der Perspektive dieser Erdebene erleben und deine Schönheit in mich aufnehmen zu dürfen.

Ganz herzlichen Dank auch an unsere treue, liebevolle und stets hilfreiche »A Line Within«-Gemeinschaft. Danke, dass ihr eure Energie mit uns teilt und euch zusammen mit uns weiterentwickelt.

Und nicht zuletzt danke ich natürlich auch dir, dunkle Schokolade, dafür, dass du immer für mich da bist, wenn ich dich brauche!

# Anmerkungen

1. Anthony F. Aveni: *Skywatchers* (Austin: University of Texas Press, 2001), Seite 29–33
2. Hesiod: *Werke und Tage*; übersetzt aus der englischen Ausgabe: *Works and Days*, Zeile 615, Perseus Digital Library, Tufts University, https://www.perseus.tufts.edu/hopper/text?doc=Perseus%3Atext%3A1999.01.0132%3Acard%3D609 (aufgerufen am 18. März 2023)
3. Aveni: *Skywatchers,* Seite 30
4. Brian Haughton: »The Nebra Sky Disk – Ancient Map of the Stars«, *World History Encyclopedia*, 10. Mai 2011, https://www.worldhistory.org/article/235/the-nebra-sky-disk---ancient-map-of-the-stars/